长寿时代

从长寿、健康、财富的角度透视人类未来

陈东升 著

中信出版集团 | 北京

图书在版编目（CIP）数据

长寿时代：从长寿、健康、财富的角度透视人类未来 / 陈东升著 . -- 北京：中信出版社，2021.8（2022.11 重印）
ISBN 978–7–5217–3306–8

Ⅰ . ①长⋯ Ⅱ . ①陈⋯ Ⅲ . ①经济学－通俗读物 Ⅳ . ① F0-49

中国版本图书馆 CIP 数据核字（2021）第 129631 号

长寿时代——从长寿、健康、财富的角度透视人类未来
著者： 陈东升
出版发行：中信出版集团股份有限公司
（北京市朝阳区惠新东街甲 4 号富盛大厦 2 座　邮编　100029）
承印者： 北京盛通印刷股份有限公司

开本：787mm×1092mm 1/16　　印张：21.5　　字数：280 千字
版次：2021 年 8 月第 1 版　　印次：2022 年 11 月第 12 次印刷
书号：ISBN 978–7–5217–3306–8
定价：88.00 元

版权所有·侵权必究
如有印刷、装订问题，本公司负责调换。
服务热线：400–600–8099
投稿邮箱：author@citicpub.com

用市场经济的方式方法
实现为人民服务的伟大理想!

目 录

推荐序一　中国的老龄化、社会保障及企业家之
　　　　　探索　吴敬琏　/ V
推荐序二　陈东升的商业理想主义和我所理解的
　　　　　他的养老思想　钱理群　/ XI
前　言　　开启长寿时代新认知　/ XXI

第一章　长寿时代　百岁人生　/ 001
　　　　　长寿时代，人口增长和结构进入新均衡　/ 004
　　　　　为什么百岁人生变得越发普遍？　/ 019
　　　　　始料未及的低生育率陷阱　/ 028
　　　　　长寿时代，准备好了吗？　/ 037

第二章　健康时代　更健康的长寿　/ 047
　　　　　医学进步，慢性病成为健康的主要威胁　/ 050
　　　　　长寿是否能更健康？　/ 057
　　　　　健康时代呼唤新模式　/ 063
　　　　　大健康产业的蓝海　/ 073

第三章　财富时代　富足一生 /083
　　为长寿人生筹资 /086
　　财富积累：全生命周期的视角 /100
　　长寿风险与老年金融的新视角 /105
　　探索长寿人生的最优筹资模式 /111

第四章　长寿时代的先行者——日本 /121
　　日本印象 /124
　　日本经济向何处去？ /128
　　日本的健康时代和财富时代是否到来？ /138
　　迈向长寿经济的繁荣 /148

第五章　长寿经济　海阔天高 /151
　　鸟瞰长寿经济现状 /154
　　长寿时代再造供给与需求 /156
　　长寿经济的先驱：美国养老社区 /167
　　中国长寿经济的试验田：泰康之家 /177

第六章　面向长寿时代的企业创新之路 /197
　　商业理想主义和企业家精神引领变革 /200
　　泰康的初心与创新 /202
　　进军养老的缘起与求索 /207
　　养老革命的中国实践 /214
　　从医养到大健康 /228
　　创新永续 /234

第七章　泰康方案让长寿时代更美好　/ 239
　　从摇篮到天堂：一个幸福人生的故事　/ 242
　　泰康方案：长寿时代的企业解决方案　/ 245
　　延伸企业方案的价值　/ 259

第八章　构建和谐的长寿社会　/ 269
　　站在长寿时代的十字路口　/ 272
　　长寿时代下的个人、政府、企业方案　/ 282
　　泰康方案在长寿社会的链式反应　/ 289

结　语　塑造未来　/ 293

参考文献　/ 297

致　谢　/ 307

推荐序一

中国的老龄化、社会保障及企业家之探索

放在我们面前的这本书,是一位资深的金融人士、泰康保险集团创建者和领导人陈东升先生针对长寿时代或称老龄化社会面临的医疗、养老、资金筹措等问题提出的一个综合解决方案。在这里,我愿意将本书所反映的中国经济社会发展的时代背景加以介绍。

"长寿"历来是国人的一个重要的人生愿望。在这方面,我们已经取得了很大的进展。中华人民共和国成立以来,由于人民生活水平和医疗卫生水平的显著提高,我国人口的平均预期寿命将近翻了一番(从40岁左右提高到2020年的77岁左右),综合反映了我国社会经济的发展。

不过,寿命延长伴随着生育率的下降,也导致了老年人口占总人口的比重不断上升,即人口结构老龄化的趋势,并且带来了医疗负担加重、养老设施紧缺以及医养资金筹措困难等问题,需要全社

会加以重视并积极应对。

人口老龄化是社会经济发展过程的必然规律，也是一个世界性的现象。然而我国人口老龄化进程较其他国家显得更加迅速，因而需要解决的问题也就更为突出。由于受到1980—2015年计划生育"一孩"政策等因素的影响，我国生育率从20世纪80年代的较高水平迅速下降。早在20世纪90年代初期，总和生育率即每位妇女终生生育孩子的数量就已经降到了保持人口总量稳定所需的更替水平2.1之下。近年来，总和生育率更进一步降低到1.3的极低水平。这样一来，我国老龄化进程便迅速加快，刚刚进入21世纪就突破了65岁以上人口占比7%这个国际通行的老龄化社会判断标准，开始进入老龄化社会。2020年，这个占比进一步达到了13.5%。它预示着中国将很快超越14%这个老龄化社会的最高限，进入老龄社会。

尤其需要注意的是，发达国家一般都是在成为高收入国家以后才开始进入老龄化社会的，因而有较为雄厚的物质基础来应对老龄化的挑战。而中国还处在中等收入的经济水平上就进入了老龄化社会，这就使我们不得不面对"未富先老"所带来的更多更大挑战。由于贫富差距巨大，2020年的统计局数据显示，在全国人均国内生产总值已经达到1万美元的同时，我国还有40%的家庭户和对应的6.1亿人口人均月收入只有将近1000元人民币，这些家庭老人的赡养和筹资问题就显得更加突出。

面对着这种形势，2013年党的十八大以来，党中央和国务院一再提出积极应对老龄化的要求。2019年中共中央和国务院发布的《国家积极应对老龄化中长期规划》和2020年党的十九届五中全会提出的"实施积极应对人口老龄化国家战略"，"把应对人口老龄化作为当前和今后一个时期关系全局的重大战略任务进行统筹谋划、系统施策"，并通过《中共中央关于制定国民经济和社会发展第十四个五年规划和二〇三五年远景目标的建议》，将积极应对人口老龄化提升到国家战略的高度。

根据各界人士的研究，为了执行上述国家战略，除了落实中央关于"减轻家庭生育、养育、教育负担"，挖掘生育潜力，促进人口均衡发展、加快推进户籍制度改革，破除劳动力等要素流动的体制障碍，增加劳动力有效供给、改善收入分配，通过提高居民收入和劳动报酬在国民收入中的份额，实现居民收入增长和经济增长基本同步，尽力缩小收入差距等部署外，还应当做好以下对老龄人口特别具有针对性的工作：（1）加快健全覆盖全民、统筹城乡、公平统一、可持续的多层次社会保障体系；（2）加强居家社区养老服务设施建设，发展居家社区养老服务，提高养老服务供给能力和质量，提供更加方便可及的多样化、多层次养老服务；（3）发展银发经济，推动医养结合、康养结合、护养结合，支持养老服务产业与金融等产业的融合发展。

在社会保障体系中，养老保障和医疗保障一直以来都是备受关注的热点。1993年中共十四届三中全会创造性地提出了以养老和医疗为重点、建立多层次的社会保障体系的方案，并在20世纪90年代中期开始实施。经过20多年来的努力，这一多层次的社会保障体系的基本框架已经搭建起来。它的初步运转，已经为城乡人民带来了很多福利改善。然而，这一体系还不够完整和完善。

就养老保障而论，目前，我国主要依赖"社会统筹和个人账户相结合"的公共养老金计划这一主要支柱。这一养老金计划虽然已经达到了很高的覆盖率，但是保障水平较低，且在城乡之间、区域之间、不同所有制之间存在较大差距。社会统筹还停留在省市一级，个人账户"空账"运行形成了巨额的隐形负债。此外，企业年金和个人自愿投保的养老计划还相对稚弱，包括家庭赡养、医疗服务和住房等需要广泛运用社会政策的"非经济支柱"尚未真正建立起来。这就需要继续健全更加公平、更可持续的社会保障制度，最大程度地分散风险，从而持续增进全体人民的福祉水平。

就医疗保障而论，从1998年开始实行职工医保制度到现在，我国已经建立起以基本医疗保险为主体、医疗救助托底，补充医疗保险、医疗健康保险、慈善救助等多项措施并举的医疗保障体系。但是，目前我国一般医疗服务的主要提供者仍然是高度依赖行政机关管理和预算拨款维持的公立医院。一方面，公立医院往往由于摊子太大而财政拨款不足，影响了它们服务功能的发挥；另一方面，有序竞争和规范运行的医疗服务市场又尚未形成。这就成为低收入阶层"看病难""看病贵"这一严重社会问题的重要根源。

此外，老龄人口的养老资金多渠道筹措，也是需要解决的重要问题。因此，必须在推进养老金制度改革的同时，建立和完善面向老年人口的健康服务体系和金融服务体系。

本书作者清醒地认识到，"长寿时代的一个主要痛点是，超预期的寿命延长将对个人的养老、健康和财富管理提出更高需求，然而目前社会缺少化解这种压力的理想方法"。本书的最主要内容，就是作者根据自己经营泰康保险的经验并借鉴国外考察成果，从一个寿险业金融家的视角，提出的一套化解上述压力的解决方案。他把这一方案称为"泰康方案"。

从《长寿时代》一书可以看出，泰康方案提出的整套解决办法其基础在于作者对于长寿时代社会需求的认识。用作者的话来说，就是长寿时代必将带来强烈的健康需求和筹资需求，所以长寿时代也是健康的时代和财富的时代。在这种情况下，以聚财、生财为主业的金融机构就应当起重要的作用。在这一思想的指导下，泰康保险集团一方面通过提供寿险、年金和多品种的健康保险来帮助目标人群解决自身养老、医疗费用的筹措问题，另一方面把自己原来属于虚拟产业的保险业务延伸到实体的医养健康服务领域。经过数年的努力，泰康集团初步实现了陈东升先生在2016年提出的打造"寿险与养老服务结合的长寿闭环、健康险与医疗服务结合的健康闭环和长期资金与资产管理服务结合的财富闭环"等"三大闭环"的理想。这样，就在集团范围内组建了保险支付和医养服务两大体系相互支撑、养老产业与金融产业彼此融合的"大健康产业"。所以，《长寿时代》这本书，也可以说是泰康保险集团营建"大健康产业"的历史记录和经验总结。泰康方案是从中高端起步，受到中国现实经济结构和大众收入水平的限制，财富积累不足的广大中低收入家庭的养老需求还需要社会各界群策群力，但泰康方案在如何实现养老保险体系与养医服务结合方面所做的探索，对思考进一步解决老龄化问题的途径具有启发意义，对进行其他类型的医保医养结合试验，例如居家养老社区建设、医药医疗医保"三医联动"改革等，也有参考价值。

除此之外，《长寿时代》这本书的讨论，还涉及许多经济学界和社会学界争论多年而众说纷纭的问题，例如什么是企业的基本使命和什么是企业家精神的核心，日本经济和美国经济的现状及未来走势，如何评价智利完全私有化的养老保险模式和欧洲、日本实行的由财政托底的记账式个人账户制，等等。对于这些问题，《长寿时代》都提出了自己的看法。虽然它所表达的意见可能是一家之言，但是所提供的观点也为深入讨论提供了思想素材、创造了契机。

基于以上的认识，我衷心希望《长寿时代》这本书能够得到更多读者的关注，并由此引发关心老龄化问题解决的人们的深入思考。

是为序。

吴敬琏

2021年7月15日

推荐序二

陈东升的商业理想主义
和我所理解的他的养老思想

陈东升的《长寿时代——从长寿、健康、财富的角度透视人类未来》是一本研究人口问题与经济发展、企业商业模式关系的大书,其中融合了多学科、多行业、多专业的研究与思考。我是外行,无法进行学术性的评价,只能作为一个人文学者,特别是作为陈东升所说的"泰康居民"群体的一员,谈谈我的读后感,以及本书引发的一些思考。

首先想到的,是我和泰康的关系。我是 2015 年"泰康之家·燕园"投入运营一个多月以后搬进燕园的,算是第一批居民。在此之前,我和老伴崔可忻几乎跑遍了北京的养老院,最后选择了泰康,其中最重要的理由,就是我们看中了泰康之家的经营者办养老社区不仅是为了赢利,更是把它当作"事业"来做。而且我第一次和陈东升见面时就提出,中国的养老事业才开始,要走向成熟,办出"中国特色",非下十年苦功不可。这一次我读了本书中陈东升的自述,才知道他早在2007年就产生了要进军养老产业的念头。2010年泰康之家正式成立;2015年燕园开张;2020年就在全国范围布局22个城市,7城已投入运营,居民达4400余人;现在又推出这本对泰康实践经验进行理论提升的专著,基本上建构起"中国特色"养老事业的大格局:前后不过14年的时间,而且泰康下定决心要长成中国与世界养老行业异军突起的"参天大树",这不能不说是一个奇迹。而我自己,因为老伴2018到2019年患不治之症而引发了对生命的重新思考,在老伴远行之后我开始了对养老学的关注,从而与泰康的养老事业发生了更为密切的关联,这大概真是一种"缘分"。

于是,就有了"于我心有戚戚焉"的三个方面的思考与讨论。

一

首先触动我的,是陈东升"对于企业来讲,战略高于一切"的战略胸怀与眼光,他是站在一个大视野下,给自己的保险、养老事业"定位"的。陈东升将其称为与"商业机会主义"对立的"商业理想主义"。在我看来,这正是陈东升区别于其他企业家的独特之处,也是他能够创造商业奇迹的秘密所在。

而且,这绝不是说说大话、空话而已,陈东升是认认真真地在观察、思考,以提前洞察,顺势而为。应该说,陈东升对于时代提出的大命题是相当敏感的,他明确提出人类正站在一个时代的十字路口。这样一个"后疫情时代"的中国与世界所面临的问题与走向,正是包括我在内的许多爱想问题的人所关注的。难能可贵的是,陈东升对此做出了自己的解读,可以称之为"陈东升论题"。他如此娓娓道来:"从百年时空的跨度来看,我们面临的时代变局包含三个层面:首先是全球化和世界格局的大变局,其次是以碳达峰、碳中和作为发展目标带来的文明形式与生产生活方式的大变局，最后是长寿时代带来的人类作为一个物种自身的大变局。这三个问题相互影响，将成为影响全球未来的主要力量。"

在我看来这是言之成理的，它让我们面对后疫情时代中国与世界的三大变局：政治、经济、社会的大变局，人与自然关系的大变局，以及人类自身的大变局。我曾经说过，这次疫情暴露了"全世界都病了"的无情现实：所有的现行社会制度、发展模式与文明形态都出现了危机，必然引发各种社会制度、发展模式、文明形态之间的大博弈。新冠疫情的暴发暴露了人类长期试图"征服大自然"而遭到报复的无情现实，病毒与气候两大威胁很可能成为后疫情时代笼罩全球的巨大阴影。更不可回避的是，人类作为一个物种自身的大变局。生育率下降与预期寿命延长两大人种自身的变局，构成陈东升所概括的"长寿时代"的主要特征。陈东升不同意对未来世界的变局及其带来的新问题持悲观的态度，因此，他提出要"站在未来看未来"，相信人类能够应对未来的挑战。

这里所显示的也是陈东升最为看重的"商业理想主义"。而我想指出的是，这样的商业理想主义是带有鲜明的时代特点的。我因此注意到，陈东升自称"92派"企业家的核心代表，他们成长于20世纪80年代这个思想解放的大时代，受到启蒙主义的教育，是改革开放的骨干力量，到90年代初又带头下海经商。他们的理想主义既带有毛泽东时代的色彩，更具有改革开放时代的特色，即陈东升所强调的"企业家精神"，其核心就是要"让理想照进现实"。"活着就是为了改变世界"是他们的基本信念，而且达到了"近乎教徒般的执着与疯狂"。他们因此有着高度自觉的参与和"引领"中国社会变革的责任感。因此，在陈东升这里，商业行为的背后，始终具有强烈的社会关怀，引领社会变革的自觉意识，同时又保持稳健态度，把自己的行为限制在商业范围，坚持长期主义，避免盲目出击。这都显示了少有的独创力，又表现出少有的成熟性。这本身就构成了 20 世纪八九十年代的新兴企业家的宝贵传统。

这自然引起了我这样也是从 20 世纪 80 年代走过来的知识分子的共鸣。我从来都认为，一个社会大变动的时代，是极需新的理想主义（也包括乌托邦主义）的引领的，而陈东升所期待的新均衡，也正是我所期待的后疫情时代的中国与世界理想化的发展趋向。但我从 80 年代以来的经验，使得我在具有强烈的理想主义的同时，也形成了怀疑主义的思维习惯，对历史大变局里的中国与世界的未来，既充满了期待，也满怀疑虑。其实，陈东升对此也是有所认识且有一定的心理准备的。他因此提出了长寿时代的"灰犀牛"问题。我们对各种可能性，都做好充分准备了吗？

二

陈东升把他的商业思想归结为从人出发，最后又回到人自身。泰康的司徽、司训的核心思想是"奉献社会"和"以人为本"，一直坚守"尊重生命，关爱生命，礼赞生命"的价值观。陈东升宣称，他的"长寿时代"的理论与实践，就是"一个关于人的命题"，其核心是要以人的生命的健全发展为中心，这些都深得我心——我是一直将鲁迅的"立人思想"作为自己的基本信念的。也许我们彼此的思想来源不同，但对人的关怀，还是让我们想到了一起。陈东升这本书的最大吸引力，就在他把关于人的命题，特别是对长寿时代老人的生命形态的观察、思考与讨论，贯穿其中，我读得津津有味，并试图将其概括为八个方面。

其一，"老有所为"。陈东升首先提醒我们注意，长寿时代老人健康预期寿命的延长，导致老年人生的广度与厚度发生变化。我自己对此就深有体会，我 2015 年 76 岁时来到燕园，到 2021 年 82 岁，我的精力、精神、思考力、想象力、创造力，都处于最佳状态，我的研究与写作在晚年出现了新的高峰。这是完全出乎我意料的，我也因此分外珍惜且格外努力。这说明长寿时代老年人的潜力不可低估。我们要充分估计"老有所为"的可能性，并为之创造条件。陈东升如此问道："百岁老人应该是什么样子的？"这是一个具有一定想象空间，饶有兴味的问题。陈东升由此发现了长寿时代"老有所为"的特殊内涵、价值和意义。这样的转换、重构的另一个大背景，就是新科技的发展。知识经济时代的到来，越来越凸显了知识、智力的价值，老年人的人力资本优势在未来将明显发挥作用。

其二，"老有所学"。这就意味着老人再就业内涵的变化，他们不仅可以在原有专业范围内发挥余热，还可以开拓新领域。这样再学习以后的再就业，对于老年人的人生发展还有一种特殊意义和价值。我们知道，人在童年、少年、青年阶段都会有许多的"梦想"，对自己的人生有多种设计，但到成年期，真正实现的只是其中的一个方面，甚至还很有可能"做非所想"。其实，每一个人内心都会有某种终生的遗憾。老年时期的再学习、再就业就提供了一个弥补遗憾的机会。陈东升正是据此提出，在泰康长寿社区里，每个园区都必须拥有"一个实现年轻时候所有未尽梦想的开放大学"。这样的设计，是十分人性化的。

其三，"老有所医"。陈东升根据他对长寿时代的老人健康问题的关注和思考，提出了长寿时代养老医学的三大概念与要求，颇值得注意。一是为保证老人的健康，对老人身体的治理必须是综合性的，从以疾病治疗为主转变为全生命周期的健康维护，这应该成为长寿时代老年医学的基本原则与模式。二是"个体化医学"的概念，更关注"个体化"的人，关注人的生命个体，为患者制订个性化的治疗方案。三是对老人的医疗治理和健康服务必须以患者为中心，这是一种"主动型慢病管理"，老年患者及其家属都主动参与治理。在我看来，这三大原则其实都是未来医学发展的新特点与新趋势。

其四,"老有所乐"。在陈东升看来,长寿时代,在相对宽裕的经济基础上,老人衣食住行的基本需求更加转向娱、教、医、养等高级需求,不仅有物质消费,还有精神消费,吃喝玩乐、梳妆打扮的日常生活背后涉及饮食文化、服饰文化、娱乐文化、节日文化、民俗文化等等。这就意味着,老人将由被动地"养老"转向主动地"享老",以一种崭新的生活方式去面对老年人生。

其五,陈东升还提出了一个重大命题,即把"对人性的发现"作为初心。这是一个有待深入探讨的课题。我最近在燕园北大校友会上做了一个演讲,谈到老年"人学"的研究,提出了一个问题,"老年'人'作为人生最后一个阶段,有什么特点?"并做出了四大分析,即"回归童年、回归土地及大自然、回归历史、关注彼岸世界",实际上就是追求生命的永恒。在这里,我还想再深入一步:我们70~90岁这一代"泰康居民群",如陈东升所说是新中国的第一代、第二代建设者,这一代人的优势是明显的,那么这一代人有什么弱点,需要在晚年进行补课?我在《长寿时代养老人生思考三题》里就指出,"在很长时间内,我们都热衷于'与天斗,与地斗,与人斗',还没完没了地'与自己斗'。这就把人与人的关系、人和大自然的关系,以及和自己内心的关系,弄得十分紧张,实际是扭曲了自己的人性和人生"。我们的养老人生,就有了一个目标:要恢复人的本性、真心、真性情,取得与自然的关系、与他人的关系,以及与自己内心的关系的三大和谐,借以调整、完善我们的人性与人生。这大概就是中国养老的特殊性所在吧。

其六,这也涉及陈东升所提出的另一个重大命题:长寿社会一定是适老化社会。所谓适老,就是适合老年人居住,能满足老年人的生命发展的需求。这朴实的话语背后有着丰富的内涵,是一个十分重要的养老业、养老学概念。老年人生命发展的需求,主要有二。

首先是"健康"。而老年人的身心健康状况与相应的需求又分为三个阶段，需要有相应的养老治理。第一阶段是身心基本健康、具有独立生存能力阶段，其任务是促进老人的生活观念、生活方式的改变；在不能自理的第二阶段，老人生理上的不适、痛苦，心理上的孤独感、焦虑感以至恐惧感都会达到极致，需要特殊的精心照料、一对一的帮扶；第三阶段是生命的最后时期，也即安宁疗护阶段，其任务是减少老人生理上的痛苦，帮助老人自始至终地争取生命的质量。其次，在健康之外，陈东升强调要把养老机构建成老人的"精神家园"，这在实际运作中并非易事。前文谈道，必须对我们这一代在无休止的斗争年代形成的思维方式和人性上的弱点进行反思，做一定纠正与调整，这也涉及老年修养、老年心理学的理论与实践问题，要进行更深入的探讨与具体实践。

其七，是对"老人家属群体"的关注。陈东升强调代际互惠，不仅关怀老人个体，也关怀其家庭与家族。这也抓住了要害：强调敬老、养老的家族文化本来就是中国传统文化的一大特点，而人到了老年，对基于血缘关系的家庭、家族之情越发依恋不舍。陈东升的特点，正在于他把对老人个体生命与家庭、家族群体关系的这种认知，转化为一种经营模式，推出"幸福有约"和"纪念园"等全新产品，之后又推出"青少年版幸福有约"，引导父母为孩子投保或者爷爷辈为孙子辈投保。这样，泰康的保险与养老服务就覆盖了一个人，乃至一个家庭、家族的全生命过程。

其八，最后要讨论的是"长寿社会的公平性"问题。我们讨论长寿时代的养老，必须正视一个无情的现实：长寿时代的最大问题就是社会的分化，大量弱势群体的老人陷入物质与精神的极度贫困，即使是中等收入家庭，也面临养老资金储备不足的问题。这其实是对老人养老人生的最大威胁，是老人内心最大的焦虑所在。泰康倡导的养老"新生活"是以中产阶层为服务对象的，这样的"新生活"具有非凡意义和价值,代表了理想的养老人生未来的发展方向。但它也自有局限,这是不可,也不必回避的。陈东升对此也有自己的认识,他因此于2018年设立了泰康溢彩公益基金会,提出了精准帮扶、专业赋能的要求。

三

陈东升的"特殊"之处,还在于他不仅是一个具有开创性的企业家,而且自带学者的背景与基础,他是用学者、思想者的胸襟、眼光和方法去探讨企业创新之路,因此,也有理论创新的高度自觉。这样的企业家与学者的结合,在中国当代民营企业家中是少见的。

陈东升在本书有关论述中,向我们介绍了他的人生之路有三个阶段,其中"理论创新"是一直贯穿于陈东升经营保险、养老事业全过程的,这本《长寿时代——从长寿、健康、财富的角度透视人类未来》就是这样的理论创新成果的集中体现,这也是理论创新又一个新的起点。在我看来,在制度创新、商业模式创新取得巨大成功,泰康之家产业大格局已经形成并初具规模以后,科技创新和理论创新将提升到更突出的位置。陈东升在书中宣布,未来3~5年,泰康养老社区将在全国开业25~30家,我也期待他们在理论创新上会有新的突破。

这里的关键是理论创新队伍的建设。泰康已经有多学科专业人员参与了长寿时代理论的研究工作。我建议,下一步在扩大与完善专业研究团队的同时,还要建设一支主要由"泰康居民"组成的业余研究队伍。诚如陈东升所说,泰康居民是"泰康之家长寿社区和长寿经济试验田的真正主人",他们完全有权利和能力参与泰康养老事业的理论创新,这也是他们老年再创业的新机遇。我在泰康北大校友会讲话里,倡议"把'养老学'作为我们新的事业",引起不少校友的兴趣。这或许是一个信号：建立一支专业与业余相结合的养老业理论创新队伍，已经有了一个良好的开端，有待我们继续努力。

2021 年 7 月 13 日

前言

开启长寿时代新认知

> 站到一万米的高空看这个世界，身处一百年的时空观察这个世界，才能有远见与坚持，才能不出现偏差，才能看得更早、更远。
>
> ——题记

如果把从狩猎-采集时代起的人类 25 万年历史浓缩成一天，那么在这一天的前 23 小时 58 分半，人类都处在漫长的狩猎-采集到农耕文明的演进过程中。直到公元 1800 年，人类的生活水平整体上没有发生过重大变化，此时人类的预期寿命与狩猎-采集时期的人类相差不大——基本都是 30~35 岁。然而就在"这一天"的最后一分半钟，伴随着工业革命的兴起，人类仿佛打开了奇妙之门。工业革命是名副其实的伟大革命，它开启了过去两个半世纪人类文明的飞速发展，技术进步使得人类大幅度突破自身极限，创造了空前的繁荣。农业技术的进步让人类得以大面积消除饥饿，营养状况不断改善。煤炭、石油的使用大幅提高了人类的生产效率，并为工业体系的建立奠定了基础。计算机和通信技术的高速迭代升级，不断改变人类的通信和生活方式，极大地降低了人类的生产成本。工业革命以来，人类预期寿命成倍增长，到2019年，全球预期寿命已经达到72.6岁，发达国家普遍迈过80岁门槛。全球人口数量也从18世纪初的不足10亿人增长到2019年的77亿人。今天，我们习惯了这个熙来攘往的世界，直到2020年的新冠肺炎疫情肆虐全球，才激起人类已尘封百余年的大流感记忆。如果以这次世纪大疫情作为下一天的零点，我们不禁要问，工业革命后的繁荣状态还会持续到明天吗？在浩瀚宇宙乘坐这艘蓝色方舟的人类，究竟是否能就此度过资源匮乏的时代，走向无尽的增长？

近年来，有识之士都切实感到人类正站在一个时代的十字路口。我认为从百年时空的跨度来看，我们面临的时代变局包含三个层面：首先是全球化和世界格局的大变局，其次是以碳达峰、碳中和作为发展目标带来的文明形式与生产生活方式的大变局，最后是长寿时代带来的人类作为一个物种自身的大变局。这三个问题相互影响，将成为影响全球未来的主要力量。

市场经济带来的全球化已经深刻改变了国际秩序。在工业革命后的200余年中，世界主要国家在经历过现代战争与革命的洗礼后，都逐渐走向了以市场经济为主导的发展模式。过去30年，全球化成为主旋律，全球化的本质是各类生产要素的全球化配置及优化利用。由于劳动力很难跨国流动，因此跨国公司进行全球要素配置时，大量制造业岗位流向供给廉价劳动力的中国和东南亚各国。然而发达国家的本土蓝领工人的生活状况并未得到明显改善，甚至出现倒退。一系列逆全球化现象，包括特朗普上台、英国脱欧、中美贸易摩擦都是这一过程的具体反映。全球化带来的政治、经济和社会等多方面问题是影响当下世界格局的关键变量，这些变量在碰撞调整后会逐渐进入一个新的平衡状态。

碳达峰、碳中和是对工业文明的深刻反思，是人类生产生活方式的一次革命。工业文明是以化石能源为基础的文明，带来了气候变暖等环境问题，而新能源技术正在重构这一体系。与此同时，随着5G、人工智能等新技术的应用不断深入，社会经济各部门都将以更高效的方式运行，也将改变能源消费的结构。未来，清洁的新能源将极大程度地替代化石燃料燃烧供能，这为新的技术革命带来了无限可能。在突破耗能的桎梏后，人类对"数据富矿"的开采将实现新突破，这将重塑生产过程，减少浪费，建立更加可持续的发展模式。人类社会将真正进入生态文明时代。在这一过程中，新旧产业会发生更替。就像数码照相技术的兴起使传统胶卷产业消失得无影无踪一样，未来相似的故事还会在许多产业上演。

长寿时代来临，攸关人类自身命运。我们所说的"长寿时代"，是指人口增速大大减缓（甚至陷入负增长），同时人口年龄结构向"柱状"收敛后，老龄人口占比很高的一种社会状态。在此状态下，65岁及以上人口占比将长期超过1/4。当前世界的中等以上收入国家普遍都行进在长寿时代的轨道上。第七次全国人口普查数据显示，中国60岁及以上的人口超过了0~14岁人群，达到2.64亿人，占总人口的18.7%，已经在向"柱状"收敛。日本已经进入长寿时代，2020年65岁及以上人口占比达到28.7%，并且日本在2005年就出现了人口负增长。长寿时代是一个新的人口均衡状态，结束了工业革命之后200多年的人口爆发式增长。在长寿时代，很可能人的寿命稳定地增长，而人口总数却稳定地下降。当前人类的预期寿命每10年增长2~3岁，大概再过30~50年，100岁的寿命将是人人都有可能预期的。寿命增长固然是普通人乐于看到的，但是，当一个国家的人口进入负增长而老龄人口占比很大时，经济增长必然面临挑战，社会也将承受巨大的再分配压力，原有的发展轨道必须转型。

长寿时代是一个关于人类自身的话题，我认为它与全球化等关乎环境的大命题有所不同。人是一切经济供需和社会现象的主体，随着人口激增、平衡、衰退的变化，人类的社会经济组织也将调整、转型、重建。激发长寿时代下的经济潜力，维持经济增长，会成为所有国家都逃不过的重大课题。"短期看宏观，中期看结构，长期看人口"，这是我在多年的宏观经济研究中形成的重要认识，也是可以用来分析市场的一种方法论。长期以来，我创办的泰康保险集团持续深耕寿险产业链，尤其是近年来进入了医养和大健康领域，因此得以更深入地洞察人口变迁引起的产业结构变化。

2020年，我将初步的思考进行了浓缩总结，形成了《长寿时代的理论与对策》这篇文章，并发表在《管理世界》杂志上。近期在阅读国内外文章和研究问题的过程中，我对长寿时代的内涵又有了更多认识，把这些新的认识汇集起来，就形成了这本书。与本书高度相关的一个概念是人口老龄化，联合国用一个国家或地区65岁及以上老年人占总人口的比例来划分老龄化程度，超过7%被称为老龄化社会（aging society），超过14%被称为老龄社会（aged society），超过21%则被称为超老龄社会（super-aged society）。自19世纪60年代起，主要工业化国家如法国、瑞典、英国、德国等先后进入老龄化社会。2020年第七次全国人口普查数据显示，我国65岁及以上老年人口占比达13.5%，已接近老龄社会，这使得老龄化成为一个热门话题。老龄化是一种人口动态现象，是众多社会经济因素发展的客观结果，但人们往往将老龄化与消极含义联系在一起。人们甚至用"银色海啸"来形容老龄化对经济和社会的破坏力。实际上，当老年人口增长到一定水平，人口年龄结构将进入相对稳定的状态，社会经济组织和要素配置在调整、重建后，会逐渐形成一种新均衡。为了用一个更精确和中性的概念来总结这个认识，本书提出了"长寿时代"的概念。

"长寿时代"这个词过去在很多场景下都被使用过，但没有被体系化。2019年底，中央电视台纪录片频道准备制作一部名为《长寿时代》的纪录片，为此来采访我，"长寿时代"这个词语在那一刻映入我的眼帘。导演解释道，他们为了寻找一个有新意的片名也花了很多时间。于我而言，这个词语不仅有新意，还打通了我长期以来的思考脉络。长寿时代可以启迪人们跳出"老龄化"圈定的固有框架，一个新时代来临，必将对旧时代带来全面的重构。人们需要在这样一个更宏大的语境中，积极地思考未来、畅想未来。我希望重新定义这个概念。

消除人口老龄化的焦虑

全球学术界和智库机构对人口问题进行了大量研究，相关成果可谓汗牛充栋。近代人口学诞生以来，一共经历了三个主要理论发展阶段。第一个阶段的主流观点是从18世纪末发展至今的马尔萨斯主义理论，认为农业社会中的耕地等资源对人口增长存在限制。著名的"马尔萨斯陷阱"就是指人口的几何级增长远超生存资源的算术级增长，因此将引发灾难。这明显过度放大了人口增长的潜在风险，忽视了技术进步的潜力。第二个阶段的主要观点是20世纪后期兴起的人口衰竭理论，认为人口老龄化会对消费、生产力、就业、创新等造成消极压力，强调老龄人口的负担性。这是发达国家在受到人口老龄化的冲击后，由于缺乏有效应对方案，因而走向的另一个极端。第三个阶段是近20年间对"积极老龄化"（active ageing）的广泛探讨，这个阶段延续至今，研究领域逐渐多样化、细分化，人们开始认为老龄化是社会经济、医疗、公共卫生领域取得进步的体现，而倡导理智、客观地接受老龄化也逐渐成为一种主流声音。

当前，几乎世界所有发达国家都在面对老龄化的挑战，人们之所以对老龄化抱有忧虑情绪，是由于人们难以清晰预见和有效应对它对人类社会带来的重大影响。综合有关理论，老龄化对社会带来的挑战主要表现在五个方面。

一是老龄化导致劳动力供给下降，冲击工业化生产组织形态。由于出生率不断下降，年轻劳动力人口将出现长期萎缩，工厂和企业可能会面临无人可用的局面。

二是老龄化将对社会储蓄与资本造成较大影响。传统的生命周期理论认为老年人是消费主体，随着老年人的占比不断上升，消费率会上升，社会整体储蓄率会下降，这将不利于资本积累，进而对经济增长产生负面影响。另一种观点认为，当老龄化成为社会普遍认识后，人们会更加倾向于进行预防性储蓄，因此造成消费市场的萎缩。

三是老龄化社会对社会发展和创新形成抑制。老年人的学习能力、创新能力、开拓进取能力普遍不如年轻人，老龄化将对劳动生产率的提高和社会创新动力的提升带来不利影响。

四是社会保障体系将难以为继，政府财政捉襟见肘。目前各国的社会保险体系都是在人口高速增长时期制定的，随着老龄化程度的加深逐渐出现了收不抵支的情况，国外普遍通过延迟退休年龄、提高缴费、降低给付水平、增加财政补贴等方式缓和赤字问题，然而人们已经越来越不可能依靠基本社会保障来覆盖老年生活成本。

五是老龄化可能导致严重的社会分化，将有相当一部分人和家庭背负巨大的负担，难以走出困境。

日本是当前全球老龄化程度最深的国家，2020年65岁以上人口比例已经超过28%，上述问题已在日本社会中逐步显现，这给包括中国在内的世界各国敲响了警钟。近些年，每当提及与老龄人口增长有关的话题时，一层阴蒙蒙的乌云就会笼罩在人们心头。就像不愿面对自己必将到来的晚年那样，人们也不愿意迎接必然来临的老龄社会。然而回顾历史，前一个时代的尾声也必然是后一个时代的先声，当大多数人被悲观情绪限制想象力时，我们也会错过长寿时代穿过乌云投下的第一缕阳光。

在我看来，上面提到的老龄化挑战，仿佛是第二次跌入了"马尔萨斯陷阱"，只不过这次陷阱的根源不是外界资源的限制，而是人类的某种"自限"。目前的一系列理论研究主要都是针对老龄化现象本身的，它首先假设社会经济的基本运行模式不变，然后孤立地开展老龄化研究，这就像是站在农业时代去描绘工业社会，"站在过去看未来"，得出来的结论一定是陈旧过时的，一定是对未来益处不大的。而"站在未来看未来"时我们就会发现，在人类历史上，由教会主导的社会最终适应了科学与信仰的共存，由农耕主导的社会最终适应了蒸汽机与劳动者共同进入工厂，被传染病笼罩的世界最终合力战胜了黑死病与天花，深受工业污染折磨的各国也开始提出"碳中和"这样颇具野心的目标……技术的持续进步与大规模应用，将成为人们持续解决社会矛盾的有效工具，而政府、企业与个人在微观层面的自适应能力，以及追求和谐发展的内在冲动，则能够充分利用这些工具推动科技创新、制度创新与认识创新，我们有理由相信人类能够破解未来面对的挑战。

长寿时代是一种新的适应性世界观，如果说老龄化是人口衰退的挽歌，长寿时代则吹响了人们在人口达到"新均衡"的趋势下主动追求长寿、健康和富足的号角。长寿时代将衍生出长寿经济，在新旧要素的交错作用之下，我们将逐步迎来一个更加和谐、稳定的长寿社会。

长寿时代是对人类社会未来的新认知

长寿时代所代表的概念体系是我长期思考人口结构变化及其影响，以及在过去十几年深耕大健康产业的过程中得到的一套认识论和世界观。这套概念体系是以一种前瞻的、主动适应的视角，立足于未来的人口和社会形态，同时又吸收了科技发展带给我们的认识改变。马克思曾说，"哲学家们总是在解释世界，而重要的是改造这个世界"，我相信这个新认知有潜力指导我们从各自的角度去改造这个社会，让人类的明天更美好。

长寿时代与之前的人类社会究竟有什么不同？本书认为长寿时代具有五大特征：死亡率降至低水平，预期寿命持续延长，生育率降至低水平，人口年龄结构呈柱状，65岁及以上人口占比长期超过1/4。同时，随着科技不断发展，人类的生产方式正在发生又一次重要的转型，因此基于工业时代的分析结论在未来的适用性将会大打折扣。在这一背景下，我们有必要将传统的对老龄化的认知进行一次系统更新，更加积极主动地应对这个问题。

长寿时代是未来人类社会的新常态。工业时代，老龄化被异化为一种悲观的现象，而长寿时代则代表一种更为客观的态度，把老龄人口占比高视为人类社会的一个新常态。在这个新常态下，我们衡量人类寿命长短的尺度将发生根本变化，传统的人生三段论——学习、工作、退休将被改写，三者之间的界限将变得模糊。寿命的持续延长将令人们不得不面对新的就业、健康和财务挑战，因此，我们需要重新规划和安排生命的全过程。与此同时，整个社会的经济、政治、文化结构也需做出相应调整，这也将为人们带来新的机遇。具体来说，长寿时代这套新的认知框架具有以下几个特点。

第一，长寿时代不仅仅针对"长寿"。长寿时代既关注人的寿命延长，也关注长寿与健康、财富等主题的内在关联，以及人口现象背后一系列的经济与社会形态变化。需要注意的是，人类即将同时进入长寿时代和数据时代，伴随着技术的变迁，数据时代将带来新的生产要素和生产组织方式。长寿时代需要充分吸收数据时代的发展成果，借此改变传统的社会经济发展模式，更好地迎接挑战。

第二，长寿时代"启动"健康时代。在长寿时代，人类最主要的疾病负担将由急性传染性疾病向慢性非传染性疾病转变。寿命延长使得"带病长期生存"成为常态，传统的以急症治疗为核心的医疗模式将转向以全生命周期健康管理为核心的医疗模式，健康成为个体关注的第一要素和最宝贵的财富，这将刺激并释放人们对于健康的需求。庞大的健康需求将促进大健康产业的快速发展，令其有望成为中国经济未来的支柱产业，并带来产业结构的升级转型。其中，医药工业、健康服务和健康保险是大健康产业中最核心的产业。

第三，长寿时代"呼唤"财富时代。长寿时代带来的自然寿命延长会使人们对财富积累和筹资问题更加关注。养老和医疗健康的筹资都需要着眼于全生命周期来规划，这会形成旺盛的财富管理需求。巨大的需求同时也会带来财富管理的供给侧改革。随着资本市场不断成熟，个人投资者会变得更加理性，更倾向于向专业的财富管理机构寻求投资建议，并通过长期复利和多元化配置进行财富积累，降低长寿时代个人资产耗竭的风险。

第四，长寿时代赋予老年人新的社会角色，还将改变工业时代以来的生产组织方式，激发长寿经济的更多可能性。在传统老龄化的理解框架下，一些学者提出老年人口会通过消费来提振经济，但仅仅把老年人定义为消费者是不够的。社会必须注重老年人力资本的开发，激发老年人的生产潜能。我们正处于一个科技驱动的转型期，对体力劳动的需求在持续减少，互联网和5G正在重新组合生产要素，人工智能和机器人将彻底解放人力资本，老年人的价值将被重新认识、定位和发掘，而不是停留在社会资源的消耗者这个刻板的定位上。我们要运用新思路让老年人通过更灵活的方式参与劳动力市场，传授知识技能和经验，创造属于他们自己的"第三次人口红利"。

长寿时代是关系人类未来发展的重大课题，如何让长寿时代不伴随贫困和疾病，让人们在长寿时代对美好生活的向往成为现实，是国家、社会和企业都在思考的问题。长寿时代同时也是健康与财富的时代，它必将深刻改造人类社会经济，也必将激发全新的解决方案。社会各界只有洞察长寿时代人类社会的变化，才能未雨绸缪。长寿时代的未来取决于包括个人、政府、企业在内的各方的行动，让我们共同塑造出一个人人都能够安享长寿馈赠的美好社会！

第一章

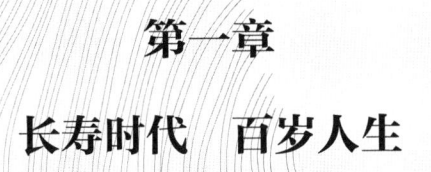

长寿时代　百岁人生

在过去30年中，我曾前往世界上的许多国家和地区，注意到各地的人口年龄结构及其演变过程有着极大的不同。令我印象最深的是2016年在德国最大的私立医疗集团赫利奥斯（Helios）参观访问时看到一个关于人口变化的展示，其中的一组图片描绘了欧洲人口年龄结构的演变过程：开始是金字塔状，之后逐步变为各年龄段人口占比相当的柱状，人口不再大幅增长了。这令我很感慨，我运用反向思维的方法，突然强烈意识到，柱状人口年龄结构就是发达社会的常态，再想回到金字塔结构几乎是不可能的。

实际上，回望历史，人类曾经在十几万年的时间里长期处于一个人口增长极其缓慢的均衡状态，直到过去近300年，工业化、城市化进程开始，科技快速进步，经济持续繁荣，人口迅速增长。然而，放眼未来，这近300年的人口激增只不过是一个非常短暂的特殊时期，人口增长的庞大势能正在快速衰减。21世纪全球人口很可能会达到峰值，之后人类社会将进入一个人口不再增长，甚至长期缓慢下降的新均衡状态。当人口进入新均衡状态，世界又会怎样呢？

过去人们一度热衷于讨论人口过剩带来的种种困境，如今却更多地开始讨论该如何面对人口老化、人口规模衰减的问题。常常有人把老年人口增加看作不好的事情,从消极的态度来看待人口死亡和生育水平降低所带来的这一现象。其实我们应当认识到,人口金字塔结构并非人类社会发展的常态,不断加深的老龄化社会也只是人口年龄结构变化的一个阶段而已。人口年龄结构的变化本质上是死亡和生育两大核心推动力共同作用的结果。我们只有对长寿时代人口新均衡状态下的基本特征具有充分的认识,才能更好地透视未来的经济与社会变迁。

长寿时代,人口增长和结构进入新均衡

世界正在快速变老,人口峰值提前

联合国《世界人口展望2019》显示,2019年世界人口平均预期寿命已达到72.6岁,比1990年提升8.4岁。高收入国家中,日本的人口预期寿命已经达到了84.6岁,作为中等偏上收入国家的中国也已经达到了77.3岁。预计2050年全球人口平均预期寿命有望达到77.1岁。届时,65岁及以上人口占比将达到15.9%。与此同时,80岁及以上高龄老人的增速会超过低龄老人,到2050年达到4.26亿人,是2019年的3倍。

人口年龄中位数①就像是人口年龄结构的重心,我们可以通过它简单地窥见人口老化的速度与程度。进入20世纪中后期,全球都在变老,但是各国的速度却大相径庭(见表1-1)。稍做对比就会发现,与欧美国家相比,东亚国家的老龄人口增速更快,人口年龄结构变化也更为剧烈。1960年,英国的人口年龄中位数已达

---

① 人口年龄中位数是指,将全部人口按年龄大小排列,位于中间的年龄。

35.6 岁，但是到 60 年后的 2020 年，只缓慢增长了 4.9 岁。同一时期，美国的人口年龄中位数增长了 8.6 岁，而日本则一举跃升了 23 岁，已经接近半百。中国的增幅也不小，增长了 17.1 岁。

表 1-1 不同时期各国人口的预期寿命、年龄中位数

	预期寿命（岁）		年龄中位数（岁）	
	1960 年	2019 年	1960 年	2020 年
世界	52.5	72.6	22.6	30.9
英国	71.1	81.2	35.6	40.5
美国	69.7	78.8	29.7	38.3
日本	67.7	84.6	25.4	48.4
中国	57	77.3	21.3	38.4

资料来源：联合国 World Population Prospects 2019 数据库，国家卫生健康委员会《2019 年我国卫生健康事业发展统计公报》，世界银行，Our World in Data 数据库，美国疾病控制和预防中心，国家统计局。

注：中国 1960 年的人口预期寿命为国家统计局公布的 1957 年数值。

人口老化的同时，陆续有国家和地区进入人口负增长，如德国、日本、俄罗斯等。尽管当前全球人口规模仍在不断增加，但是增长的势能已大幅衰减，越来越多国家的生育水平开始低于保持人口不增不减的更替水平①，即每个妇女平均生育子女数小于 2.1。当全球出生人口数少于死亡人口数时，世界人口将停止增长。由于死亡率下降的长期趋势相对稳定，全球人口何时达到峰值基本取决于未来生育水平下降的速度。

有学者认为，全球人口负增长会很快到来。美国华盛顿大学的研究认为，全球人口将在 2064 年达到 97 亿人的峰值，之后将进入

---

① 人口更替水平是指某一个国家或地区女性生育子女数量恰好等于她们及其配偶数量的水平，考虑到新生儿死亡等原因，通常以每个妇女生育 2.1 个子女作为标准。生育水平低于更替水平则人口减少，高于更替水平则人口增加。

负增长，到21世纪末人口数量会回落到90亿以下。而联合国根据中等生育水平假设预测的结果则相对乐观，认为到2100年，世界人口规模在达到109亿人时才会停止增长。两者对人口预测的差距主要源于对未来生育水平的预期不同。

中国一直是世界上人口最多的国家，根据第七次全国人口普查数据，2020年中国总人口为14.1亿人，继续保持增长，但是出生人口数已降至1200万人，比国家统计局2019年推算的数量减少了260万人。据此估算，中国的出生人口数很可能在几年内便降至1000万左右，并与同期的死亡人数相当，届时中国人口总数将达到峰值，不再增长。过去，不少学者提出中国人口将在2025—2030年达到峰值，现在看来这一时间很可能要提前了。

人口负增长会导致一系列社会经济后果。达雷尔·布里克（Darrell Bricker）在《空荡荡的地球》一书中提出，由于人口数量大幅下降，人类在未来很可能将面对一个空荡荡的星球，即将见底的不是自然资源，而是我们人类本身。这近乎科幻般的想象，真的会变成现实吗？所幸，人口数量即使进入衰减期，哪怕减半也需要相当漫长的时间。人类善于学习与适应，在可以预见的未来，我们可以汲取日本等长寿时代先行国家的经验，更好地应对人口变化带来的挑战。本书的第四章将对日本的社会与经济进行深入剖析。

人口年龄结构从金字塔走向柱状

人口数量和年龄结构的背后是死亡水平和生育水平的变化。人类社会正在经历从高死亡率、高出生率到低死亡率、低出生率的转型。①

---

① 这里的死亡率为粗死亡率，即一个国家或地区在一定时期内（通常指1年内）平均每千人中的死亡人数；出生率为粗出生率，即一个国家或地区在一定时期内（通常指1年内）平均每千人中的出生人数。

前文所描述的人口"变老"与"衰减"现象正是这种转型的结果。最早于1929年由美国人口学家沃伦·汤普森（Warren Thompson）提出，后来又经过长期演变形成的"人口转变理论"是对这种转型的最经典刻画。

在经典的人口转变理论下，人口年龄结构演变过程分为四个阶段（见图1-1）。第一阶段表现为高死亡率、高出生率，人口规模不变或增长极其缓慢；第二阶段表现为死亡率开始下降，出生率仍保持高位，人口快速增长；第三阶段表现为保持低死亡率的同时出生率开始下降，人口增速放缓；第四阶段表现为低死亡率、低出生率，人口规模趋于稳定。

	第一阶段	第二阶段	第三阶段	第四阶段
出生率	高	高	快速下降	低
死亡率	高	快速下降	降速放缓	低
人口规模	稳定或缓慢增长	快速增长	增速放缓	趋于稳定
人口年龄结构	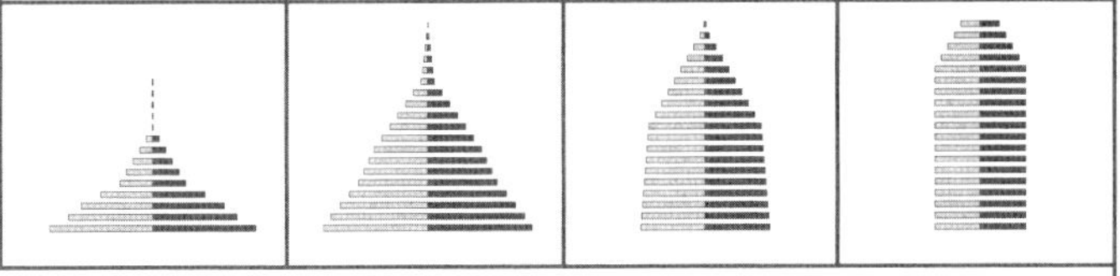			
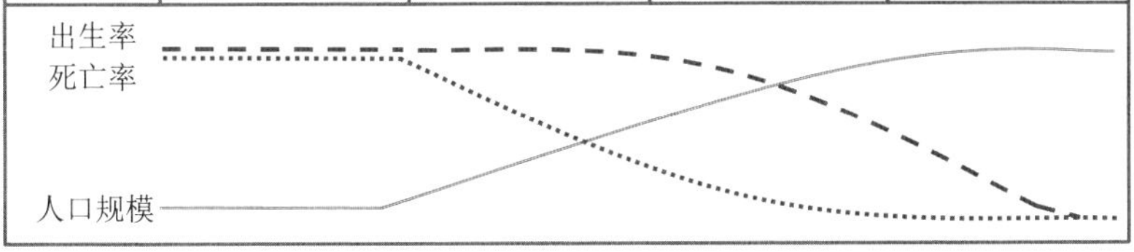 出生率死亡率				
人口规模				

图1-1 人口转变的四个阶段

资料来源：Our World in Data 数据库，作者整理。

基于上述四个阶段死亡率和出生率的变化，可以大致描绘出每个阶段所对应的人类发展历史阶段。

第一阶段对应狩猎-采集和农业社会时期，婴幼儿和青少年的死亡率居高不下，人口规模增长极其缓慢。

第二阶段对应工业时代早期，表现为人口高增长，人口年龄结构金字塔般的直观形态广为人知。最具代表性的例子是二战后的中国和印度，死亡率快速降低的同时出生率仍保持在高位，因此人口快速增长，两国的人口总规模先后超过了10亿。

第三阶段对应工业时代中后期，此时死亡率已经下降到较低水平，而出生率也开始快速下降，人口金字塔的基座收窄。实际上今天世界上绝大多数工业化水平较高的国家已经走过了第三阶段，部分新兴的工业化国家正处于这一阶段。

第四阶段是低死亡率、低出生率时期，此时人口年龄结构底部收缩更快，从典型的金字塔结构变为柱状结构，各年龄段人口趋于均等。人口年龄结构朝柱状转型的一个标志是老年人群占比赶上青少年人群占比。当前，许多成熟的工业化国家已处于或接近第四阶段，例如英国、德国等。

我们认为，长寿时代实际上是传统人口转变理论第四阶段的延伸，将是人口转变的一个新均衡状态。届时，人口年龄结构到底会发展成什么样，目前还很难有准确的结论。虽然死亡率的变化趋势基本是明确的，但是出生率的走向，尤其是变化的快慢很难预测。由于人类寿命不断延长，柱状结构的重心还会上移。如果生育水平继续长期明显低于更替水平，人口总量负增长，柱状结构的底部会进一步收缩，人口年龄结构甚至会偏向倒梯形。

通过对英国、美国、日本和中国的人口年龄结构100年的变化进行比较，我们可以更直观地感受到它们的人口年龄组成在过去、现在和未来有什么不同。

在工业革命最先爆发的欧洲，死亡率和出生率也最先转变。英国从人口转变的第三阶段向第四阶段发展始于第二次世界大战之前，1950年英国人口年龄结构的底端矩形化已经比较明显。到

2020年，柱状形态初见模样。再到2050年，随着人口寿命进一步延长，老龄人口占比持续增加，英国的人口年龄结构将呈现为瘦长的柱状，人口规模也基本稳定（见图1-2）。

美国有更加开放的移民政策和更高的生育水平，因此其人口相比英国稍显年轻。当前，美国人口仍在增长，但是增速明显衰减。2020年美国人口普查结果显示，2010—2020年美国人口增长率已降至7.4%，仅次于1930—1940年大萧条之后10年的历史低点。到2050年，美国人口年龄结构的柱状形态同样会比较明显（见图1-3）。

与英美这些最先开启工业化的国家不同，日本几乎是在短期内迅速完成了从第二阶段到第四阶段的人口转变。可以看到，1950年日本人口年龄结构是经典的金字塔形，在经历了二战后短暂的婴儿潮后，其生育水平开始迅速下降。日本在2008年人口达到峰值后便进入了缓慢的人口负增长阶段。到2020年，日本的人口年龄结构已经超越了柱状，再到2050年更是将呈现为明显的倒梯形（见图1-4）。

新中国成立后，在鼓励生育的大环境下，中国在近20年的时间里都维持了较高的生育水平。20世纪五六十年代，中国先后迎来了两波年均出生2000万人以上的婴儿潮，不少家庭都有五六个孩子。到了20世纪70年代，中国的生育率开始快速下降，到1980年时，总和生育率，即平均每个妇女在育龄期间生育的子女数量已经降至3以下的水平。随着80年代相对严格的计划生育政策的推出，中国的总和生育率进一步下探。尽管如此，1981—1997年，前两波婴儿潮人口进入育龄期，仍带来了第三次人口出生的高峰。此后20多年，即便是2015年全面放开二孩生育政策，也没有再出现大规模的人口出生浪潮。根据联合国的预测，2050年中国的人口年龄结构将趋于柱状。但是第七次全国人口普查结果显示，

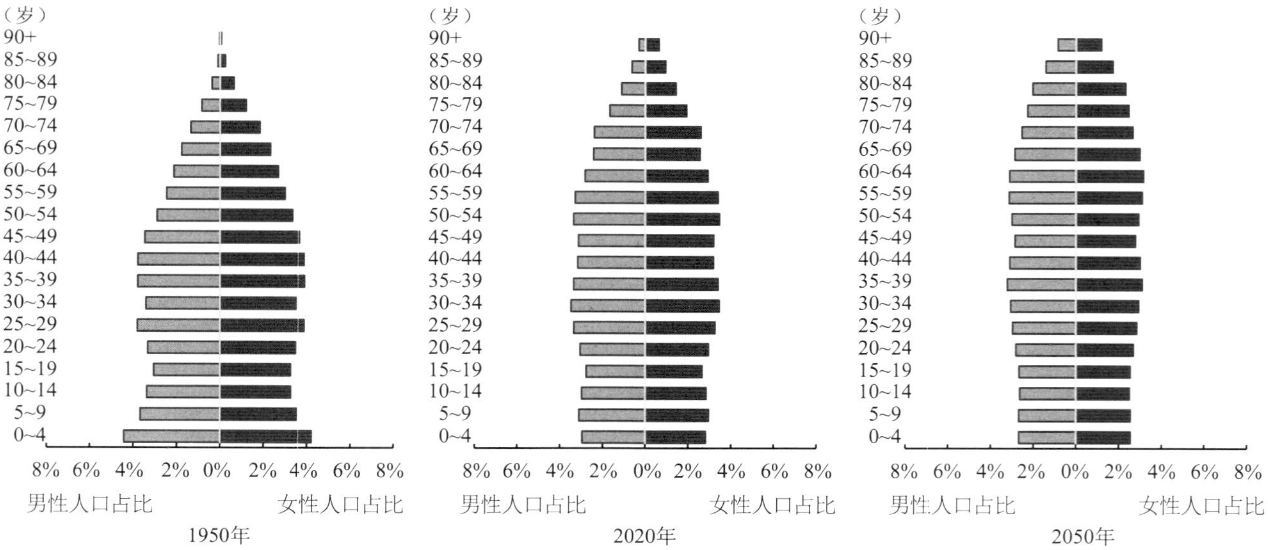

图 1-2 不同时期英国人口年龄结构比较

资料来源：联合国 World Population Prospects 2019 数据库。

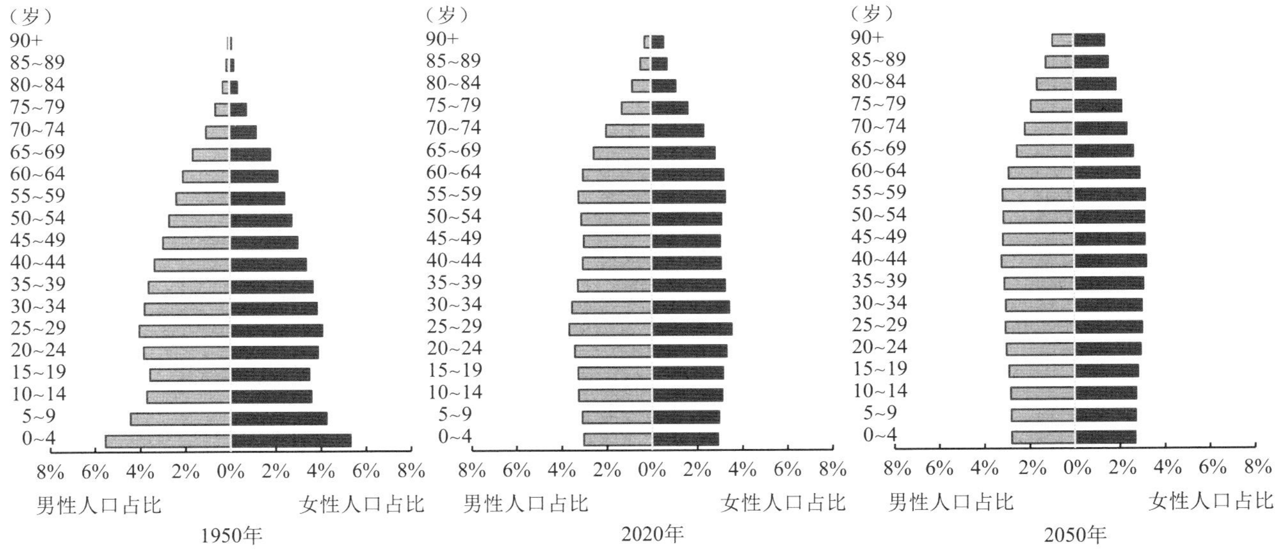

图 1-3 不同时期美国人口年龄结构比较

资料来源：联合国 World Population Prospects 2019 数据库。

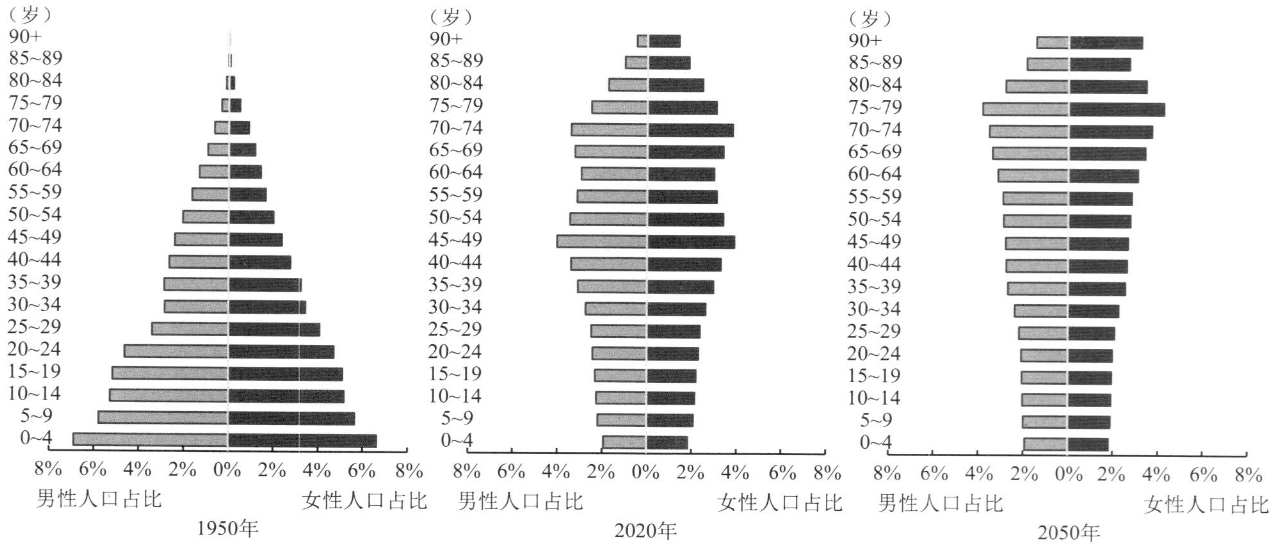

图 1-4 不同时期日本人口年龄结构比较

资料来源：联合国 World Population Prospects 2019 数据库。

2020年中国的总和生育率已经降至1.3，这一数值已低于国际上常说的低生育率陷阱[①]的警戒线，长此以往，中国的人口年龄结构很可能会更接近日本（见图1-5）。

人口年龄结构从金字塔走向柱状，这一过程将对社会的方方面面产生深刻的影响。在这个转变过程中，原来居于金字塔底部的庞大新生人口会随着时间的推移逐渐成为社会生产和消费的主力。当这批人进入中年要购买住房时，房地产业就会兴起；当这批人进入老年时，养老和医疗产业就会迎来巨大的发展机遇。而当一波一波的人口浪潮退去，人口年龄结构进入柱状，那些伴随人口大潮而兴起的产业就需要做出调整，一些产业甚至还会出现衰退。

在人口年龄结构向柱状转变的过程中，最值得关注的是人口转变第三阶段的末尾。这时出生率快速下降，导致受抚养的未成年人口占比减少，而婴儿潮时期出生的人口进入劳动年龄，整个社会处于劳动力最丰富的阶段，劳动人口占总人口的大多数。劳动供给增加并拉动储蓄率提升，会从人力资源和资本的双重角度为经济增长创造独特的发展机遇。经济学上将这种由于劳动年龄人口数量和占比增长快于其他年龄组人口，从而带来的经济增长称为人口红利[②]。

中国毫无疑问是充分利用人口红利的全球典范。20世纪90年代，中国的人口总抚养比，即需要被抚养的老年人口与少年儿童占劳动年龄人口的比例降至50%以下，进入人口红利期。城市化快速推进，农村地区大量的劳动力不断涌入城市，形成了一个特殊的务工群体——农民工。根据国家统计局发布的《2020年农民工监测调

[①] 低生育率陷阱由奥地利学者沃尔夫冈·鲁茨（Wolfgang Lutz）等人于2005年首次提出，后被广泛使用。其核心的观点是，一旦某个国家或地区的总和生育率跌破1.5，再想重新回升至1.5以上就会变得非常困难。
[②] 通常认为，人口总抚养比低于50%的阶段即为人口红利期。

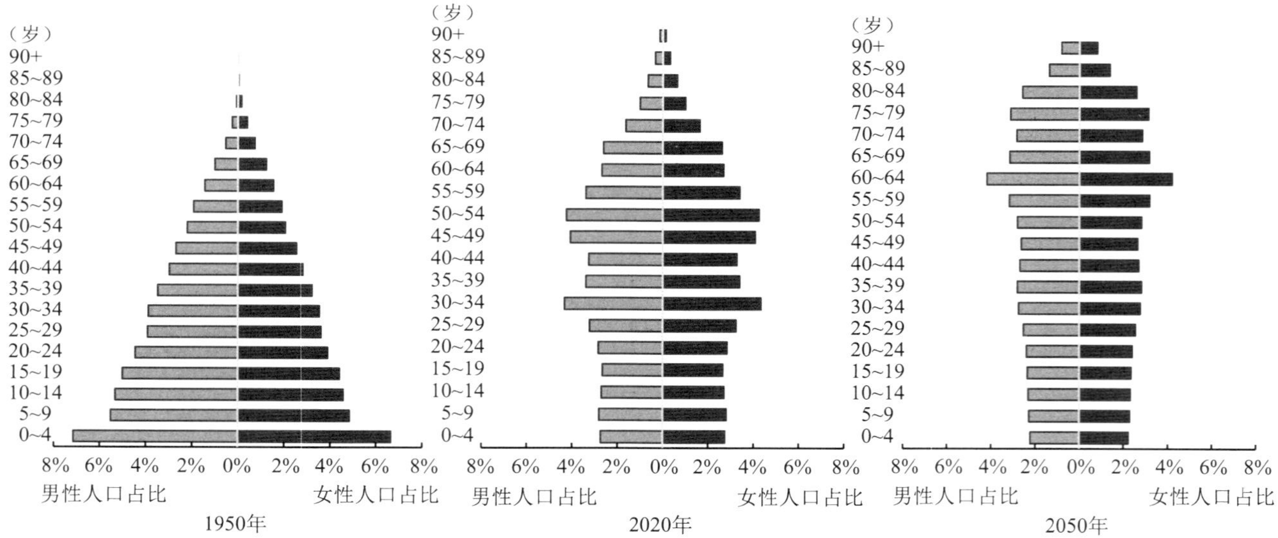

图 1-5 不同时期中国人口年龄结构比较

资料来源：联合国 World Population Prospects 2019 数据库。

查报告》，我国农民工数量在 2019 年达到顶峰，接近 3 亿人。由于中国有在除夕与家人团聚的传统，这一庞大的群体会集中在春节期间返乡，形成了堪称"全球罕见的人口流动"的春运。在劳动人口增长的同时，全民教育的普及提高了人力资本，医疗卫生条件的改善提高了劳动力的健康资本，加之改革开放带来的宽松环境，使得人口红利得以释放，中国经济持续高速增长，并在全球化过程中保持了明显的优势。但是这种由人口数量带来的红利始终只是人口转变过程中的一个短暂现象。我们不禁要问，人口红利是一过性的吗？庞大的劳动年龄人口退休后，人口红利会不会变成人口负债？在本章的最后一节，我们将继续讨论这个问题。

一个老年人占 1/4 的社会

长寿时代，老龄人口占比将长期超过总人口的 1/4。从联合国数据来看，无论是欧美发达国家、日韩等亚洲新兴发达国家，还是中国等发展中国家，尽管各自经历的人口转变速度和阶段不同，到 21 世纪中叶，65 岁及以上老龄人口占比都会超过 25%，并会在相当长时间内维持在这个水平（见图 1-6）。

这一高占比的出现主要取决于两个因素：一方面，死亡率的下降会带来老龄人口数量的增加；另一方面，低生育率导致年轻人占比降低。一个值得注意的现象是，生育率的下降与老年人口占比的上升密切相关。正如美国学者约翰·魏克斯（John Weeks）在经典教材《人口学概论》中指出的，死亡率下降总是不可避免地会增加老年人的数量，而 65 岁及以上老年人的比例只有在生育率下降的前提下才会明显上升。

由于人口基数庞大，中国一直都是全球老龄人口最多的国家，只是过去占比不高，并没有引起社会的广泛关注。如今中国老龄人

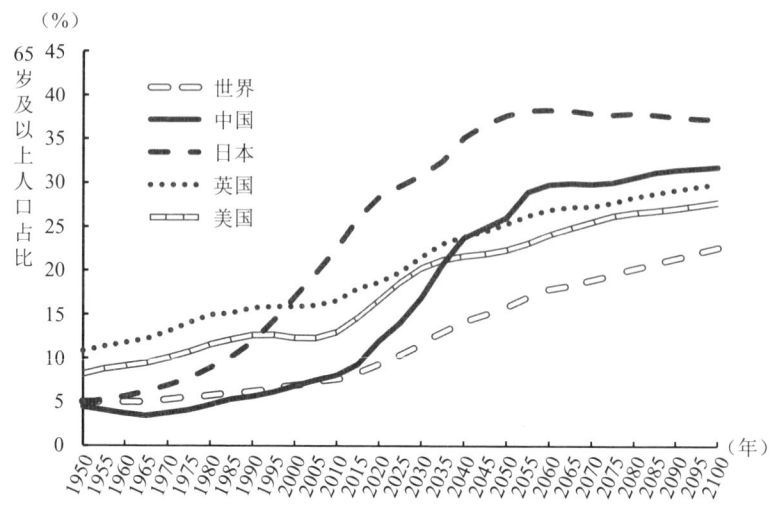

图 1-6 各国 65 岁及以上老龄人口占比变化趋势

资料来源：联合国 World Population Prospects 2019 数据库。

口数量及其占比正在进入快速增长期。第七次全国人口普查结果显示，2020 年中国 65 岁及以上人口达到 1.91 亿人，占比 13.5%，即将进入老龄社会。中国发展研究基金会发布的《中国发展报告 2020：中国人口老龄化的发展趋势和政策》预测，2035 年我国 65 岁及以上人口将达到 3.1 亿人，占比 22.3%，2050 年将达到 3.8 亿人，占比 27.9%。值得注意的是，从人口普查的数据看，我们进入老龄社会的速度比过去的预测结果更快。

随着整体健康水平的提升，人类寿命不断延长，社会对传统意义上的老年人有了更进一步的划分。现在通常会将 65~79 岁的人称为低龄老人，他们的身体机能和智力水平仍保持较好状态。而 80 岁及以上的人，则称为高龄老人，他们对生活照料和医疗的需求会明显增加。联合国数据显示，2020 年日本高龄老人占所有老龄人口的比例达到 32%，也就是说每三位老年人中就有一位高龄老人；美国和英国的高龄老人占整体老龄人口的比例也在 25% 左右。

目前中国老龄人口增长是以低龄老人增长为主，高龄老人的增速略慢于整体人口老化的速度，但是到 2030 年前后，高龄老人将成为老龄人口中增长最快的群体。随着 20 世纪五六十年代出生高峰的一代人迈入高龄期，未来的人口年龄结构中，高龄化现象将逐渐凸显。《中国发展报告 2020：中国人口老龄化的发展趋势和政策》显示，2010 年中国 80 岁及以上人口不足 2000 万人，2020 年其规模已达到 3000 万人左右。接下来高龄人口的增速会更快，预计到 2033 年前后，其规模将比现在翻一倍，达到 6000 万人以上，其占比也将超过老龄人口的 1/5。之后高龄老人占比还会持续快速上升，成为老龄人口中增长最快的群体。在一个老龄人口占比超过 1/4，且高龄人口占比高的社会，整个社会的经济组织需要调整、转型和重建，否则健康、照料和财务负担不但会压垮个人和家庭，也会使得政府财政难以为继。这就需要个人、政府、企业共同寻找解决方案。

城市能否迎来新的繁荣？

工业化是城市化的主要推动力。18 世纪 60 年代工业革命爆发，促进了人口的流动以及城市化的进程。繁荣的大型城市、超级城市圈不断涌现。如今，高收入国家有超过 80% 的人生活在城市。在中等偏上收入国家，这一比例也为 50%~80%。第七次全国人口普查结果显示，中国的人口城镇化水平在加速提升，2020 年常住人口城镇化率已达到 63.9%，比 2010 年提升超过 14 个百分点，并保持着继续上升的势头。另外，我们也看到了中国人口向大中城市，尤其是东南部城市群进一步集中的趋势。

城市的繁荣并非一成不变。伴随着社会的发展、产业的进步与新兴技术的转移，城市的人口结构也会发生变化。由于人口向就业集中，就业随人口集聚，人口结构也因此成为城市发展的晴雨表。20 世纪中后期，欧美发达国家和日本先后完成了工业化，并相继进入后工业化时代。纽约、伦敦等超大城市的就业人口围绕高新经济产业进行岗位重组，经济保持了持续繁荣，其人口结构也依旧相对年轻。2015 年日本人口普查数据显示，人口持续净流入使得东京都市圈 15~64 岁劳动年龄人口占比达到 66%，显著高于全国平均水平。与之相应，东京地区的老龄人口占比则明显低于全国平均水平。

然而另一些曾经的制造业中心城市却落伍了。从工业繁盛到衰落，辉煌一时的城市圈沦为"铁锈地带"。19 世纪中期的匹兹堡被誉为美国的钢铁之都，新来的年轻人只要在工厂找一份工作就能在 30 岁之前买下一套房子。然而进入 20 世纪 70 年代，美国经济萧条导致国内需求下滑，加之来自海外的国际竞争加剧，匹兹堡钢铁产业开始出现产能过剩，城市经济下滑。在 20 世纪 50 年代的鼎盛时期，匹兹堡人口一度达到 68 万人的峰值，然而到 1990 年，其人口只剩下 37 万人，下降了近 50%。尤其是年轻人相继离开这座城市，导致在 21 世纪初，匹兹堡一度跃升为全美老龄化程度排名第二的城市。因此匹兹堡采取了一系列产业转型的复兴计划，如今匹兹堡已经由钢铁之城转变为一座以高科技研发为特色的城市。近 10 年来，匹兹堡老龄人口增速明显放缓，增幅已不到同时期美国平均水平的一半，未来其老龄人口占比还有望继续降低。

其实中国的东北三省正在面对与"铁锈地带"类似的挑战。第七次全国人口普查结果显示，东北三省常住人口为 9851 万人，比 2010 年减少了 1101 万人，哈尔滨也成为近 10 年来唯一一个人口负增长的省会城市。生育率下降、年轻劳动力人口外流加剧了东北三省的人口老化，老龄人口占比达到 16.4%，高于全国平均水平。

老年人聚集的城镇注定要衰落吗？当然不是。美国佛罗里达州的群村（The Villages）是围绕活力养老而兴起的城镇，我们在那里看到的是一片繁荣的景象。在商业地产的带动下，群村在三个郡超过 100 平方公里的范围内建立起了超大规模的养老社区，从全国各地吸引了超过 10 万退休老人居住，形成了一个蓬勃发展的社区。我们将在第五章详细介绍那里的情况。

为什么百岁人生变得越发普遍？

2020 年新冠肺炎疫情肆虐全球，数百万人因此失去了生命，全球都笼罩在病毒的阴影之下。我们生活在当今的现代社会中，对传染性高、致死率高的疾病已经觉得陌生，而这一次的新冠肺炎疫情却让我们再次认识到传染病的恐怖威力，以及生命的脆弱。

在漫长的人类发展历程中，除了急性传染病，饥饿、战争、自然灾害等都曾经严重影响着人类的生存，绝大多数人活不过青少年，寿命远没有现在这么长。工业革命以来，社会快速发展，科学技术持续进步，那些曾经威胁生命的"洪水猛兽"逐渐被人类控制，如今百岁人生已不再那么罕见。

工业革命初期，人们的预期寿命不到 30 岁。到 21 世纪的今天，全球人口预期寿命已超过 70 岁。联合国《世界人口展望 2019》报告指出，到 2050 年全球人口预期寿命有望达到 77.1 岁。实际上，全球人口预期寿命的增长是不平衡的，中高收入的 OECD（经济合作与发展组织）国家在 2017 年的人口平均预期寿命已达到 80.7 岁。到 2020 年，这些国家中刚达到 65 岁的人的预期余寿将接近 20 年，也就是说他们的预期寿命将接近 85 岁。琳达·格拉顿（Lynda Gratton）和安德鲁·斯科特（Andrew Scott）在《百岁人生：长寿时代的生活和工作》一书中说，美国、英国、日本等发达国家的 00 后，有 50% 以上的概率能够实现百岁人生。按照目前寿命增长的趋势，这完全是有可能实现的。

走出马尔萨斯陷阱

在工业革命爆发前,正如当时英国人口学者马尔萨斯所观察到的,尽管农业文明推动了人口的缓慢增长,但是人类依旧没能摆脱自然资源与环境的束缚,预期寿命历经万年却没有发生显著改善。

人类在狩猎-采集时代,茹毛饮血,居无定所。严酷的生存环境使得人类的死亡率奇高,预期寿命极低,平均只有 20 岁左右,人口规模的扩张受到了外部生存环境的严重制约。到公元前 10000 年,全球人口也没有突破 400 万人。

公元前 8000 年左右,人类迈入农业社会,逐步掌握了通过集约化生产方式利用自然资源的技能。农业和畜牧业的发展,使得食物的生产效率提升,供给稳定性逐渐增强。同时,人们的居住条件、生活水平、社会环境都得到了相应改善。人类的死亡率在一定程度上有所降低,寿命略有增加,人口规模缓步扩张。到 1750 年,也就是工业革命前夕,全球人口总数达到 7.5 亿人,但是平均预期寿命仍然在 30 岁上下徘徊。

比起狩猎-采集时代,农业生产带来了食物供给的增加,但是饥荒依旧频繁发生,传染性疾病在人口聚居的城镇更易横行。例如 14 世纪暴发的黑死病,在前后 200 多年的时间里席卷了整个欧洲,直到 17 世纪中期方才消散。这场瘟疫不仅导致欧洲人口几乎损失过半,死亡人数高达 7500 万人,而且给整个社会的政治、经济、文化带来了深刻的影响。

在农业社会后期,即工业时代到来之前,欧洲人口快速增长,开始接近自然资源所能承载的极限。1798 年英国学者马尔萨斯在其著作《人口学原理》中提出,人口数量按几何级数增长,而粮食产量却按算术级数增长。一旦人口增长速度超过了食物的供给能力,多余的人口将被战争、饥荒和瘟疫等方式消灭,最终导致人口规模发展停滞不前。从现在的视角来看，马尔萨斯观察到了人类在农业社会下发展的困境，但他未能洞察到工业文明即将带来的生产力变革。

18世纪中后期兴起的工业革命使人口增长突破农业社会资源所能承载的上限，开启了全球人口史无前例的爆炸式增长（见图1-7）。随着生产力的改变，人类文明史也迎来崭新的一页。工业社会死亡水平的下降首先来自生活水平的提高和营养的改善。工业文明解放和发展了生产力，食物的供给量和稳定性大幅改善，热量和营养摄取增加提高了人类抵御疾病风险的能力。

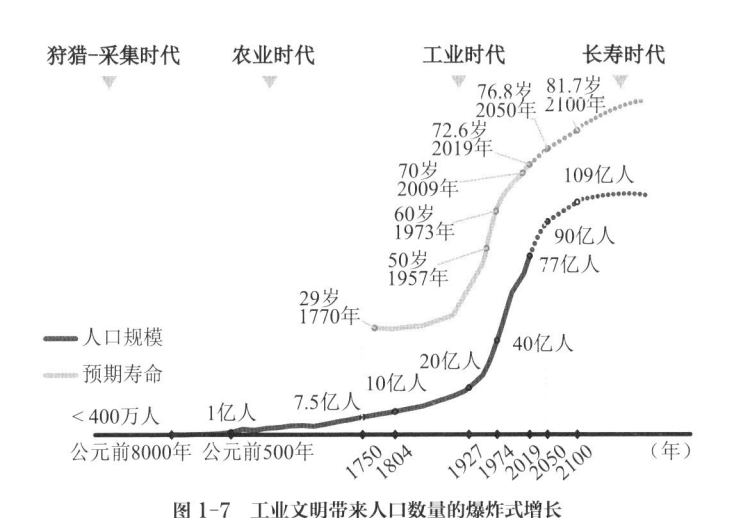

图1-7 工业文明带来人口数量的爆炸式增长

资料来源：Our World in Data 数据库，联合国 World Population Prospects 2019 数据库，世界银行，约翰·魏克斯《人口学概论》（第11版），作者整理。

西方学者根据早期的人口统计信息研究发现，1750—1900年，英国人的预期寿命从37岁增至48岁，法国人的预期寿命则从26岁增至46岁。英国学者托马斯·麦基翁（Thomas McKeown）提出19世纪英国死亡率下降是源自经济和社会条件的改善，其中最重要的是饮食的改善。美国诺贝尔经济学奖得主罗伯特·福格尔（Robert W. Fogel）也曾对这一现象进行深入研究，他发现工业革命带来的人均食物增加是此时期人类寿命显著延长的最重要因素。

科学的曙光驱赶死亡的阴霾

19世纪欧美城市化加速了人口聚集，然而在城市繁荣的同时，一系列城市问题也随之涌现。由于传染性疾病的暴发在城市更加频繁和密集，大城市的死亡率一度高于农村地区，人们将这一现象称为"城市惩罚"（urban penalty）。到19世纪中后期，随着科技的进步与公共卫生观念的普及，人们才开始逐步掌握对传染性疾病的防控手段。

英国医生约翰·斯诺（John Snow）是公共卫生事业的先驱之一。在19世纪，传染性和致死性极强的霍乱曾多次在全球范围内暴发，对其发生原因，各界一度众说纷纭。直到1854年约翰·斯诺根据伦敦当地霍乱疫情绘制出地图，追查到疾病传播的源头位于一处受到脏水污染的公共水源，由此才科学地证明霍乱是通过饮用水传播的。当斯诺医生说服当地政府关闭水源后，霍乱疫情也随之消去。公共卫生并不仅仅是通过医学治疗手段来实现死亡水平的降低，在霍乱这个经典案例中，斯诺医生实际上是用统计学的方法确定病因，进而实施干预，阻断了疫情传播。

美国哈佛大学戴维·卡特勒（David Cutler）的研究显示，1900—1940年，由于通过水和空气传播的传染性疾病得到了有效控制，美国的整体死亡率下降了40%，美国人的预期寿命从47岁提升至63岁。看似简单的净水过滤和氯化系统的广泛应用在其中发挥了巨大的作用，过去城市人口的死亡率更高的问题也在这一时期消失了。

农业社会中人们曾经相信疾病与道德或宗教有关，伴随着工业革命的到来，人们开始用更加科学、理性的方式来认识和应对疾病与死亡。进入20世纪，在公共卫生观念得到普及的同时，现代医药领域也飞速发展，一方面诊断与手术技术不断提升，另一方面药物研发与应用快速发展。

20世纪40年代以前，人类对细菌感染束手无策。到了1928年，英国医生亚历山大·弗莱明（Alexander Fleming）发现青霉素具有抗菌作用。随后第二次世界大战爆发，大量伤员急需抗感染治疗，青霉素得以工业化量产。这挽救了大批的生命，也拉开了人类抵御感染性疾病的大幕。

细菌和病毒是微生物界的两大主要阵营，进入20世纪，人们逐步掌握了细菌性疾病的防治方法，病毒性传染病随后成为威胁人类社会的首要疾病。时至今日，人们对于很多病毒性疾病仍缺乏有效的治疗手段。1918年的西班牙大流感席卷全球，造成5亿~10亿人感染，5000万~1亿人死亡。今天看似普通的季节性流感，每年仍会导致300万~500万重症病例，29万~65万人死亡。人们所熟知的艾滋病，在20世纪80年代初被发现，到2019年全球有约170万新发艾滋病病毒感染者，69万人因艾滋病相关疾病离世。2020年新冠肺炎疫情全球暴发，截至2021年5月底已导致1.7亿人感染，数百万人死亡。

值得庆幸的是，人类从早期对传染病的束手无策，到今天应对能力已经大大增强。天花困扰了人类至少3000年，从1796年"免疫之父"英国医生爱德华·琴纳（Edward Jenner）把一位患牛天花女工的痘浆接种到一个男孩身上获得成功，到1980年世界卫生组织宣布天花被完全消灭，人类用了184年的时间。而面对2020年的新冠肺炎疫情，全球的疫苗研发速度前所未有，科学家仅用一年时间就研制出了多款新冠疫苗。值得注意的是，中国的经验也证明，社会动员、数字化及互联网技术等非医疗手段在疾病防治中同样可以发挥重要甚至决定性的作用。

如今,医疗和技术进步与死亡率下降的关系已经变得越来越密切。心血管疾病、癌症、艾滋病等疾病逐渐从致死性疾病变成可控制的慢性疾病。从全球卫生事业发展来看,传染性疾病的死亡威胁在不断缩小,相比之下,慢性病已成为影响人类健康的主要威胁,针对慢性病的治疗手段在提升预期寿命方面开始发挥重要作用。美国哈佛大学玛丽亚琳·卡蒂隆(Maryaline Catillon)的研究指出,美国20世纪50年代以来的死亡率下降很大程度上得益于心脏病、脑卒中等心脑血管疾病死亡率的降低,1950—2016年美国人的预期寿命提升了11岁,其中一半以上的增长与65岁及以上人群生存率的提高有关。曾经被认为是不治之症的癌症,目前正在逐渐慢病化。对肿瘤的治疗已经从传统的放化疗发展到靶向治疗。传统化疗药物如同核弹,会将体内正常细胞与癌细胞同时清除,而靶向药物则如同精确制导导弹,可以识别癌细胞并发动精准打击,减少对身体的伤害。现在的肿瘤新药研发还在生物免疫治疗方面寻求突破,这类药物能够调动机体免疫系统,有效抑制癌细胞。相信人们将癌症从"不可治愈"的疾病清单中剔除的那一天很快就会到来。

未来人类寿命能否无限延长?

预期寿命与各年龄段的死亡率联系紧密。简单来说,预期寿命是假设一个现在出生的人,按照当前各年龄段人口的死亡水平计算,未来有望生存的年岁。影响预期寿命的最主要因素是婴幼儿和老年人的死亡水平。预期寿命的增长和个人寿命的增长不同,我们身边可能也偶有百岁老人,但这并不能代表人类整体的寿命水平。

从全球来看,二战后人类的预期寿命发生了持续而显著的提升。这一方面得益于发展中国家死亡率的降低,尤其是婴幼儿死亡率的降低,另一方面便是因为老年人死亡率的下降。全球疾病负担(GDB)项目组在知名医学期刊《柳叶刀》上发表的研究显示,1950—2017年全球男性预期寿命从48.1岁增至70.5岁,女性从52.9岁增至75.6岁。无论是男性还是女性,在过去的近70年里,其预期寿命平均每10年提高了3岁以上。从目前的趋势来看,人类的寿命还会以每10年2~3岁的速度增长。另一篇由美国华盛顿大学健康指标与评估研究所(IHME)在《柳叶刀》上发表的研究预测,到2040年时全球男性和女性的预期寿命均较2016年将再提升4.4岁,届时全球将有59个国家的人口预期寿命超过80岁,接近该研究所涵盖的195个国家和地区的1/3。

1949年新中国成立时,中国人口的预期寿命只有35岁,到2019年已达到77.3岁。美国华盛顿大学的研究预测,2040年中国人口预期寿命将达到81.9岁,相当于未来20年间每10年增长约2.5岁。也许30~50年后,中国人口的预期寿命有望超过90岁,将会有越来越多的人迎来百岁人生。

然而,在人类寿命不断延长的大趋势下,一些国家和地区人口预期寿命的增长却出现了暂时性停滞,甚至一度下跌,其原因值得深思。我们看到,由于苏联解体导致社会动荡,1989—1994年俄罗斯男性的预期寿命从64.2岁下降到57.6岁,5年间下降了6.6岁,相当于倒退40年。非洲南部一些国家由于艾滋病泛滥,其人口预期寿命一直徘徊在50岁左右,甚至有个别国家曾一度低至40岁以下。近年来,美国和英国的人口预期寿命也出现了波动甚至轻微下降,这些现象背后的原因是青年人滥用药物、酗酒以及自杀等社会问题。2020年的新冠肺炎疫情也造成了人类预期寿命的波动,欧洲统计局数据显示,欧盟成员国中共有22个国家的人口预期寿命出现了下降。美国疾控中心报告显示,2020年美国人的预期寿命比 2019 年下降了 1.5 岁。尽管如此，科技的进步和社会的发展使我们有充分的理由坚信，预期寿命的波动仅仅是人类发展历史中的小曲折，人类寿命持续增长依旧是长期趋势。

至于人类寿命是否存在上限，目前尚无定论。现在科学家们对于衰老原因的研究已经深入到了分子生物学层面，如染色体的顶端端粒的磨损、基因组的不稳定性导致基因损伤、环境因素改变基因的表达方式、有害蛋白质堆积等等。当前，对于衰老之谜，科学界远没有达成统一的认识。相信未来将有更多研究发现突破人们的认知，同时也会有更多技术不断刷新寿命的极限。从历史经验看，人类战胜死亡威胁的能力仍在不断提升，知识的进步和科技的发展会推动人类的寿命持续延长。

寿命增长是全球性发展目标

人们已经基本摆脱了饥饿和急性传染性疾病带来的死亡束缚，在发达国家和部分中高收入国家，癌症等慢性非传染性疾病逐渐成为首要死因，但是在撒哈拉以南的非洲地区和其他一些经济欠发达地区，疟疾等传染性疾病仍是致死的主要因素之一。国家间、地区间死亡水平和预期寿命的差异仍然非常值得关注。

20 世纪 70 年代，美国人口统计学家塞缪尔·普雷斯顿（Samuel Preston）在研究世界各国的人口预期寿命和人均 GDP（国内生产总值）之间的关系后，提出了著名的普雷斯顿曲线（Preston curve）（见图 1-8）。它揭示了在同一时期，经济发展水平较高的国家普遍具有较高的人口预期寿命水平，而贫穷国家往往伴随着较低的人口预期寿命水平。在人均收入低于 1 万美元的国家，一般而言传染病是导致死亡的最主要原因；在人均收入高于 1 万美元的国家，慢性非传染性疾病取代传染性疾病成为导致死亡的主要原因。

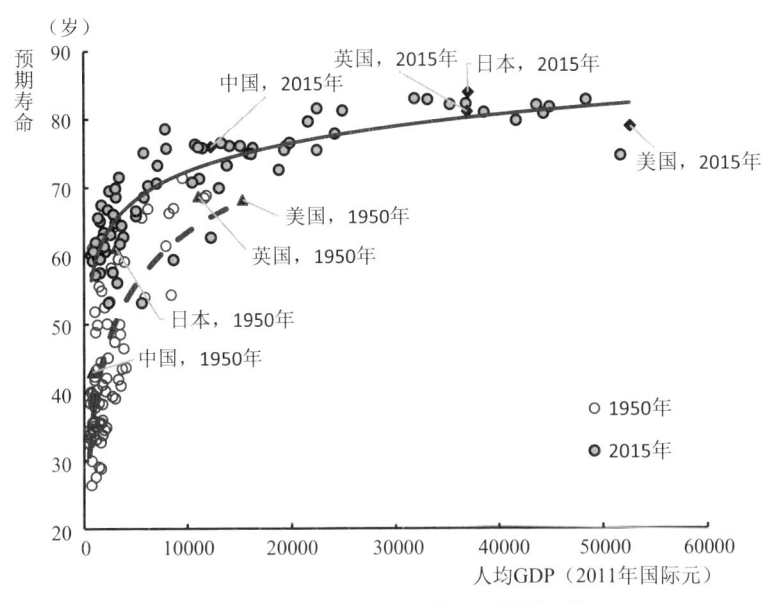

图 1-8 1950 年、2015 年普雷斯顿曲线比较

资料来源：Our World in Data 数据库，作者整理。

注：国际元一般是指在特定时间与美元有相同购买力的假设通货单位。

收入虽然和预期寿命存在相关性，但却不是预期寿命的唯一决定因素。新中国成立初期，我国的人均 GDP 水平远低于当时的发达国家，但是由于新中国成立后不仅基本解决了人民群众的吃饭问题，还很快推动了一场全民爱国卫生运动，一系列初级预防保健措施得以实施，中国在人均 GDP 较低的情况下，取得了远长于同等经济水平国家的人口预期寿命，也成为普雷斯顿曲线上的一个特例。

从曲线变化中我们不难发现，当人均 GDP 水平较低时，其增长和预期寿命的提升高度相关。人均 GDP 的小幅提升，就能换来寿命的明显延长。这是由于，饥饿和传染性疾病是造成低收入国家死亡水平居高不下的主要原因。而当人均 GDP 越过一定门槛之后，新生儿死亡率大大降低，人口的死亡主要来自老年人，慢性疾病转为死亡的主因,因此经济水平的改变对寿命的影响也就变得微弱了。

二战后,发达国家不断增加对撒哈拉以南非洲等落后地区的援助。除经济援助外,大量的公共卫生组织和项目也纷纷涌入这些地区,帮助当地居民消除各类死亡风险。2000年9月,在联合国千年首脑会议上,世界各国领导人商定的"千年发展目标"就包括降低儿童死亡率,改善产妇保健,抗击艾滋病病毒/艾滋病、疟疾和其他疾病等。美国马里兰大学的一项研究显示,1960—2000年,公共卫生基础设施、免疫接种、疾病专项防治等成为带动发展中国家死亡率下降的重要因素,成熟的医学知识和技术陆续在非洲、拉丁美洲、东南亚等地区传播,不断缩小着世界各地人口预期寿命的差异。全球健康目前是国际社会的一个热点,中国在综合国力提升、快速成为世界上举足轻重的大国后,也必将更加重视对这个领域的关注和投入。

始料未及的低生育率陷阱

死亡率一路下降,人类的寿命不断突破上限,这是否意味着人口数量可能会出现爆炸式增长,并带来诸多社会问题?工业革命前夕,马尔萨斯担心人口增长过快,会超过食物的承载力。20世纪70年代,罗马俱乐部提出人类将面临人口爆炸、粮食危机、资源消耗和环境污染等重大危机。显然,他们的观点都是建立在人口持续增长的前提下,然而当前全球所面对的挑战不是人太多了,而是生育率下降带来的人口数量衰减。

生育率走低在20世纪70年代成为全球性趋势。不仅是发达国家,低收入国家的生育率也在下降。人口学中常用总和生育率来衡量生育水平,它是指平均每个妇女在育龄期间(15~49岁)生育的子女数量。联合国数据显示,在过去的几十年里,全球的总和生育率已从 1990 年的 3.2 降至 2019 年的 2.5。一些超低生育率的国家,例如新加坡甚至已经低到了 1.1,相当于每一代人,人口减少一半。联合国按中等生育水平预测,到 2050 年全球总和生育率将降至 2.2,而按照当前发展趋势,未来的生育水平很可能会更低。是什么因素导致生育率持续走低?世界上所有的国家是否都在经历这样的生育率下滑?这种趋势能逆转吗?

养孩子从"资产"转为"负债"

影响生育意愿的因素很多,大致可分为生物因素和社会因素。一般而言,生物因素是人体本身的影响因素,包括遗传、激素分泌水平等;而社会因素是人体外部的因素,包括经济水平、教育程度、风俗习惯等。随着工业化和城市化不断深入,社会因素越来越成为影响生育率的关键。

在农业社会,生产单位是以家庭为核心的,人是最重要的生产资源,孩子是劳动力和生活保障的来源。孩子越多,这个家族、家庭就会越兴旺。在过去高死亡率的生存环境下,高生育率成为维持社会发展的必然。在农业社会,生育孩子对家庭来讲是投资,5~6 岁的孩子就能帮助家庭承担简单的劳动生产,10 岁以后就能参加农业生产活动。人丁兴旺意味着家里有充足的劳动力,因此人们有动力多生,尤其希望多生男孩。

进入工业社会,生活环境、公共卫生和医疗技术条件得到改善,儿童死亡率显著降低,这使人们摆脱了被迫生育以延续子嗣的状态。当婴幼儿死亡率降低,人们生养更多子女的意愿也相应下降。人们开始更加关注在养育子女的数量和质量上取得平衡,加强对子女的教育和培养。由于工业社会劳动分工逐渐细化,专业化程度越来越高，导致孩子从出生到参加工作需接受教育的时间越来越长。教育时间越长，教育成本越高，参加工作的年龄越大，给家庭带来的经济压力则越大。一方面提升子女培育质量的成本不断增高，另一方面父母生育子女的机会成本也在上升，那些在子女身上消耗的时间原本可以用来获取更多收入或者享受稀缺的闲暇，这一切都促使孩子在家庭中的经济角色发生转变，从"资产"转化为"负债"。一些家庭发现，他们对孩子的投入实际上很难收回，这使得家庭生育子女的意愿降低。

在现代家庭生育决策中，女性的重要性越发凸显。随着女性受教育程度和劳动参与率的大幅提升，女性在家庭中的地位也不断提升，女性生育子女的隐形成本越来越高，这在一定程度上改变了女性对生育的态度，也相应地推迟了她们的结婚和生育年龄。女性生育子女延续后代、操持家务的角色正在发生转变。

此外，随着20世纪60年代廉价、便捷的避孕药和避孕器具在全球的快速普及，有效的避孕措施变得简单易得。避孕知识的掌握和避孕工具的普及使得两性行为与生育实现了分离，性与生育的脱钩也促进了观念的变迁。所以，低生育率成为一种经济现象、社会现象和文化现象，是工业化、城市化的必然结果。

生育率下降的全球趋势

无论是发达国家还是发展中国家，其生育率都会随着社会经济发展而降低，只是各国下降的时间长短不同。大多数发达国家率先完成了工业化和城市化，其总和生育率早已降至更替水平以下。20世纪60年代，许多发展中国家经济改善，也开启了工业化、城市化进程，生育率进入快速下降的通道。联合国数据显示，当前低生育率已成为全球性趋势，2019年全球有一半的人口生活在总和生育率低于 2.1 的国家和地区，预计到 2045 年后全球出生人口数量将逐年下降。

我们在此简单回顾一下英国、美国、日本、中国的生育率转变历程（见图 1-9）。在 19 世纪初期，英国家庭的生育水平尚处于高位，平均会生五六个孩子。但是随着越来越多的人进入城市、进入工厂，早期的低工资和有限的生活条件迫使他们普遍推迟了婚育年龄。到 19 世纪后期，英国民众的生活条件改善，儿童死亡率下降，上流社会家庭开始追求更高的生活品质，并主动减少生育，而这一观念也很快影响到了社会中下层，人们认识到了低生育率所带来的好处。因此，到 20 世纪 30 年代，英国的总和生育率已经降至更替水平以下。二战结束后，英国也有短暂的生育回潮，之后其总和生育率基本保持在 1.7~1.8 的水平。2010 年以来，英国的生育率再次呈现下降趋势，到 2019 年已下滑至 1.7 以下。

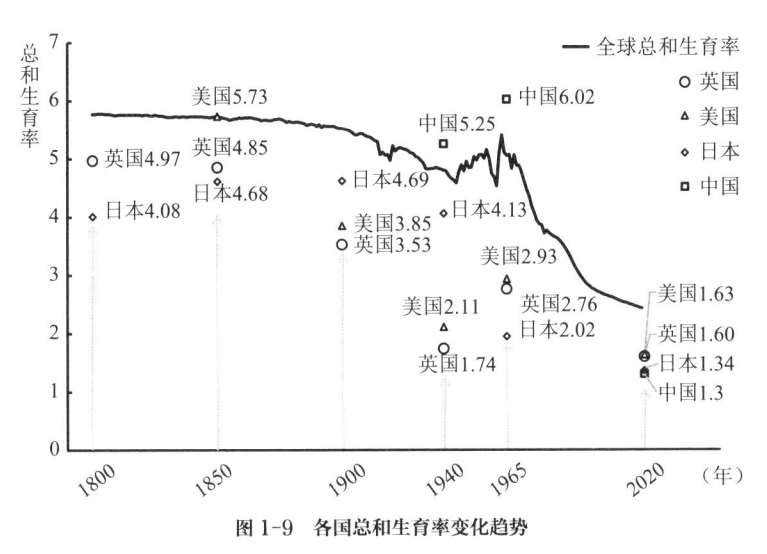

图 1-9　各国总和生育率变化趋势

资料来源：Our World in Data 数据库，中国国家统计局，美国疾病预防控制中心，日本厚生劳动省，英国国家统计局，作者整理。

美国与英国类似，在19世纪结束内战之后，工业文明渗透到美国南部，生育率也随之一路下降，并在20世纪30年代一度接近更替水平。二战结束后，美国迎来了一波18年的婴儿潮，总和生育率于1957年飙升到3.6的高点。美国的这一波高生育率基本维持到20世纪60年代中后期才开始逐步下降。到2020年，美国的总和生育率已降至1.63。美国整体的生育水平虽然略高于多数欧洲国家，但是美国国内社会不同人群的生育水平实际上差异很大，其相对较高的生育水平主要源于新移民和少数族裔的高生育率，以及婚外生育的增多。

与英国、美国等发达国家不同，日本在经历二战后短暂的婴儿潮之后，生育率便开始快速下降。其总和生育率从1947年的4.5很快降至1957年的2.0，到20世纪90年代初就已降至1.5以下的较低水平。日本厚生劳动省（相当于我国的人力资源和社会保障部与国家卫生健康委员会的结合体）最新数据显示，2020年日本总和生育率为1.34，经历了近30年徘徊，依旧没能跳出低生育率陷阱。

中国在近半个世纪内也经历了生育率的快速转变。1950—1970年，我国的生育率一直处于高位，家里有五六个孩子是比较常见的。20世纪70年代初，中国政府提出"晚、稀、少"的生育政策，尽管这只是提倡而非强制减少生育，但家庭减少生育的观念已经形成，因此生育率从那时起开始快速下降。在80年代实施相对严格的计划生育政策之前，中国的总和生育率已降至3以下，20世纪90年代进一步降至更替水平以下。进入21世纪，学界和社会上对中国生育政策和生育率数据的争论不绝于耳，放开生育的呼声越来越高。对此，中国从2011年起先后推行了"双独二孩"和"单独二孩"政策，并于2015年实施了"全面二孩"政策。第七次全国人口普查数据显示，"二孩"生育率有明显提升。出生人口中"二孩"

占比由 2013 年的 30% 左右上升到 2017 年的 50% 左右。然而，本次普查结果也显示，2020 年中国的总和生育率已经处于较低水平，仅为 1.3。全面二孩政策实施 5 年，虽然 2016 年、2017 年出生人口有所增加，却依然没能扭转中国的生育率下降趋势，为此，国家已提出，进一步优化生育政策，实施全面三孩政策及配套支持措施。然而，生育政策已经不是影响中国生育水平的主导因素，社会、经济、文化等因素越来越成为影响中国生育率走向的关键。

生育率的波动与人口惯性

受到诸多因素的影响，生育率变化的曲线远没有死亡率一路向下发展得那样平滑。某些灾难性事件会导致出生人口在短期内减少，人们的生育意愿降低，之后又通常会有一波短暂的反弹提升。例如，第二次世界大战期间，受战乱影响，各国的生育率都出现了急速下降，出生人口进入低潮。二战后经济复苏，生活恢复常态，人们的补偿性生育又将短期生育率显著推升，相关各国都不同程度地经历了一波婴儿潮。前面已经提到，日本在二战后的生育高峰只持续了不到 10 年时间，而美国则持续了 18 年。当婴儿潮一代进入婚育期，即便生育率已经下降，由于人口基数庞大，他们生育的孩子总量还是有可能高于其他年龄段。所以，我们会在人口结构中明显看到婴儿潮一代所呈现的波动。

国家统计局报告显示，新中国成立以来，我国共经历了三次人口出生高峰。1950—1958 年，中国进入第一次人口出生高峰，出生人口年均 2100 万人，总和生育率平均为 5.3，其间一共出生了 2.06 亿人口。1962—1975 年，中国进入第二次人口出生高峰，1963 年出生人口达到峰值 3000 万人，其间一共出生了 3.64 亿人口。1981—1997 年，中国进入第三次人口出生高峰，其间一共出生了 3.75 亿人口。实际上，20 世纪 90 年代，中国的总和生育率已经降至更替水平以下，80 后这波出生人口高峰不是因为每家生育的子女多了，而是因为前两波生育高峰出生的人集中进入了育龄期，他们的人口总量推动了第三波出生高峰。

人口学上常用"人口惯性"来描述这种生育率低于更替水平，但是出生人数依然大于死亡人数，人口继续保持增长的现象。人口惯性会引起出生人数的波动，这通常需要两三代人的时间才会回归常态。而所谓婴儿潮后的几代人，由于他们在整个社会的人口年龄结构中占比较高，因此其需求更具特性，更能影响整个社会，并带来不一样的商业机会，而这也会塑造出更具特性的一代人。

如图 1-10 所示，在 2021 年前后，中国 20 世纪 50 年代第一波人口高增长期出生的人群都已迈入了 60 岁的门槛。总体而言，他们的养老消费观念和消费需求相对保守，主要以基本的生活照料和医疗需求为主。而第二波人口出生高峰的一代正值 50 岁左右，他们的消费能力和影响力才刚刚开始释放。也许我们很难说清广场舞到底是从何年兴起的，但是毫无疑问，现在的 50 后、60 后正是带动这一波舞动风潮的主力军。如今，我们看到线上与线下结合，专门服务老年人群的社交平台、电商购物、老年大学、资讯自媒体等不断涌现，中国婴儿潮一代对养老市场的影响已初显端倪。80 后、90 后正在成为社会支出的主力，中国消费市场正瞄准了他们对住房、车等耐用消费品的需求，同时他们也已经开始为自己未来的养老生活做准备。

2020 年新冠肺炎疫情全球肆虐，疫情对生育的影响也引发了热议。在疫情暴发之初，还有人提出居家隔离会助推生育率的提升，但是 2021 年各国发布的生育数据再次证明，在大的灾难面前，失业、贫困、焦虑会导致整个社会的短期生育水平出现明显下降。第七次全国人口普查结果显示，中国 2020 年出生人口为 1200 万人，

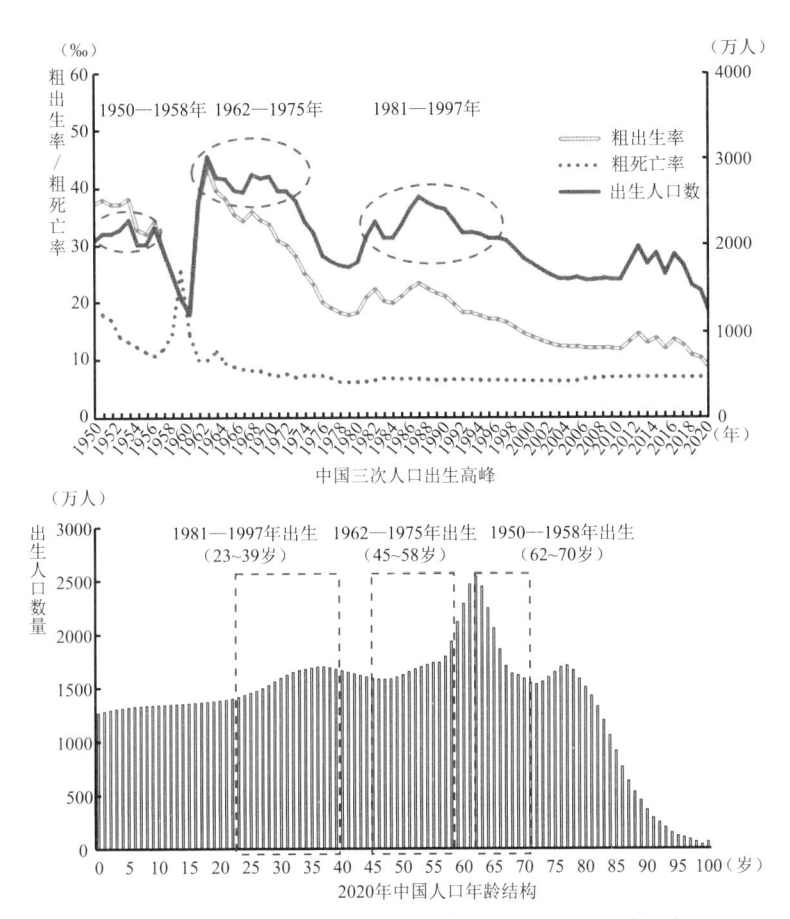

图 1-10　中国人口出生高峰及其在 2020 年人口年龄结构中的分布

资料来源：国家统计局，联合国 World Population Prospects 2019 数据库，作者整理。

比 2019 年国家统计局公布的 1465 万人减少了 260 万人。需要指出的是，2020 年出生人口数量受到疫情的影响十分有限，相关的影响可能在 2021 年才能显现。当前中国出生人口数量下降的主要原因，还是育龄女性总量持续减少，以及 80 后、90 后一代生育意愿的持续走低。生育意愿的影响因素相当复杂，当前的低生育率是否还会波动，目前仍难有定论。

低生育率可以逆转吗？

当然，生育率下降的趋势也并非一成不变。研究者观察到，一些在 20 世纪八九十年代跌入低生育率陷阱谷底的欧亚国家，其总和生育率在 21 世纪相继缓慢回升到了 1.4 或 1.5 以上的水平。然而，很难说这些国家的生育水平发生了本质性的逆转，因为我们看到近 5 年这些国家的总和生育率又再次呈现出下降趋势。这不禁让人感叹，生育率要想回到更替水平以上真是难上加难。

低生育率是极其复杂的一个问题，全球发达国家几乎都在采取鼓励措施，试图提高生育水平。法国、德国和日本等国是实施现金补贴政策，对生育孩子的家庭直接给予现金补助，通过增加家庭经济收入减轻人们养育子女的压力。美国和西班牙等国是采取税收优惠措施，对生育孩子的家庭适当减免收入所得税，通过增加税后收入满足子女基本生活开支以及其他支出。俄罗斯、瑞典和挪威等国则是推行产假制度，延长母亲带薪产假时间或增加父亲的带薪产假，通过增加产假收益刺激生育。

然而无论采取何种措施，从统计数据来看都收效甚微。实际上低生育率是社会经济发展到一定阶段的必然趋势。欧洲的学者还提出了"第二次人口转变理论"，用以解释生育率为何持续低于更替水平，并预测在传统人口转变过程完成后，社会整体人口结构的未来走向，以及个体和家庭行为的变化趋势。第一次人口转变是生育行为的转变，生育的相对子女数量减少，第二次人口转变则是人们对婚姻的期待发生了转变。造成第二次人口转变的主要原因是人们的观念发生了变化，对女性社会角色的认可，性观念与家庭观念的转变，以及对自我实现的重视导致了家庭领域内的巨大变化。主要的表现就是初婚年龄的推迟、结婚率的下降、同居率的上升以及离婚率的上升。这些行为的改变植根于社会变迁的大背景下，难以被外部政策影响，会给接下来的人类社会带来巨大的压力和挑战。

再看中国，尽管近年来全面放开二孩生育，但受制于生育观念的转变以及养育子女隐性成本的不断增加，生育率非但没有回升，反而滑向低生育率陷阱的谷底。当今中国社会在传统婚育文化的影响下，人们仍基本保持着普遍结婚的状态。普婚意味着还有生育的基础，但是社会环境、婚姻家庭观念都在变化，生育率回升到 1.5 以上的难度越来越大。

长寿时代，准备好了吗？

人类社会正在进入长寿时代。随着人口年龄结构逐渐走向柱状，在不久的将来，越来越多的国家老龄人口占比将超过总人口的 1/4。曾经的人口数量红利在不断衰减，人口老化和人口数量负增长带来的经济后果让人忧心，面对经济和社会正在发生的变化，我们应该如何应对？个人、政府、企业作为不同的社会参与者，应该采取怎样的行动来适应长寿时代？

长寿时代的五大特征

长寿时代将是人类历史上的大变局。过去近 300 年人口呈爆炸式增长，但是这在人类发展的时间轴上，不过是短暂的一瞬，长寿时代才是人类社会未来的一种人口常态、一个新均衡。我们认为长寿时代具有五大特征：死亡率降至低水平，预期寿命持续延长，生育率降至低水平，人口年龄结构呈柱状，65 岁及以上人口占比长期超过 1/4。

首先，死亡率下降带来预期寿命的延长。在人类知识和科技的不断进步下，人们在不断战胜疾病和衰老带来的死亡威胁。未来人们的预期寿命还将保持每 10 年 2~3 岁的速度增长，百岁人生将变得越来越普遍。其次，在人口转型期，生育率的快速下降是人口年龄结构从金字塔走向柱状的主导因素。低生育率是工业化、城市化发展的结果，随着女性社会角色的转变，以及家庭养育子女的成本持续增长，低生育率成为几乎不可逆的现实。长期低生育率导致出生人口数量减少，使得人口年龄结构的底部逐渐收窄，加剧了人口金字塔向柱状转变，加之寿命延长和人口年龄结构顶部扩张，65 岁及以上人口占比显著上升，并将超过总人口的 1/4，人类进入长寿时代。

长寿时代意味着人类要重新审视自身，我们将以怎样的姿态进入这个新时代？首先，寿命的延长可能并不意味着健康的长寿，我将这归纳为"长寿时代，人人带病生存"。在这种情况下，活得越久，就越需要养老和医疗的支持。这就会改变产业结构，以及相应的筹资制度安排。当然，带病生存并不意味着老年的生活就是疾病缠身，在病床上度过。我们相信健康产业的发展方向是将疾病的损失最小化，甚至让人不生病。也许当我们以"带病生存"的状态走进长寿时代的时候，疾病只是一个与我们共存的生物标签而已。其次，长寿时代，我们审视人生的尺度要发生根本的变化。农业时代人均寿命不过 30 岁，所以"人生七十古来稀"，20 岁是青年，40 岁是中年，60 岁是老年；长寿时代、百岁人生，40 岁是青年，60 岁是中年，80 岁才是老年。这使得我们能够重新对人生做规划，整个社会的制度安排也要与这种个人的微观改变相适应。在这样的出发点上，我们再去放眼未来世界，长寿时代就显得并不可怕，甚至让人有些许期待。

人口数量红利消失之后

人口与经济发展的关系是人类社会关注的永恒主题之一，人口规模和结构的变化对经济发展起着至关重要的作用。正如我们一直以来所坚持的观点，短期看宏观、中期看结构、长期看人口，人口是经济社会发展最根本的驱动力，长寿时代人口结构的变化也必将对未来产生深远的影响。

人口和经济的关系长期以来一直是经济学研究的重要问题。数百年来，经济学家们对这一问题进行了广泛而深入的研究。马尔萨斯是最早对这一问题做出全面系统研究的学者。20世纪30年代，西方主要发达国家都经历了严重的经济危机，凯恩斯从人口角度分析了经济危机爆发的原因以及相应的应对措施，提出了著名的"停滞理论"。他认为人口增长是经济发展的刺激因素和动力，人口增速下降是需求不足、投资下降的主要原因。

早期的经济学家主要关注人口规模对经济的影响，二战后的经济学家则更聚焦于人口结构对经济的影响，其中关于人口红利的研究是最为深入的。人口红利是指在人口转变过程中，劳动年龄人口数量和占比增长快于其他年龄组人口，总抚养比下降，从而产生一种对经济的促进作用。通常认为，人口总抚养比低于50%的阶段即为人口红利期。传统的人口红利主要体现为人口数量上的红利，也被称为第一次人口红利。

实际上，中国近40年来的快速发展是人口红利现象最鲜活的实例。20世纪90年代初期，中国的总抚养比降至50%以下，进入人口红利期，经济水平随之大幅跃升，2010年已成为全球第二大经济体。从本质上讲，中国的崛起就是人力资源的崛起。中国是一个人力资源大国，拥有全球数量最为庞大的劳动力。过去曾经有3亿农民工大军穿梭在城市和乡村之间，为中国经济的快速发展提供了丰厚的人力资源。可以毫不夸张地说，就是这3亿农民工托起了中国的现代化。

如今，中国的总抚养比已经进入快速回升通道（见图1-11）。

第七次全国人口普查数据显示，2020年中国的总抚养比已经升至45.9%，并可能在2030年攀升至50%以上。尽管中国目前仍拥有庞大的劳动人口，但是人口数量的红利正在快速消退。曾经，中国最不缺的也许就是劳动力。然而今天我们看到，在东南沿海的制造业发达城市，过去那种动辄几万外来务工人员涌向工厂的景象已荡然无存。无数工厂都在面对劳动力紧缺、招工困难的窘迫局面。

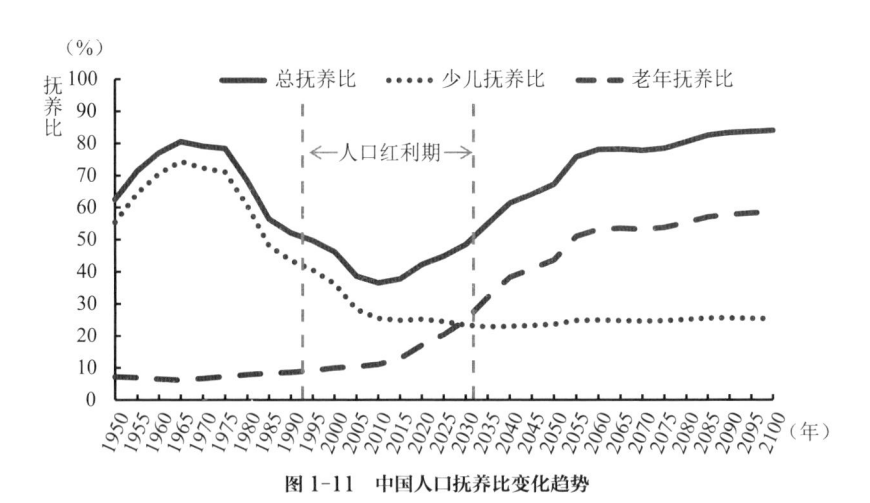

图 1-11　中国人口抚养比变化趋势

资料来源：联合国 World Population Prospects 2019 数据库。

人口数量红利在给经济带来高速发展的同时，也给未来留下了巨大的挑战。当那些创造人口红利的劳动年龄人口逐渐老去时，老龄人口占比快速增加，整个社会的老年抚养压力陡升，劳动力不足、储蓄率下降、社会创新原动力枯竭等问题也会随之而来。

日本目前所面临的困境在一定程度上也是由人口红利消退带来的。在经历了20世纪七八十年代短暂的人口红利期后，日本的总抚养比在20世纪90年代初期开始迅速攀升。随着老龄人口占比的增加，医疗、健康与养老需求持续扩大，社会抚养压力与日俱增。在家庭内部，年轻一代要同时负担长辈的照顾和子女的养育，整个社会仿佛在将过去获得的人口红利如数返还。

随着人口数量红利的衰退，未来中国的经济增长是否会陷入停滞，面临可持续发展的困境？实际上在人口数量红利消退的同时，人口素质的提升将形成第二次人口红利，即人口质量的红利，这将推动经济的再次腾飞。第二次人口红利理论认为，面对预期寿命的变长，养老金替代率的下降，人们会理性地优化个人的消费和储蓄行为，调整人力资本投资和劳动供给，以应对人口老化带来的各项挑战。个人储蓄和教育投资的增加，带来社会总储蓄的增加和人力资本的提升，从而形成促进经济发展的正面效应。第一次人口红利只是强调人口结构中的数量因素对经济增长的影响，而第二次人口红利则聚焦于人口结构的质量因素。在人口结构发生转变后，经济增长越来越需要依靠那些可改变、可培育的资源。

通过教育提升人力资本是获取第二次人口红利最重要的方式，这能够有效对冲劳动力萎缩的负面影响。无论是从个人收入还是从宏观经济角度，教育投资所带来的投资回报率都是非常丰厚的。第七次全国人口普查数据显示，2010—2020 年，中国 15 岁及以上人口的平均受教育年限由 9.08 年提高至 9.91 年，全国大学文化程度的人口达到 2.2 亿人，比 2010 年增长了 1 亿人。人口素质大幅改善，人力资本不断提升，将带动中国快速从人口数量红利期过渡到人口质量红利期。可以预见，未来自动化和人工智能将带来全新的生产模式，其所需要的劳动力素质将不同于以往，许多简单重复的工作会逐渐被机器取代，而需要人类的天赋、创造力、社交能力等的岗位将会增加。同时，社会中还诞生了许多新的岗位，例如数据挖掘专家、算法工程师、人工智能培训师、健康财富规划师等。从数量红利到质量红利，对劳动参与者的受教育程度要求越来越高，人们需要不断学习新技能以适应岗位的变化。

伴随长寿时代银发浪潮的来临，65岁及以上人口占比将达到1/4以上。面对长寿时代，人口红利还能持续下去吗？至今，仍有很多人认为老龄化就意味着衰老、消极、被动，老年人只是社会的消耗者，是被赡养的对象，难以创造价值。无论是第一次还是第二次人口红利，都没有发掘老龄人口潜在的价值，无法开启持久的人口红利。我们认为，在长寿时代，老年人的社会角色将从传统的消费者转变为长寿经济的生产者，老年人的价值再创造将会带来第三次人口红利。目前，在泰康的长寿社区中，我们已经在探索建立长寿经济的试验田，激发老年人的价值再创造。本书第五章将着重剖析这方面的内容。

长寿时代的变奏：健康与财富

美好生活是人类永恒的理想。随着寿命的延长，人们开始关注自己的健康和财富是否能够支撑高品质的长寿生活。如何让人们在长寿时代享受美好生活是个人、政府、企业都在思考的问题。我们认为，长寿时代也是健康的时代、财富的时代，它必将改造人类经济社会，也必将激发出全新的解决方案。

长寿时代，百岁人生来临，长期带病生存几乎是所有人无法回避的现实，这将带来强烈的健康需求，引发健康时代的到来。国际经验表明，随着老龄人口占比不断增加，医疗和养老的支出也随之上涨，相关资源的可持续性面临巨大挑战。众所周知，医疗费用负担与人口老化程度密切相关。美国凯撒家庭基金会的研究显示：2016年美国65岁及以上人口占总人口的16%，人均医疗支出超11000美元，占总医疗支出的36%；而19~34岁的人口占比为22%，人均医疗支出在2500美元左右，占总医疗支出的11%。65岁以上人口的人均医疗支出是30岁左右人口的4倍以上。如果从

55岁算起，29%的人口医疗支出占比高达56%。同时我们测算发现，一个国家卫生总费用占GDP的比重与该国老龄人口占比密切相关。以OCED国家为例，65岁及以上人口占比每增加1个百分点，卫生总费用占GDP的比重就将提高0.34个百分点（见图1-12）。

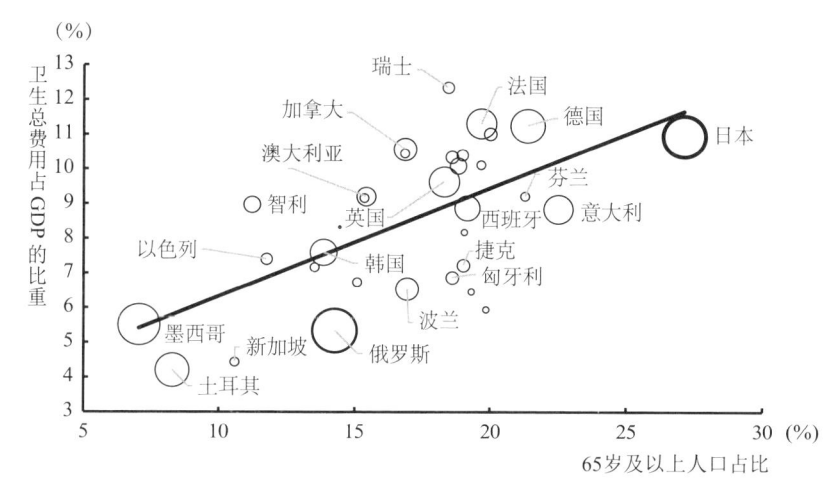

图1-12　主要OECD国家人口老化程度与卫生总费用占GDP比重的关系

资料来源：OECD数据库，作者整理。

长寿时代孕育了巨大的为养老和医疗筹资的需求，呼唤财富时代的到来。按照传统养老金的运行模式，年轻人缴纳养老金，抚养同时期的老年人群。而当这批年轻人老去的时候，会有新的一批年轻人通过缴纳养老金支持他们。代代相继，形成了工业社会典型的养老金体系。这个体系看似完美，但是当老龄人口的数量越来越多，所消耗的养老金也越来越多，就需要更多的年轻人缴纳养老金。如果整个社会仍保持着较高的生育率，那么这种传统模式仍能很好地运行。而当整个社会的生育率下降，年轻一代所创造的资源不足以支撑老年一代时，养老金替代率会持续下降，整个社会将为此背负沉重的负担。长寿时代，人口年龄结构走向柱状，养老金替代率也随之下降，为应对未来养老资金的不足，个人、家庭和社会都需要更加关注财富储备。

与养老金不同，患病、失能等健康风险在人群中的分布是不均匀的，个人很难以储备资金的方式有效应对。因此，需要在社会层面建立风险共担机制来解决医疗筹资问题。从各国数据来看，医疗费用的上涨一般都显著快于人均 GDP 的增长。随着劳动年龄人口减少，老龄人口占比不断增加，各国政府都将承受医疗支出快速上涨的巨大压力。为医疗健康支出筹资是世界难题，需要复杂的社会和商业保险机制，以保证成本、可及性和服务质量三者的平衡。

与世界发达国家相比，中国将面临更多的挑战。中国人口基数大、生育率下降快，导致人口老化持续加速。现行的养老保障体系、医疗保障制度难以匹配人口年龄结构转变所带来的需求。尽管中国人口的预期寿命增长迅速，但是人均收入及储蓄仍与同时期的发达国家存在较大差距。2020 年中国 65 岁及以上人口占比达 13.5%，人均 GDP 为 1.05 万美元，而日本、韩国在同等老龄化水平时，人均 GDP 都超过了 3 万美元。

长寿时代不仅仅是一个简单的人口现象，而且是一个复杂的社会经济现象。面对整个社会即将发生的深刻变革，个人、政府、企业都需要积极应对，共同采取行动，以获得长寿时代的馈赠。长寿时代来临时，企业作为生产性组织，要主动成为企业解决方案的提供者，成为从"被动接受问题"到"积极解决问题"的先锋。我创办和经营的泰康保险集团正是长寿时代理论的实践者。我们已经探索出一套完整的企业解决方案，其本质是将虚拟的保险支付和实体的医养服务结合，打造覆盖全生命周期的产品和服务，满足长寿时代人们对长寿、健康、富足的需求。泰康方案提供了商业机构从筹资到服务的整套思路，引领了寿险行业在中国乃至世界的变革创新,为人类应对长寿时代提供了一个中国样本。

我常常说办企业就像写文章,都需要对事物有深刻的理解,并且在此基础上谋篇布局。本书的后面章节是我对长寿时代的进一步解读,长寿时代必定是健康时代和财富时代,也必将催生长寿经济。作为社会的一员,泰康的企业方案将与个人、政府的方案互动,共筑美好的长寿社会。

第二章

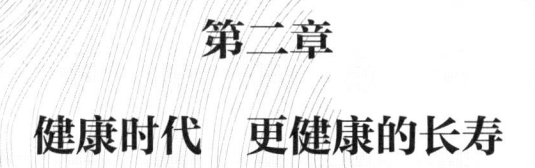

健康时代　更健康的长寿

百岁老人应该是什么样子的?

在我以前的印象中,人到七十古来稀,五六十岁往往已经迈入人生晚年,很难想象一个人活到上百岁会是什么样子。直到2010年我率领泰康人寿的董事会去美国参观访问养老社区的时候,有生之年第一次见到百岁高龄的老人。她戴着护士帽,我猜想她是在二战时当过护士。我握着她的手,感到温暖有力,老人当时整整100岁,非常开朗,思维敏捷。她与我们重温她青春时代的光彩,开怀大笑,她的快乐情绪感染了周围所有人。我感慨万千,最大的体会是,原来人的生命即便是在百岁晚年也可以如此有活力、有尊严。感叹之余,我又不禁联想到国内老年人普遍的生活状态。中国的老年人是不是也可以这样谈笑风生,充满生命的力量?

我们看到人类寿命在不断增加,但是长寿是否就意味着人们变得更健康了呢?寿命增加的部分是老当益壮的健康闲适状态,还是力不从心的衰老失能状态?与年轻人不同,老年人群的健康状态差别很大。一些老年人80岁时的体力和脑力与年轻人不相上下,而更多的老年人或多或少受到疾病甚至伤残的影响,在日常生活能力下降之余,通过参与社会生活、奉献经验与学识获得人生价值的积极体验感会有所降低。也是由于老年人不同健康状况的影响,家庭照护需求和由此带来的经济负担也差别极大。可以说,没有健康,就无法侈谈老年生活的幸福感和尊严。正如世界卫生组织在1997年的《世界健康报告》中强调的:"单纯的寿命增加并不意味着生命质量的提高,健康寿命比寿命更重要。"追求高质量的老年生活和健康的长寿人生才是长寿时代的主旋律。

长寿时代的到来,为我们人生的广度和厚度都提供了更多可能,但也带来了与之前完全不同的健康挑战。健康成为更迫切的需求,且这种需求将更加多样化和长期化,成为健康产业成长的强劲动力,健康时代随之来临。

医学进步,慢性病成为健康的主要威胁

人类与疾病的斗争已持续了数千年,如何面对生、老、病、死的这种恐惧、焦虑、憧憬和渴望,推动着人类不断探索生命的本质。

在人类发展的早期,造成死亡的疾病主要来自人类感染外界环境的致病微生物,特别是传染性病原体。鼠疫、霍乱、天花、结核病、梅毒等传染性恶疾肆虐,夺去无数人的生命。中世纪末期流行的黑死病造成了欧洲1/3的人口死亡,霍乱则是19世纪的世界病,200年间全球发生了7次大流行。另一大考验就是怀孕和分娩,人类的分娩过程危险万分,女性生育时面临着剧烈痛苦和死亡风险,新生儿夭折也相当常见。

面对这些威胁,人类一直束手无策,直到近200年,现代医学科技成果实现指数级增长,人类与自然的力量对比才发生了明显的变化。先是预防医学和公共卫生策略发挥了重要的作用。正如上一章提到的,人类从控制霍乱、鼠疫等烈性传染病的经验中,逐渐建立起相对完善的预防医学理论及实践体系,通过洁净水源、改善居

住环境等公共卫生策略来降低流行性传染病在人群中的传播和发生，但这种公共卫生的改善在个体面对疾病时的作用仍然十分有限。

工业化制药的兴起和外科手术技术的飞速发展，使医生对人类个体疾病的治疗手段得以全面提升。起初的药物主要来源于植物，如各种中草药、用于镇痛的罂粟和治疗疟疾的金鸡纳树（又名奎宁树）树皮。从这个角度看，中药和最初的西药基本同源。值得一提的是，中国首位诺贝尔生理学或医学奖获得者屠呦呦发现青蒿素，也是从东晋葛洪的《肘后备急方》中获得启发。到19世纪，在工业大发展的背景下，西方化学家逐渐掌握了分离提纯的方法，从此西药开始走上快速发展的道路。1897年，德国拜耳公司的研究人员成功地合成了纯净、稳定的乙酰水杨酸，也就是后来风靡全世界的解热镇痛药物——阿司匹林。阿司匹林的诞生掀起了人工合成化学制药的浪潮。

从药物的发现到工业化生产往往不是一蹴而就的。弗莱明爵士在1928年发现青霉素是人类抗击细菌感染历史上的里程碑，但青霉素要应用在医学中还需要进行分离、浓缩和提纯，直到1938年牛津大学的两位科学家霍华德·弗洛里和恩斯特·钱恩才攻克这一难题。在战争产生的巨大需求下，制药公司在1943年终于实现大规模工业化生产青霉素，弗莱明和上述两位科学家因为在青霉素方面的贡献获得1945年诺贝尔生理学或医学奖。受到青霉素发现的启发，科学家开始在自然环境中采集样本以发现新药物，并生产出大批抗生素类药物。比如1943年链霉素被发现，攻克了肺结核，1948年头孢菌素被发现。诸多抗生素类药物的问世和广泛使用，在20世纪下半叶极大降低了细菌性感染的发病率。同一时期，天花、狂犬病、肺结核、脊髓灰质炎等常见病的疫苗被发明出来并得到迅速应用，极大削弱了传染病的杀伤力。抗生素和疫苗成为医生对抗疾病的两大利器，大大降低了感染性疾病的发病率和致死率，也延长了人类生存的时间。随着药物筛选、合成、生产技术的不断进步，以及人类疾病谱的变化，药品市场中最主要的类别也逐步从抗感染药物变为慢病用药。如今，全球医药产业已超万亿美元规模，成为支撑医疗卫生事业的重要基础，并细分成制药、流通、零售等产业。

而对于创伤、畸形、肿瘤等疾病的治疗，特别是女性难产的治疗，外科手术则发挥了无可替代的作用。在动荡战乱年代，各类冷热兵器造成的人体创伤是手术发展的主要动力。16世纪人体解剖学发展之前，外科理论非常匮乏，直到18世纪，外科学才在人体解剖学发展的基础上真正成为一门专业。但那个时候，手术疼痛是阻碍外科技术发展的核心因素之一，外科手术堪比酷刑，外科医生的关注重点是如何尽快完成手术。在当时甚至还出现了"快刀医生"一场手术死亡率为300%这样骇人听闻的案例，医生的助手被快刀误伤致死，一位观众被当场吓死，病人也因术后感染而死。直到1846年乙醚麻醉被用于外科手术，患者可以在可控的沉睡状态下接受手术，外科手术时间得以大大延长，更复杂、更精细的手术才成为可能。另一个制约手术技术发展的核心问题则是感染，因感染造成的术后死亡率可能超过50%。19世纪中期，匈牙利产科医师发现，在进行剖宫产前使用消毒剂洗手可以显著降低产妇"产褥热"的发病率和死亡率。19世纪晚期，随着细菌致病理论的成熟，无菌操作规范逐渐成为医疗常规，这大大提高了手术和侵入性治疗的成功率。因为麻醉术和无菌术的普及，手术技术获得了极大的发展空间，并开始能够涉及心、脑、腹腔、关节等人体各个部位。今天的手术甚至可以由医生远程操控机器人完成。在一定程度上，外科手术的发展推动医院成为真正的疾病治疗场所，而不是患者临终接受安慰的场所。在此基础上，医疗器械产业也获得蓬勃发展，在全球成长为近5000亿美元规模的大市场。

随着1953年人类DNA双螺旋结构分子模型的发现，分子生物学时代开启。更多医学发现深入分子层次，用全新的视角诠释了生命的起源、发展和衰亡，使得人类首次能够从分子层面来看待疾病，这对疾病的诊断和治疗也产生了深刻的影响，特别是药物治疗从杀死侵入人体的微生物，转变为作用于人体自身，例如心血管药物、精神药物、免疫抑制剂、糖尿病药物等。此外，也诞生了核酸检测、基因芯片等分子诊断技术，靶向药物和基因治疗药物也不断出现，这些新技术开启了药物使用的精细化、个体化发展。

从19世纪末到今天，人类取得了如此多伟大的医学飞跃（见图2-1），人类寿命也实现了迅猛增长。更关键的是，人们对医学的技术性力量充满了信心，对用医学解决有关生命问题的期待也急剧增高。按照这种趋势发展下去，人类似乎即将征服疾病，把健康牢

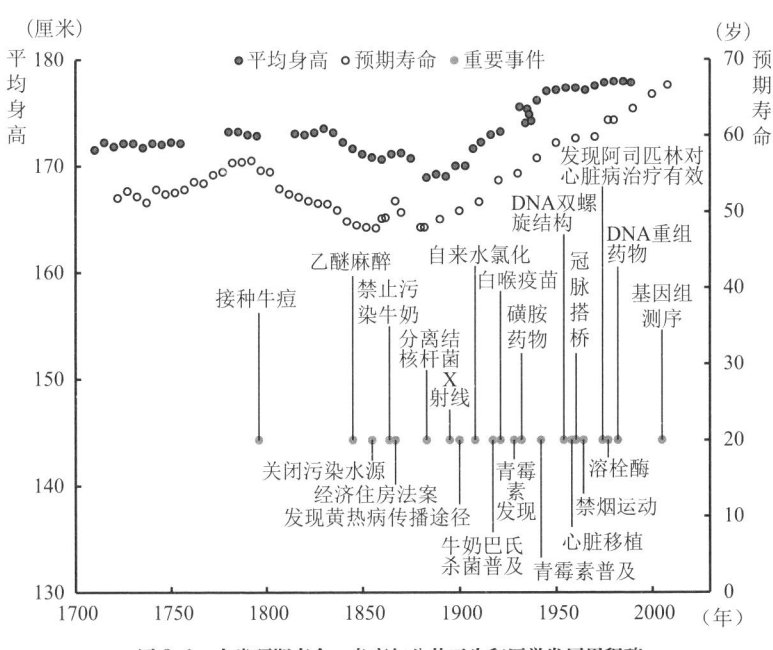

图2-1 人类预期寿命、身高与公共卫生和医学发展里程碑

资料来源：作者根据 Costa, D. L.(2015) 的研究整理。

牢地掌握在自己手上。我们看到,新兴药物、更高水平的手术和先进技术的普及应用,让许多致死性疾病得到治愈,其中一些急性疾病杀手甚至变成了可控制的慢性疾病。如我们第一章提到的,一直被认为是不治之症的癌症正在慢病化,全球范围内癌症的5年生存率在普遍上升。美国癌症协会2019年数据显示,美国整体癌症的5年生存率从20世纪70年代的49%上升到69%;我国国家癌症中心2018年的研究数据显示,我国整体癌症5年生存率为40.5%,较10年前提高10%,在癌症治疗新技术的应用普及、癌症预防和筛查等方面还有很大的提升空间。像癌症这样曾经让人类束手无策的疾病,通过早期诊断和干预,已经逐渐变得可治疗、可延缓、可控制。

在医学进步的背景下,人类的目光也开始从传统的疾病治疗转向了控制衰老,以获得永恒的生命。人类在1951年发现了永生的海拉细胞系,它是取自一位叫海瑞塔·拉克斯的患者的癌细胞,只要环境合适,就能在细胞培养基中无限分裂下去,这是人类历史上第一个可以无限制复制的"永生"细胞。1954年在波士顿进行了人类首例肾脏移植手术,到现在除了脑移植由于巨大的伦理问题尚未进行深入研究,人体其他器官如心、肝、肺、肾等都可以在强大的医学技术支持下进行移植,甚至通过3D打印的方式来进行更替。1996年世界上诞生了第一只克隆羊"多莉",人类开始设想未来可以直接通过自己的体细胞进行新的心脏、肝脏、肾脏等重要器官的培育。在这些成就下,人类也在想象一个衰老不复存在的世界,2005年梦工厂出品的《逃出克隆岛》就讲述了这样一个故事,富豪通过克隆人来为自己提供各种更换用的身体部件以治疗疾病,甚至获得永生。

然而,人类永生的理想和带病生存的现实之间,还隔着相当遥远的距离。人类面对现实的长寿时代的健康挑战,比如慢性退行性疾病、衰老和身体功能逐渐丧失等,会发现我们对长寿和衰老的了解和探索才刚刚开始。随着年龄增长,机体老化所产生的基因异常表达和细胞损伤逐渐积累，并在行为和环境刺激下逐渐发展形成慢性退行性疾病。这类疾病迄今为止仍然仅能缓和，不能逆转，更无法治愈。让人类充满浪漫幻想的"多莉"羊也在诞生6年后被发现患有进行性肺病，在2003年被实施了安乐死，寿命仅为正常羊的一半左右。逐渐身患慢性疾病，带病长期生存，最终死于慢性疾病，似乎会成为长寿时代人类的生死规律。其中心脑血管疾病、癌症、阿尔茨海默病成为我们关注度最高的三大慢性疾病。

心脑血管疾病是泛指与心脏血管和脑血管有关的疾病，常见的有冠心病、脑卒中、心脏衰竭、心律失常等。它们共同的疾病基础是血管内脂质的堆积，而这种堆积早在年轻的时候已经出现，随着年龄增长逐渐积累氧化形成斑块，轻则导致血管狭窄、器官缺氧，重则可能因为斑块破裂脱落引发心梗、脑梗导致死亡。这个发展进程与诸多因素有关，高血脂、高血压、糖尿病、肥胖、吸烟等都可能会加剧患病年轻化。根据《中国心血管健康和疾病报告2019》，我国心血管疾病患病率处于持续上升阶段，推算患病人数已达3.3亿人，位列城乡居民总死亡原因的首位。

癌症也同样与年龄相关，大部分的癌症是人体细胞在外界因素长期作用下，基因损伤和改变长期积累的结果，是一个多因素、多阶段、复杂渐进的过程，往往需要十几年到几十年的时间。虽然医学技术的进步让癌症逐渐慢病化，但是随着长寿人群规模的增长，癌症仍然是全球第二大死因。世界卫生组织国际癌症研究机构（IARC）发布的2020年全球最新癌症负担数据显示，乳腺癌第一次超越肺癌成为全球发病率最高的癌症；中国由于人口规模大，在全球成为新发癌症人数第一的国家。

阿尔茨海默病是一种起病隐匿，随着年龄发展的神经系统退行性疾病，在高龄人群中的发病率相当高，85岁以上人群发病率可达20%~30%，该病患者占所有痴呆症患者的60%~70%。阿尔茨海默病是由于脑神经系统的退行性变化，进而引发认知、语言、记忆等的缺失或障碍，并伴有情绪异常，但其发病机制尚未明确，也尚未发现有效治疗方法。世界卫生组织的统计数据显示，2015年全世界痴呆症患者数量为4700万人，到2030年将达到7500万人，到2050年将达到1.32亿人，是2015年的近3倍。世界卫生组织发布的《2019全球卫生估计报告》中，阿尔茨海默病等痴呆症已跻身全球十大死因之列。

总的来说，人类疾病类型的流行病学转变与长寿时代同时到来，限制人类平均寿命延长的主要疾病已经从急性传染性疾病转变为慢性非传染病和退行性疾病。华盛顿大学健康指标与评估研究所2017年一项针对195个国家的研究也显示：30年前（1990年），造成全球主要死亡的原因是新生儿疾病、肠道感染、呼吸道感染、结核病等传染性疾病；到了2017年，导致死亡的原因变为缺血性心脏病、脑卒中、慢性阻塞性肺疾病等慢性病（见表2-1），在发达国家，造成死亡的前十大疾病还有糖尿病、阿尔茨海默病等。

表2-1 1990—2017年全球主要死亡原因变化

排名	全球 1990	全球 2017	美国 2017	中国 2017
1	新生儿疾病	缺血性心脏病	缺血性心脏病	脑卒中
2	下呼吸道感染	新生儿疾病	肺癌	缺血性心脏病
3	肠道感染	脑卒中	药物滥用	气管、支气管和肺癌
4	缺血性心脏病	下呼吸道感染	慢性阻塞性肺疾病	慢性阻塞性肺疾病
5	脑卒中	肠道感染	脑卒中	肝癌
6	先天性出生缺陷	道路交通伤害	阿尔茨海默病	道路交通伤害
7	结核病	慢性阻塞性肺疾病	自我伤害	胃癌
8	道路交通伤害	艾滋病	道路交通伤害	阿尔茨海默病
9	麻疹	先天性出生缺陷	肝硬化	新生儿疾病
10	疟疾	疟疾	结肠直肠癌	高血压性心脏病

资料来源：华盛顿大学健康指标与评估研究所，全球疾病负担数据库（2017）。

老年人带病生存是目前的一个普遍现象,《中国老年人生活质量发展报告（2019）》中的调查数据显示,我国 70 岁以上的老年人中有超过 85% 的人患有慢性疾病,近 50% 的老年人同时患有 2 种及以上慢性疾病。长寿时代,更多疾病将与高龄老人共存,带病长期生存也将变得更为普遍。这也让我们产生了思考,长寿是否增加了我们的疾病风险,如何才能减少带病生存的健康危害,更积极地迎接长寿时代。

长寿是否能更健康？

只有拥有健康的人生,长寿才是一件好事。根据世界卫生组织的定义,"健康"不仅仅是没有疾病和衰弱,而是一种在身体上、精神上的完满状态以及良好的适应力。如果预期寿命的延长与死亡时间有关,那么健康状态则与死亡之前的生活质量密切相关。在想象老年生活的气定神闲时,我们不禁要问一个问题,百岁人生来临,健康状态是否也会随着寿命的增加而延长呢？

为了更好地评估寿命增加和健康的关系,国际社会通常会使用一个新的概念——健康调整期望寿命（health-adjusted life expectancy, HALE, 以下简称健康预期寿命）来对人群的健康状态进行测量和统计。个体疾病包括长期或短期的各种健康乏善的状态,如身体机能障碍、疼痛等,它们或多或少都会影响个体健康状态,造成不同程度的寿命损失。将个体预期生存年数依据疾病权重予以调整换算,加总后得到的等价于健康生存的年数,即为健康预期寿命。更长的健康预期寿命,也就体现了更健康的长寿。图 2-2 为 1990—2019 年全球及各主要国家人口的预期寿命和健康预期寿命。

我们看到,在全球人口预期寿命增长的同时,健康预期寿命也同样保持了增长趋势,但是两者的差距并没有缩小,相反是在扩大

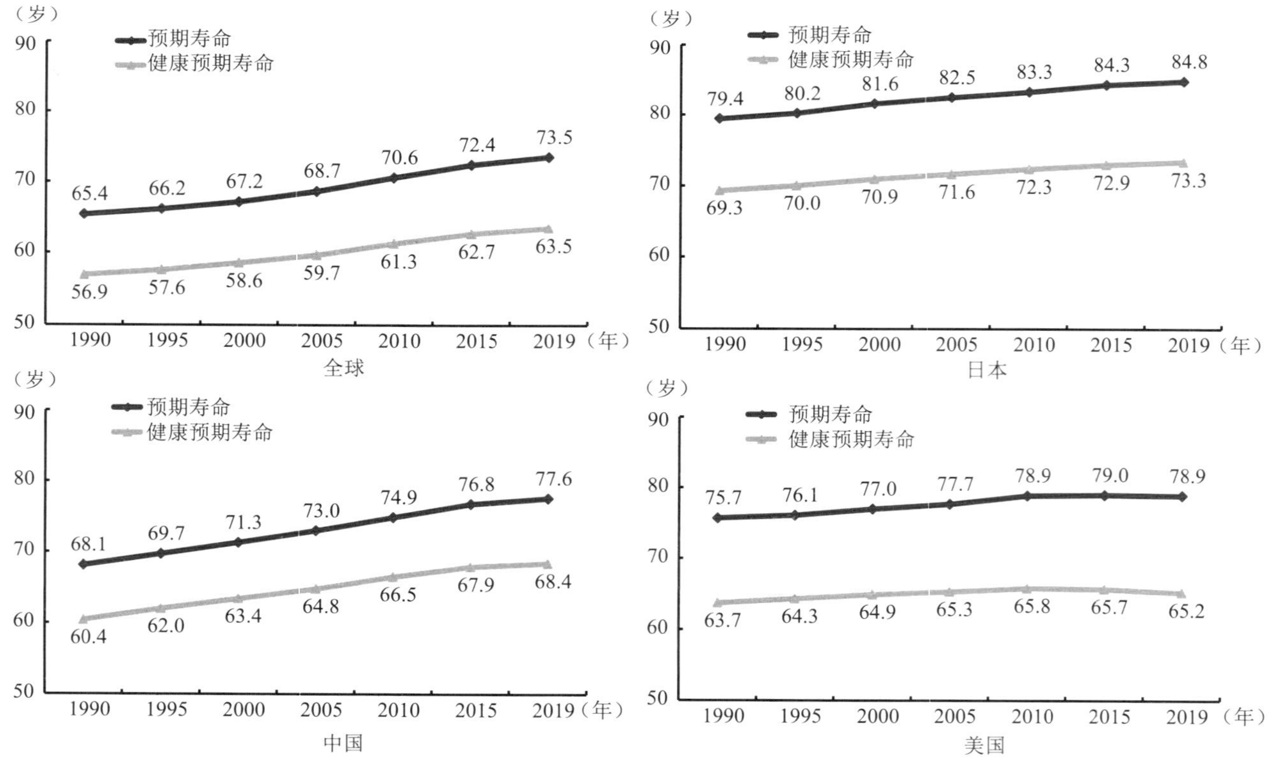

图 2-2 1990—2019 年全球、日本、美国、中国人口预期寿命及健康预期寿命增长情况比较

资料来源：华盛顿大学健康指标与评估研究所，全球疾病负担数据库（2019）。

的。换句话说，今天的老年人比过去更加健康了，但是现实可能远没有那么乐观。2015 年发表在《柳叶刀》上的一篇研究指出，随着预期寿命的增加，其与健康预期寿命的差距在逐年扩大，这一差距甚至可以达到 10 年以上，11.5%~15% 的预期寿命都因不健康而折损了。

值得注意的是，疾病并不总是在中老年阶段才会出现，这也意味着这一差距可能进一步扩大。在更多不健康行为和环境的影响下，"四高"（高血压、高血脂、高血糖、高尿酸）、心脑血管疾病、癌症等慢性症状或疾病出现年轻化的趋势。美国华盛顿大学健康指标与评估研究所的全球疾病负担数据显示，近 30 年来 15~49 岁中国人的缺血性心脏病发病率上升了 44.6%，2 型糖尿病发病率上升了 60.3%，结肠和直肠癌、女性乳腺癌发病率上升均超过 200%。而且，每个人的衰老速度也并不一致，未老先衰也同样可能出现在年轻人身上，一些人虽尚处在青中年，但已呈现认知能力下降、大脑衰老的迹象，体质也较差。换句话说，处于同样的年龄时，现在年轻一辈很可能会比老一辈更不健康。所以也有人提出"生物年龄"这一概念，用与身体衰老相关的生物指标来反映一个人真实的年龄，而不是单纯用社会身份的时序年龄。

健康是综合因素作用的结果，不仅仅关乎疾病问题，还关乎人们如何保持正常生活的能力。慢性退行性疾病往往也会伴随长期或短期、不同程度的失能，尤其是与年龄相关的视力及听力障碍、脑卒中、骨关节炎、糖尿病、慢性阻塞性肺病和阿尔茨海默病等。失能也不仅体现为身体的运动机能、感知力和认知能力的下降，也体现为日常生活能力（ADL）的受限，比如无法独立外出、购物、处理财务等，更重要的是可能因此带来社会参与感低、抑郁、焦虑、孤独等心理变化。根据 2015 年第四次中国城乡老年人生活状况抽样调查，中国老年人中，失能或半失能人数已超过 4000 万。《2018—2019 中国长期护理调研报告》也指出，约 1/4 的老年人需要全方位的照顾（见图 2-3）。

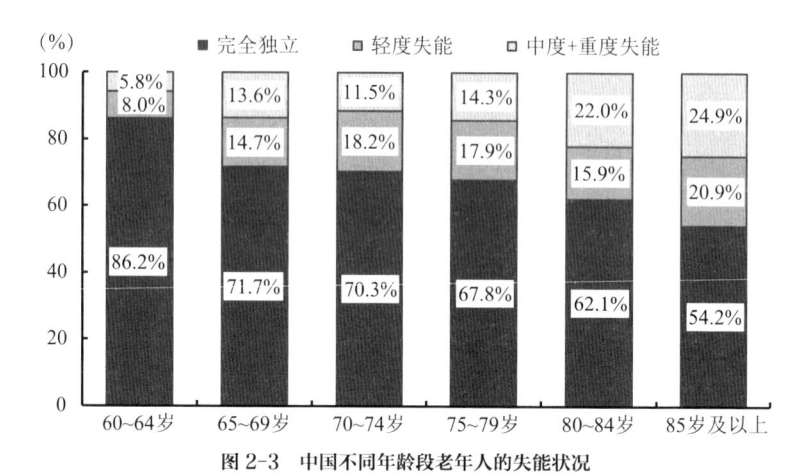

图 2-3 中国不同年龄段老年人的失能状况

年龄段	完全独立	轻度失能	中度+重度失能
60~64 岁	86.2%	8.0%	5.8%
65~69 岁	71.7%	14.7%	13.6%
70~74 岁	70.3%	18.2%	11.5%
75~79 岁	67.8%	17.9%	14.3%
80~84 岁	62.1%	15.9%	22.0%
85 岁及以上	54.2%	20.9%	24.9%

资料来源：中国保险行业协会与中国社会科学院人口与劳动经济研究所《2018—2019 中国长期护理调研报告》。

老人失智是其中一类特殊的失能问题。认知能力随年龄增长而下降，但这种下降在人与人之间存在一定的差异，受到多种因素影响，包括生活方式、社会经济状况、慢性病情况和用药情况等。部分老年人的衰退更为早发或严重，部分患有轻度认知障碍、阿尔茨海默病或其他痴呆症。根据日本学者在 2012 年的研究，年龄每增加 5 岁，老年人患痴呆症的概率就会增加 2 倍。日本厚生劳动省研究所预估，到 2050 年，日本 65 岁及以上人群每 5 人中就将有 1 人患有痴呆症。老年人还存在焦虑、抑郁、幻觉、妄想、躁动、攻击性等精神行为症状。这也意味着对失能老人的照护需要更长期、更专业，看护负担也极大。美国阿尔茨海默病协会 2020 年的数据显示，阿尔茨海默病等痴呆症患者的带病生存时间可达 10 年以上，其 2019 年的平均医疗护理费用超过非痴呆患者的 3 倍。

人类正在进入长寿时代，但迈入健康时代的步伐并不同步。健康预期寿命的增长速度尚未赶上预期寿命的增长速度，身患慢性疾病长期生存的人数持续增长，失能老年人逐渐增加。如何长寿又健康，成为我们在长寿时代思考的重要课题。

对于我们每个人而言，衰老和死亡仍然不可避免。随着年龄的增长，生理功能和身心能力逐渐下降，患病及死亡的风险也会日益增加，这是人人都要经历的自然衰老过程。每个人的衰老速度和轨迹也许并不相同。最理想的健康长寿过程就如图 2-4 中的轨迹 A：长时间保持强而稳定的能力，让能力衰退至失能出现得更晚一些。对于群体而言，不同社会环境中人群的衰老变化也会表现出不同的模式。在中国，随着年龄的增长，老年人的健康预期寿命占预期寿命的比例通常会先迅速下降，而后保持动态稳定，从而较为接近轨迹 B。这也说明中国老年人的衰老过程往往是不够健康、不够理想的。

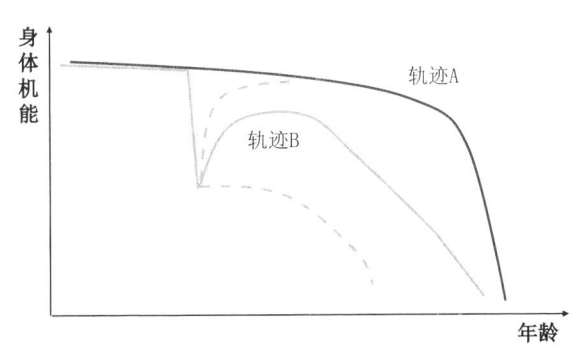

图 2-4 衰老的不同轨迹示意图

资料来源：世界卫生组织《关于老龄化与健康的全球报告》。

如何实现老年人群的健康长寿呢？世界卫生组织 2015 年提出"方糖"模型的解决方案（见图 2-5）。一般来说，对于健康，我们更多关注"方糖"内部的个体因素，比如遗传基因、个人生活行为和身体器官代谢等可量化的生物指标等,却往往忽视了"方糖"外部的社会环境因素对健康长寿的影响。

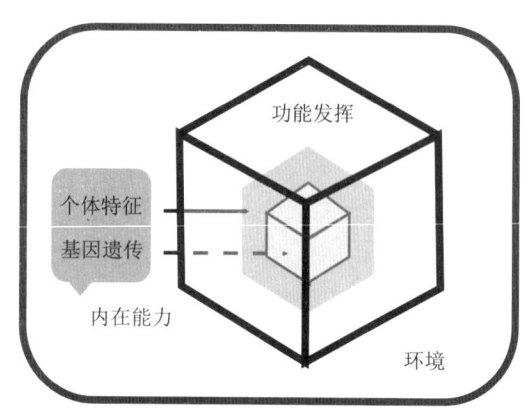

图 2-5 健康延寿的模型

资料来源:世界卫生组织《关于老龄化与健康的全球报告》。

外部环境因素对我们健康的影响可能比我们想象中更大。这包括从微观到宏观层面的家庭、社区、建筑环境、人际关系、态度和价值观、卫生和社会政策、支持系统及社会提供的所有外界因素。研究显示,生活在经济发达地区/城市者、高学历者、轻体力劳动者、收入和资产较多者,在老年阶段的健康状况往往更好。这其实也不难理解,这些人群获得的医疗卫生服务更多,这也体现了公共政策和资源分配不公平造成的影响。此外,受教育程度、医疗保险、社会参与、心理健康和患病情况等微观个体因素,以及所在社区是否提供医疗服务、所在地区的医疗供给资源等宏观区域因素都是影响生命质量的重要因素。

在实现健康长寿的过程中,我们既要重视老年人群的身体和脑力等内在功能的维护,也要为他们充分提供外部社会环境的积极协助。为了实现这样的目的,国内外一些高品质的养老社区,往往都要选址在山清水秀的优美之地，同时要兼顾医院诊疗服务、寓教于乐的互动体验、丰富多彩的社会活动、医疗保险的第三方支付等。

实现健康长寿并不是一件容易的事情，更重要的是观念的改变。以往每个时代的人们都低估了未来人类的寿命增长，而对老年人群可能达到的健康水平的预期又何尝不是如此。现在的大多数人恐怕对即将到来的长寿人生还准备不足。当前可及的健康资源也还没有以促进健康为目标，提供全生命周期的服务，而只是无年龄差别地关注治疗人体当下的疾病问题，故而也造成健康资源与健康需求的严重不匹配。从"重治疗"转变为"重健康"，是我们需要面对的挑战。让我们以健康长寿为目标，为与前所未有的健康时代相遇做最好的准备。

健康时代呼唤新模式

靠医疗能获得更健康的长寿吗？

在畅想健康时代的未来时，我们往往怀揣着对现代医学的高度期望。我们看到，现代医学进步帮助人类抵御了大量急性、传染性、致死性的疾病和严重伤害，解决了最紧迫的生存需求，最大限度地延长了寿命，即使对于被称为不治之症的癌症和艾滋病，也已经有尽量延长生存期的治疗手段。但是，在解除生命危机之外，医疗似乎既不能让人保持健康，也不能完全治愈疾病，更不能逆转衰老。

健康受到多种因素的综合影响，其中医疗因素的影响仅占11%，而另外89%的影响因素却往往不像医疗一样获得了如此多的关注，比如个体行为、社会环境因素、遗传因素等（见图2-6）。

在此背景下,"出生"和"出身"几乎可以确定一个人一半的健康影响因素,人与人的不平等也同样体现在健康的不平等上,而可以通过自我努力起作用的主要是个体行为,这也是对人群进行健康促进、对中老年群体进行疾病预防的主要方向。

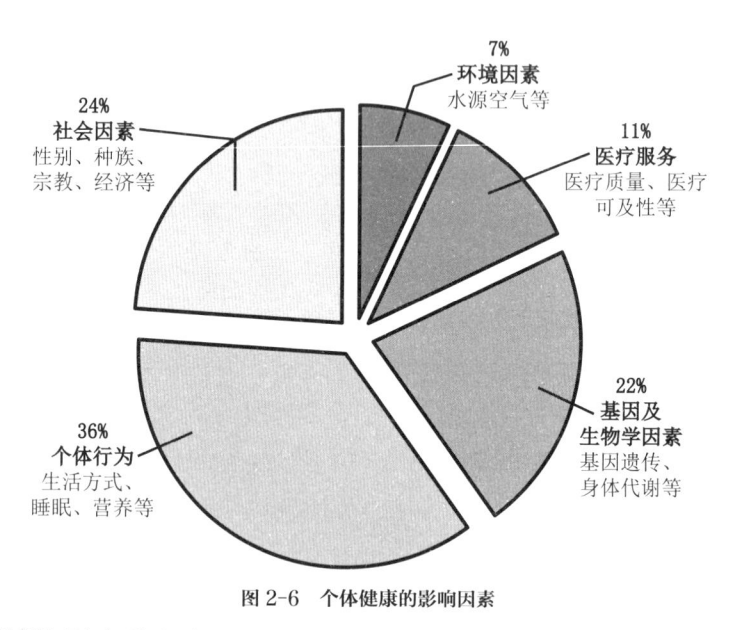

图 2-6 个体健康的影响因素

- 7% 环境因素:水源空气等
- 11% 医疗服务:医疗质量、医疗可及性等
- 22% 基因及生物学因素:基因遗传、身体代谢等
- 36% 个体行为:生活方式、睡眠、营养等
- 24% 社会因素:性别、种族、宗教、经济等

资料来源:Edwin Choi, Juhan Sonin (2018), Determinants of Health;作者整理。

医疗因素难以影响健康的全部,而且医疗手段的选择本身就体现了获益与代价的平衡过程。医疗很少不带来伤害,虽然大部分医学治疗的获益远大于代价,但我们也不能忽视药物的副作用和手术并发症、后遗症。因此医学研究的重心也正在向疾病的早期预防转移。

另外,医疗往往被认为是一种社会资源,而资源总是有限的,更需要考虑成本和健康结果的合理性。"重治疗"导致医疗支出主要集中在疾病发生后,医疗成本随着更先进治疗技术的出现不断攀升；而且，慢性退行性疾病一般很难痊愈，并可能需要数年日益昂贵的医疗支持，多病共存也意味着多重用药治疗，往往费用高昂，效果也并不佳。因此，医学模式改革也在不断发展。

医学模式变革

回溯人类历史，伴随医学技术突飞猛进的首先是人类认知的不断更新。因为对疾病和健康的理解不同，对待或处理疾病和健康问题的态度和方式也不相同。

在远古的很长时间里，人们认为生命和健康是神灵所赐，疾病和灾祸是由天谴惩罚或者鬼魂附体等原因引发的，这种早期的疾病与健康观念，被认为是神灵主义医学模式。在这个时期，维护健康和治疗疾病主要依靠求神问卜、祈祷神灵等方式，医学和巫术往往交织在一起。

后来西方的古希腊、东方的中国等地相继产生了朴素的、辩证的整体医学观，驱逐了神灵主义医学中的鬼神成分，人类开始将零散的医学知识综合化和条理化。经验医学得到较大发展，形成了自然哲学医学模式，例如中国传统医学中的阴阳五行学说、古希腊医学家希波克拉底的四体液学说[1]。医生根据经验、直觉或思辨推理进行医疗活动，在实践中形成了宝贵的诊断方法、治疗手段、药物疗效等方面的原始资料。

直到16世纪文艺复兴，科学革命在各个领域百花齐放，医学发展开始冲破重重思想桎梏和技术阻碍。随着牛顿古典力学理论体系的建立，用"力"和"机械运动"去解释一切自然现象的形而上

---

[1] 四体液学说：希波克拉底学派认为疾病乃体内四液（血液、黑胆汁、黄胆汁及黏液）失调的结果，倘若为体格强健者，则四液之量均等。当四液之量失调时，人即生病，直至恢复平衡，方告痊愈。

学的机械唯物主义自然观形成了。机械论的医学模式兴起，认为"生命活动是机械运动"，把健康的机体比作加足了油的协调运转的机器，疾病相当于机器某部分零件失灵，用机械观解释一切人体现象。这种模式一方面忽视了生命的生物复杂性和社会复杂性，另一方面却大大推动了解剖学、生物学的发展。并且，在这个时期也涌现出医学史上众多杰出的代表人物，他们在一定程度上也推动了医学的发展。其中最著名的是维萨里，他是现代人体解剖学的创立者和实践者，与哥白尼齐名，是科学革命的两大代表人物之一。他创作了伟大的医学著作《人体的构造》，更重要的是他驳斥了所谓权威的不合实际的错误观念，挣脱了宗教对科学研究的控制，捍卫了科学真理。他对解剖学的贡献也为后来英国医生哈维在1628年发表《心血运动论》建立血液循环学说开辟了道路。生理科学在这一时期相继取得了很多巨大成就和发现。

进入19世纪，西方工业化进程中自然科学的三大发现，即能量守恒定律、细胞学说和生物进化论，进一步推动了生物学和医学的发展。科学方法被广泛地应用于医学实践，这时人们对健康的认识已有很大的提高，在生物科学基础上建立了健康的生物医学模式，使医学彻底摆脱了宗教神学和唯心主义观念的束缚，对人体的形态结构、生理病理、发病原因及机制进行深入的研究，形成了比较完整的科学体系。同时期，现代临床医学之父威廉·奥斯勒参与创立了世界顶级的约翰·霍普金斯医学院，建立了最早的住院医师制度，并出版了著名的教科书《医学原理与实践》，通过"病床边教学"，让从实践中学习的理念渗透到医学教育当中，影响了一代又一代的医学人。

事实上，仅用生物医学解决不了诸如结核病和性病，尤其是艾滋病等疾病的发生、流行和预防问题，也解决不了越来越普遍的肥胖和药物滥用问题，因为这些疾病更多取决于人们的生活方式和行为，以及经济条件、文化水平等社会因素。1977年，美国医生乔治·恩格尔提出"生物－心理－社会医学"模式，将以针对生物病因为主的治疗扩大到以针对生物－心理－社会综合因素的预防、保健、治疗、康复，从而更全面、有效地提高疾病治疗效果。这一模式在整体水平上将心理作用、社会作用同生物作用有机地结合起来，更加完整地形成了一个适应现代人类健康长寿需求的新医学模式。

虽然在20世纪70年代新的医学模式已经被提出，但是在临床实践中，这种模式的转变非常迟缓，一方面是因为受制于技术条件，支离破碎的医疗体系无法提供连续性的健康管理服务，另一方面是因为功利主义思想和专科化的单一知识结构阻碍了它的全面转变。在长寿时代，个体遗传、环境、行为方式、心理、社会等因素对全生命周期健康的影响会被放大，个人和社会对健康长寿的需求和挑战将加速推动医学模式更快转型，从以疾病治疗为主转变为全生命周期的健康维护。

创新让人类走向更健康的长寿人生

迎接健康时代，我们还有很长的道路要走，好在许多领域的科技发展突飞猛进，在预防、治疗、康复以及慢病管理、社会心理健康等多个维度发挥巨大的潜力，这让我们越发期待。通过对全生命周期的个体和环境展开健康干预行动，人们有望在有限的生命之中，实现健康状态下的长寿人生。

首先，从预防的角度，要尽可能地减少疾病发生的风险。疫苗的广泛应用就是其中典型的代表。随着分子生物学、分子免疫学等研究取得进展及基因工程技术的应用，新疫苗技术也展现出巨大的潜力和应用前景，尤其是在人类尚未攻克的疑难病症，比如癌症的预防和治疗方面。谁也未想到，2020年这场新冠肺炎疫情的全球大流行令mRNA（信使核糖核酸）疫苗这一新疫苗领域受到前所未有的关注，疫情前研发mRNA疫苗的用途之一就是防治癌症。疫情推动了这一技术的快速应用，从某种意义上也使得人类战胜疾病的弹药库里多了一个强大的武器。物联网、人工智能、机器学习等技术的出现也使疫苗研发中大量的数据收集和分析工作变得更快、更全面。

随着生命科学的发展，一些危害严重的常见病现已被证明与个体遗传有关。我们可通过在早期主动对相关基因进行筛查，提前有针对性地采取预防措施，尽可能降低个体未来患病的风险。通过试管婴儿技术及遗传学检测技术，携带地中海贫血基因的夫妇有机会孕育健康的生命。通过疾病风险基因的筛查，好莱坞著名女星安吉丽娜·朱莉发现自己携带遗传性基因BRCA1，有87%患乳腺癌和50%患卵巢癌的风险，随后她相继进行了乳腺切除手术、卵巢和输卵管切除手术。虽然这种"极端"的规避风险的方式并不被所有人认可，但是了解风险并通过积极调整个体行为、生活方式和饮食习惯等，主动管理未来的患病概率，已成为疾病预防的重要部分。

除预防疾病外，科学家也在积极探索预防衰老和死亡："永生"的海拉细胞系被发现，年老的小鼠与年轻的小鼠交换血液可以变得更年轻，控制饮食热量的摄入可以延长小鼠寿命，通过细胞编程清除导致衰老的突变DNA，研发端粒酶抑制剂从而延缓端粒变短，基因编辑结合干细胞治疗等。从应用角度，延缓衰老药物（雷帕霉素、二甲双胍、亚精胺、NAD+前体补充剂等）由于在实验中表现出可能具有延缓衰老的效果，已成为目前非常火热的研究方向，但它们对人体的作用还需要进一步的实验论证。

当疾病出现时，精准医疗可以让治疗更有效、更安全。以个体化医学为基础，借助并整合现代科学技术各学科领域（现代遗传、分子影像、生物信息等）的方法技术，将一个人的基因、环境与生活习惯差异考虑在内，为患者制订个性化的治疗方案，可以实现临床治疗效果最优、医疗投入成本最低、社会健康效益最高，最典型的例子就是肿瘤患者的治疗。由于个体化差异，每个人对化疗药物的敏感性和耐药性可能完全不同，许多患者接受了不必要的、损害性大、副作用强的治疗。近年来，靶向治疗在很多医院开展，尤其针对一些已被证明有基因关联的肿瘤疾病，对肿瘤细胞进行基因层面的检测，找出与正常细胞的变异点，即靶点，然后针对靶点定向治疗。另外，纳米材料因具有小分子的特点，可作为药物载体提高药物的吸收利用率，延长药物半衰期，并且进入体内后只会与分子层面的靶点结合，而不会作用于肿瘤细胞旁边的正常组织，实现高效靶向物递送，减少患者额外的身体负担和健康损失。

此外，手术机器人技术的普及，也让传统外科手术在精准度、手术时长、视野角度等多方面得到改善，在部分疾病治疗中已经得到了医生、患者的普遍认可。与纳米技术相结合的纳米机器人，利用其分子水平的生物学原理设计，可以精确杀死癌细胞，疏通血栓，清除动脉内的脂肪沉积，清洁伤口，粉碎结石等。还有放疗机器人、胶囊机器人、影像辅助机器人等也已经在研发和实践中。

另外，对于已经因年龄或疾病出现身体机能退化，甚至失能的人，一个值得关注的方面是及时阻止身体能力、认知能力的下降，使之尽可能恢复健康状态。人体的组织器官在一定程度上是有自我恢复能力的。比如脑卒中后 6 个月内进行规范的康复治疗有 78.6% 的概率实现日常活动能力改善、减少失能；再比如皮肤破损后的伤口愈合，骨折后打石膏帮助骨头"生长"等。但是像心脏病、糖尿病、骨关节炎等慢性疾病，发展进程长，只可缓解，无法自我痊愈。如果我们可以"学习"到自愈的原理和帮助自愈的方法，我们就可以更广泛地应对衰老、疾病、伤害或感染。

　　再生医学结合组织工程学和生命科学就正在朝这个方向开展多角度、跨学科的研究，比如利用定向分化的干细胞或祖细胞①重建组织器官（细胞疗法），人工器官体外培养和组织器官的移植（组织工程），通过输注细胞活性物质、生长因子等重建微环境诱导激活细胞再生（免疫调节疗法）等。2012 年诺贝尔生理学或医学奖获得者山中伸弥发现并成功培育出 iPS 细胞（诱导型多能干细胞）。iPS 细胞具有的分化潜能，可用于视网膜组织培育、膝盖软骨再生、受损心脏治疗等领域的研究。再生医学的出现无疑给人类面临的很多医学难题带来了新的希望，但是再生医学仍然处于基础研究阶段，同时其面对的诸多伦理问题也需要一定的规范和约束。

　　当然我们也观察到，一些前沿高新技术不断跨界让我们的身体功能有机会得到"外力"协助。脑机接口是如今脑科学、神经科学等领域最受瞩目的研究方向之一。通过在大脑视觉皮层中植入电极，并佩戴装有微型相机的眼镜，西班牙一名失明患者再次"看见"了纸上的字母、图形等。通过深脑刺激，帕金森病也可以得到一定程度的控制。通过实现神经指令传递的新路径，脑机接口帮助脑卒中患者、语言功能障碍患者建立跨语言联系。在治疗抑郁症、阿尔茨海默病等方面，脑机接口也被寄予厚望。而机器学科的研究有望达到人类身体功能代偿的新高度，尤其是对残疾、年老、行动不便的人群来说。

　　长期带病生存带来慢病管理需求，科技发展也使得"以患者为

---

① 干细胞是原始且未特化的细胞，具备再生各种组织器官的潜在功能，存在于各种细胞组织中，根据分化能力不同有不同的种类。比如造血干细胞可以分化为血液细胞；胚胎干细胞在受精卵形成期出现，具有分化为一个完整生命体的潜能。祖细胞是分化完成前的中间细胞形态，与干细胞类似，但分化能力和复制分裂能力都有限。

中心"的医疗健康服务有机会在空间和时间上进行重构。长久以来，由于整合性医疗不足，患有多种疾病的老年人往往需要在不同级别、类型的医疗机构间多次辗转，而机构间的协同不足常导致康复不佳及疾病反复。老年人群多重用药情况普遍，药物相互影响导致不良反应发生率增加，加之尚未建立全面、主动、连续的慢病管理体系，因此难以延缓慢性病病程、预防并发症、降低病残率和病死率、提高生活质量并降低医疗费用。人人带病生存将带来社会医疗负担的长期持续增加。

随着检测诊断技术和信息技术的高速发展，医疗服务有机会延伸到更多场景，不仅是在多个医疗机构间，还可以延伸到院外、社区和家庭中。医疗信息数据不再是孤岛，而是可以被共享和参照的，并且能够用于指导主动型慢病管理。心衰患者可以通过安装在手表、腕带上或者粘贴在身上的设备感受器来实时监测自己的生命体征；需要长期用药的糖尿病患者，可以通过使用直接贴在皮肤上的可穿戴设备来连续监测生物识别指标以及精准给药。以上数据还可以通过互联网传送给医疗机构或更大的整合平台，节约医生和患者的时间，并让患者对自己的疾病建立更强的控制力。随着数字化医疗的发展，我们不仅能够进一步优化医疗服务流程、提高服务质量和效率、实现医疗机构间的信息互通共享，而且能够根据大数据分析不同患者的个性化诊疗方案，提升患者的就医体验和诊疗效果。

不仅仅是身体功能层面，心理状态、个人行为以及社会环境等因素也在直接或间接地影响健康。尤其是现代社会的步伐加快，竞争日益加剧，人们更有可能缺少完善的社会化经历，表现为如恐惧、焦虑、紧张、绝望等一系列心理症状，这些心理症状又是心血管疾病、高血压、恶性肿瘤和精神疾患的重要致病因素。世界卫生组织 2017 年披露的数据显示，全球有超过 3 亿人罹患抑郁症，中国泛抑郁人数逾 9500 万。抑郁症已经成为导致残障的第三大疾病，仅排在心脏病和呼吸系统疾病之后。互联网大数据可以研究、探索、量化心理疾病的行为特征，建立心理疾病的量化模型；人工智能技术可以通过用户的面部表情、声音和文本，建立三个模态共同的分析基础，帮助识别和筛查心理问题；对有需求但又羞于线下问诊的心理疾病患者，互联网诊疗和线上咨询也为他们创造了一片新空间。

在社会环境方面，智能家居生态体系也在不断发展，覆盖了从睡眠监测、体温呼吸传感等个体健康监测，到空气净化、湿度温度智能调节、噪声消除、全屋净水等环境监测，再到陪伴互动、生活提醒等智能交互的各个领域。更多维持机体活力、减少障碍的设施被引入，如助步车、听力辅助设备和适老化电梯等。为老年人设计的锻炼及社会活动场所也越发普遍，满足老年人持续学习成长、贡献自我、实现价值的需求，如老年大学、老年团体、网络社交、志愿服务以及继续工作等。2010 年美国杨百翰大学心理学系一项针对社会关系与死亡风险的系统性分析发现，人际关系良好的个体与社交缺乏者相比，长寿的概率高 50%。2016 年北卡罗来纳大学社会学系的一项研究进一步分析发现，社交缺乏对老年人高血压发病率的影响甚至超过了糖尿病，较高的社会融入度可使老年人高血压患病率降低 13%，病情发展减缓 54%。互联网让社交距离更短，人们因为共同的运动爱好聚在一起，交流切磋、其乐融融，强身健体的同时，也收获了更健康的心理状态。

科学进步在很长一段时间里都被认为是疾病治疗的解决方案，现如今，也被希望可以解决健康长寿这个新命题。很多科学家和思想家也都公开表示，现代科学的代表问题就是战胜死亡、赋予人类永恒的青春。无论是对生命科学技术，还是对以互联网、大数据、云计算、人工智能、5G 为代表的信息技术来讲，资源共享、功能连接，将为整个健康生态系统提供价值。我们需要全新的视野来迎接健康时代的到来，我们期待新模式和新技术让我们更全面、更有效地应对慢性非传染性疾病的挑战，走向健康的长寿人生。

大健康产业的蓝海

大健康产业成为最大商机

长寿时代，庞大的健康需求将促进大健康产业的极大发展，以健康长寿为目标，为人们提供健康生活解决方案的产业将成为大健康产业的重要组成部分。大健康产业既是长寿时代最大的商机，也是推动社会进入健康时代的重要力量。

目前，大健康产业已是全球最大的产业之一。从全球医疗卫生支出在GDP中的占比来看，2019年美国、瑞士、德国、法国等发达国家医疗卫生支出占GDP的比重普遍超过10%。美国医疗保险和医疗补助服务中心（CMS）的数据显示，美国在2019年的卫生总费用在GDP中的占比高达17.7%。我国2019年的卫生总费用在GDP中仅占6.6%，约为6.5万亿元，与发达经济体相比仍有很大的提升空间。根据《"健康中国2030"规划纲要》，我国大健康产业的市场规模到2030年将达16万亿元。中国的大健康产业具有巨大的成长空间和产业结构优化机会，在政策和市场的推动下，未来有望成为中国经济的支柱产业之一。

作为一个正在不断发展的新产业集群，大健康产业虽然从狭义上更接近于医疗卫生服务业，但是从更广泛的角度，大健康产业的范围还在不断延伸，从与医疗卫生直接相关的领域，拓展到覆盖全人群、全生命周期的医疗健康服务。包括人工智能、大数据、物联网等在内的新技术的应用不断成熟，并加速渗透至医疗医药领域，在与传统健康产业不断碰撞的过程中,将不断催生大健康产业的新业态、新模式、新场景、新增长。

大健康产业是分散的,生物制药、医疗器械、养老产业、体育健身、健康管理、营养保健、医疗美容、互联网医疗等都属于大健康产业的细分产业,且这些垂直细分产业都已展示出强大的市场潜能,投资热度高涨。大健康产业也是集中的,从具体产业规模及结构来看,制药企业、健康险公司和医疗机构是推进大健康产业蓬勃发展的"三驾马车"。在《财富》世界500强企业中,与健康相关企业的上榜数量从1996年的11家发展到2020年的28家,24年间"领地"扩张了255%。其中,强生、辉瑞等制药企业,以及麦克森、中国医药等医药流通零售企业占据了半壁江山,2021年仅仅强生集团的市值规模就超4000亿美元。还有商业健康险公司,如美国联合健康是全球最大的商业健康险公司,其在2021年的总市值约为3800亿美元。此外,全球最大的医院连锁集团HCA在2021年的市值也约有700亿美元。"三驾马车"驱动下的大健康企业的"吸金"能力,让人叹为观止。

长寿时代推动大健康产业结构转变

老年人群是医疗健康服务的主要消费者,非传染性慢性病成为消耗医疗资源的"黑洞",医疗服务的需求和费用在进一步增长。可以说,老年人群规模的增长以及慢性疾病的发展给目前的医疗卫生领域带来了前所未有的挑战。比如2006年美国医疗支出小组调查(MEPS)显示,84%的医疗支出都用在了慢性病管理上;《中国发展报告2020:中国人口老龄化的发展趋势和政策》也提出慢性病(比如循环系统疾病、呼吸系统疾病、恶性肿瘤等)的治疗费用越来越高,约占老年人医疗支出的80%。

各类研究也发现，医疗技术进步是费用增长的主要因素。美国医疗保障管理局在 2000 年回顾了多篇 1940—1990 年关于不同指标对人均医疗服务费用增长贡献的研究，发现医疗技术的进步对费用增长的贡献为 38%~62%，有报告甚至指出其贡献可能超过 65%。日本的研究也显示，医疗技术进步、经济财富增加、人口老龄化和民众患病结构的不断变化共同导致医疗卫生支出不断攀升，技术进步因素在其中占比为 40%，为首要因素。这与我们目前主流的医疗服务还是急性、重大疾病的治疗手段有关，此类技术的成本和使用门槛高，导致费用昂贵。

以往，科研投入和医疗资源被更多地投放到急性或者致死性疾病上，在消除或延缓与年龄相关的慢性病和退行性疾病方面的投入较少。这很大程度上是因为过往人均期望寿命还比较低，医术研究更多解决的是疾病导致死亡的问题。而当时长期带病生存的人占比小，对社会的影响也有限。这种资源需求和分配的逐渐不对称性，不仅出现在中国，也同样出现在美国这样的发达经济体。同时，医疗体系也同样存在预防弱、治疗强、碎片化、效率低、资源浪费等问题，最常见的表现为过度医疗、重复住院、政府和患者的医疗负担越来越重等。当人口结构发生变化、人们与慢性疾病长期共存，人民健康成了最大需求，这将对产业结构产生变革性影响。

一方面，在产业结构变化和政策的引导支持下，我们可以将患者尤其是常见病及慢性病患者、门诊患者等病源，从高成本、低效率的综合医院分流，引导至基层医疗机构，使用更多低成本的医疗技术，加强疾病预防和健康管理，防治结合。比如为糖尿病患者提供剪指甲服务，降低足部感染、坏疽发作和截肢的潜在可能性；又如加强孕期管理，减少婴儿住院和重病监护比例等。这些尝试不仅对患者自身的健康有利，也将对遏制医疗费用的快速上涨起到积极作用。

另一方面,我们也可以提供整合型医疗健康服务。不仅要进行"纵向"医疗机构之间的整合,建立紧密型医联体,为患者提供连续性、主动型医疗健康服务;还要进行"横向"机构与各细分产业之间的整合,比如产科服务、体检、健康管理、运动康复、养老护理等。这些整合型服务以客户健康需求为核心,配合信息化技术的应用,能够使行业运营更高效、服务更精准、医疗支出更合理,产业结构加快转型。从某种意义上说,传统粗放式医疗服务模式正在被以质量、效率、效果、价值为宗旨,以个人健康需求为中心的内涵式医疗卫生健康服务替代。

随着老年人群的医疗、健康、护理、养老等综合需求逐渐增加,一系列整合型服务也正在变得更具特色和针对性,服务模式也在不断创新。面向老年人群和失能人群的上门医疗及照护等医疗健康服务正在逐步发展。近年来,日本、美国、中国等国家都开始探索上门医疗服务,并在护理康复方面提供专业支持。上门医疗与护理,不仅能解决老年人行动不便、在医院就医体验不佳等问题,还能大幅度节约整体医疗成本。除此之外,以社区为单位的整合型养老服务也在美国蓬勃发展,比如 CCRC(continuing care retirement community),即持续照料养老社区模式,根据社区内入住居民的健康和社会需求变化提供不同级别的服务业态,比如独立生活、协助生活和 24 小时家庭式专业护理等。美国已有上千家养老社区采取 CCRC 模式,这些社区拥有适老化的社区住宅设计、完善的休闲配套设施和发达的医疗健康配套服务。

CCRC 模式也同样被引入我们的泰康之家长寿社区。我们还特别组建了"1+N"服务团队,进一步落地这一理念。这里的"1"是指由社区管家和护工担任的个案管理师,这里的"N"是由超过 15 个专业工种人员组成的多学科团队,以护理、康复、医疗等多学科为专业支撑,共同帮助社区居民保持并提升生理、心理、社会机能，保障居民身体健康、生活舒适和精神愉悦。我们惊喜地看到，有的居民入住时很虚弱，甚至无法下床，在泰康之家生活两年后，又回到了能够独立生活、健康乐观的状态。

考虑到居民的医疗刚需，我们为长寿社区也配备了康复医院，开创"一个社区、一家医院"的模式，为居民构建起"急救—慢病管理—康复"三重防线，提供全方位、持续性的医疗健康服务，并专注于康复治疗和老年特色病，同时与周边三甲医院保持紧密合作，可以及时地为社区居民提供所需的医疗服务。这种"医养结合"模式和康复医院等医疗配置，可以最大效率地进行医疗服务和救护，实现医院就在家门口，医生就在身边。未来，我们也会在条件成熟的地区进一步打造医疗、养老、康复、健康管理与保险无缝对接、五位一体的综合新业态，全方位地为居民提供从健康咨询、健康管理到诊疗、疗愈的医疗服务，让居民实现健康养老。

商业健康险公司成为变革的杠杆

在大健康产业中，保险公司作为医疗健康服务的第三支付方，是极为重要的参与者，与养老、健康产业有着天然的交集。实际上，我们纵观整个商业领域，从来没有哪个领域像医疗行业一样，在第三支付方的参与下，客户只用支付极少数的费用就可以享受如此多高质量的医疗服务。更为重要的是，还有第三方保险机构代表客户与医疗机构进行质量和价格的博弈。这一特性使得健康保险在优化医疗健康的资源配置、提升和延长产业链价值方面具有独特优势，从而能够成为变革的杠杆力量。

从提供保障的需求角度来看，长寿时代意味着人们需要更全面的综合保险服务来保障更长寿、更健康的人生。在社会基本医疗保险制度的基础上，商业健康险可以提升保障力度、扩大保障范围，对提升民众整体健康水平有很积极的影响。纵观国际经验，美国是世界范围内商业健康保险发展最好的地区，产品种类丰富、保障全面。根据美国商务部人口调查局 2019 的数据，商业保险已覆盖美国大约 68% 的人口。美国医疗保险和医疗补助服务中心的数据也显示，2019 年美国商业保险在医疗卫生筹资中的占比达 31%，商业健康险已成为金融保险体系和社会保障体系的重要组成部分。在美国以外的发达国家，商业健康险也都在医疗卫生体系中发挥着重要作用，比如同样实行社会医疗保险制度的德国。根据德国联邦统计局的数据，2019 年德国商业健康险支出占卫生总支出的比例达 8%，高于我国一倍以上。

近些年，中国国内消费者对人身保险的需求也已经从寿险逐渐扩大到包括疾病险、医疗险和长期护理保险在内的健康险。根据中国银保监会数据，2011—2019 年间，健康险保费收入持续增长，是保险领域内增长最快的细分市场，增速达 30%，远高于其他险种。2020 年中国商业健康险保费规模达 8200 亿元，预计未来 5~10 年健康险行业仍将保持高速增长，保费规模在 2025 年有望达到 2 万亿元。

人们对医疗与养老日益增长的刚需，正在持续推动国内健康险需求的释放，健康险产品创新非常活跃，这些产品在促进科技进步和医药产业发展等方面起到了重要作用。比如慢病医疗险、特药保险、康复护理险等创新产品的开发，旨在更好地发挥健康险的支付功能，帮助患者减轻支付负担，并在一定程度上提高医疗服务和高价值药物、新特药的可及性，促进相关产业的持续发展，有助于实现社会福利的最优化。随着国内健康险市场的加速成熟，健康保险产品的不断优化，将为人们撑起一把更加全面的健康保护伞。

随着人身风险逐渐向健康风险转变，保险产业也呈现出与医疗、医药、健康管理、养老、护理等健康产业链上下游融合发展的趋势，健康险的经营就是通过保险杠杆进行健康价值链的经营。从美国经验来看，随着健康险市场规模扩大、市场化程度提高，美国的商业健康险已经由传统的后付制理赔模式转变为"管理式医疗"模式，保险公司直接参与医疗服务体系的管理，以合理控制医疗费用增长，让客户获得更优质的医疗服务。

美国凯撒医疗集团（Kaiser Permanente，KP）就是通过保险和服务的整合形成整体性杠杆。这家位于美国加利福尼亚州的集团诞生于1945年，是一家非营利性综合管理式医疗集团，也是美国最大的健康维护组织之一。凯撒医疗的核心在于通过保险预付费模式创新性地将健康计划、医院和医生整合成一体化组织（见图2-7）。通过财务、制度、激励等一系列方式开创性地使保险支付方和医疗服务提供方成为利益一致者，在一体化系统内形成了提供医疗服务并进行支付的商业闭环。其盈利模式主要是保险端与医生端风险共担，通过严格的导诊制度、对会员的健康管理等方式实现对医疗费用的控制。其中，健康计划负责保费的收集和区域推广；凯撒医院

图 2-7 凯撒医疗的模式

则作为独立的实体，从保险端获得预算，负责对自建医疗机构进行投资，或跟当地其他机构合作并对其进行管理；医生集团作为营利性的独立机构，会与支付端签署排他性合作协议，其下属的医生只负责为凯撒体系内的会员提供服务。截至2020年，它已拥有1240万余名会员，覆盖全美9个州，有39家医院和723家诊所，签约2.4万余名医生、6.4万余名护士，2020年营收达887亿美元，近10年来营收复合增长率约为7.2%，平均利润率约为3.1%，体现出其稳定的运营能力。"凯撒模式"的出现，让更多的人开始关注医疗健康服务的效率，并认识到医疗是需要且可以被价值管控的，这也间接推动了美国管理式医疗的发展。

另一个美国的商业健康险代表是联合健康集团（United Health Group），它通过聚集支付能力和规模，形成与医疗服务进行议价的杠杆能力。联合健康是通过积极并购、大举进入政府医保市场以及强力布局健康服务三大战略来聚焦支付。通过聚焦支付，联合健康将健康保险业务（United Healthcare）和健康服务业务（Optum）两大业务板块结合，实现双向协同，形成赢利能力。健康保险业务负责提供各种健康保险，将客户引流到健康服务业务；健康服务业务则提供后端的健康、医疗、护理服务，以及负责与医院、药房等相关公司合作，实现数据和健康服务的全流程费用管控，降低保险端的赔付成本，实现双螺旋式业务增长。联合健康的健康保险业务与健康服务业务的营业收入占比分别为64.4%与35.6%，营业利润占比分别为52.5%与47.5%。从1974年成立发展至今，它已成为美国最大的商业健康险公司，为全美超过7000万人提供健康保险领域的相关服务。2020年，联合健康营收超过2500亿美元，利润超过了150亿美元。10多年来，其营收和利润的平均复合年增长率分别达到了13%和10%。截至2021年5月，其市值超过了3800亿美元，无愧为美国健康险行业中的头部企业。

总体来看，各类保险公司都在通过不同方式深度融入大健康生态。保险公司不仅为患者提供更具性价比的财务和服务保障，而且已经逐渐发展成为健康产业的投资方、医疗服务和疾病预防管理的参与方，成为延长产业链价值的新兴力量。在人人带病长期生存、健康预期寿命追赶预期寿命的大背景下，包括保险在内的直接或间接影响健康的产业，都将成为健康产业的一部分，在巨大需求的带动下迎来发展蓝海。

长寿时代，是一个社会物质文明持续进步、社会财富充分创造、医学技术不断发展的结果，这种经验是前所未有的，既是机遇，也是挑战。医疗健康需求爆发，社会资源吃紧，这不仅仅是老年人的事，更是需要几代人共同面对的社会课题。长寿时代，健康是最大的民生，也是最大的产业。在这样一个时代变化的大背景下，企业作为市场经济活动的主要参与者，也必须深刻地了解变化，用商业的力量进行创新和探索，为长寿时代的健康需求与挑战提供更有效率的企业解决方案。泰康从一家传统的寿险公司逐渐走上深耕寿险产业链、建设大健康生态体系的道路，我们意识到了长寿时代大健康产业的机遇，也在实践中认识到了保险业和养老医疗的强大协同效应，以及泰康对大健康生态体系的建设可以为社会做出的贡献。这些更加坚定了我们的决心，那就是要做大健康产业的头部企业，坚定做大健康保险支付，布局医疗、养老等服务，以改变人们的生活，服务于长寿时代、健康时代的人类目标。

第三章

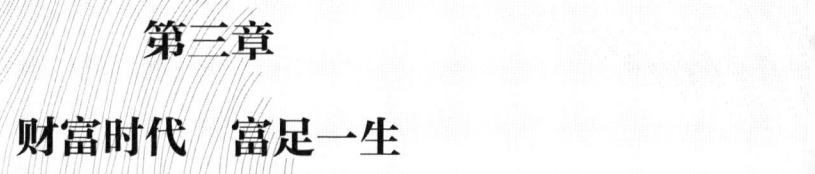

财富时代　富足一生

我们已经深刻认识到人们的百岁人生即将来临以及长期带病生存的事实。实现健康长寿，维持高品质的生存质量，都伴随着对财富的需求，包括能够产生持续性收入的金融资产和不动产等。而经济结构从工业化向后工业化转轨后，新兴的小康和富裕人群也开始积极地为自己未来的生活储备财富，以提高退休后的生活质量，这将激发理财和养老金产业蓬勃发展，财富时代应运而生。

我从进入人寿保险行业伊始就意识到寿险天然与老年时期的资金需求关系密切，客户购买寿险产品，尤其是年金和终身寿险的一个重要动机就是增加养老金储备，实现与生命等长的资金流。我在走访世界各地的保险和资产管理公司的过程中，不断加深了对养老财富积累的认识。在20世纪90年代末，我拜访荷兰全球人寿保险集团（Aegon），了解到保险公司不仅可以在个人层面提供个人寿险产品，也可以全面参与养老金三支柱的建设，提供个人的、团体的养老产品，从筹资层面解决养老的问题。2018年我拜访了久负盛名的加拿大养老基金投资公司（CPPIB），他们通过专业资产管理，把国民的养老金投资到全球的优质资产，这又是从投资层面解决养老的问题。养老财富积累其实可以归结为两个本质问题：钱从哪里来？钱怎么投资？

工业革命以来，人的职业生涯形成了学习、工作和退休三段，基于参与劳动的人口大量增长，很多先行的工业化国家推行了养老金制度，以强制或者鼓励员工在工作期间为老年资金缺口进行储蓄，这一度成为工业时代最重要的社会政策。长寿时代，人口年龄结构由金字塔迈向柱状，越来越多的人需要领取养老金，财政压力增加，政府提供的公共养老金替代率将逐步下降。这意味着通过积累个人财富储备以弥补传统养老金的缺口至关重要。可以预见到，这一背景下的财富时代，是全民财富时代，财富管理的需求将会达到前所未有的旺盛程度。我们也要认识到，随着寿命的增加，老年资金耗竭的风险进一步增加，专注于为老年人群提供解决方案的老年金融领域方兴未艾，长寿时代的老年人理财将更加充满人文关怀。

为长寿人生筹资

养老金制度的建立与替代率的警钟

在人类漫长的农业时代中，社会的生产单位是分散孤立的单个农户家庭，此时养老方式是家庭养老。由于社会生产效率低下，粮食和资源并不一定能够满足养老的需求，就可能产生老无所养的现象。传说日本古代一些贫穷地区曾经存在一种令人背脊发凉的民俗，老人上了年纪后，为减轻家庭负担，就要被儿女背到深山"供奉山神"，其实就是被遗弃等死。这些深山，在日本被称为"弃老山"。

19世纪末至20世纪初期，工业革命浪潮席卷西欧国家。由于大规模工厂化生产，西欧国家大批劳动者的年老、疾病等个人和家庭风险开始演变为一种社会风险，各国执政者不得不考虑制定相应的社会政策来应对。养老金制度就源起于处在这种社会背景下的德国。耐人寻味的是，这样一个充满社会关怀的养老金制度最初是由铁血宰相俾斯麦发起建立的。俾斯麦崇尚武力，为统一德国发动了三场战争，残酷镇压工人运动，但他却是现代社会保障制度的创始人。养老金等一系列社保制度的建立缓和了当时德国国内的各种矛盾冲突，对德国经济的发展起到重要作用。19世纪后期，德国的工业生产迅速增长，增速大大超过英法等国。此后各国纷纷效仿德国推出政府主导的公共养老金制度。

时间到了20世纪80年代，拉美债务危机和人口年龄结构的变化，使得智利的政府公共养老金不堪重负，在"芝加哥弟子"（Chicago Boys）的政策建议下，智利率先提出了以个人基金制为基础的养老金模式，这也被称为"养老金私有制改革"。1994年世界银行出版的《防止老龄危机：保护老年人及促进增长的政策》中总结和反思了智利等国家养老金改革的经验，正式提出养老金制度的三支柱形态。其中，第一支柱是为退休人员提供最基本养老保障的法律强制的公共养老金，往往采用现收现付制，政府为其提供最终责任和保障。第二支柱为企业和个人共同缴费的职业养老金体系。第三支柱为个人养老金，是基于个人意愿的个人养老储蓄计划，可以为老年生活提供更丰厚的养老回报。三支柱结构的核心是拓展养老金的筹资渠道，使第二、三支柱成为第一支柱的有效补充。

智利作为养老金基金制改革的先驱，对许多国家的养老金设计产生了深远影响。不过智利的经验不完全成功，由于个人账户制度激励性有限、缺乏再分配功能，且投资回报率下降导致养老金待遇水平较低，民众频频走上街头抗议。进入21世纪后，智利开始了进一步的改革。

美国是养老金三支柱体系建设较为成熟的国家。目前美国养老金的第二、三支柱占养老金总资产的比例超过90%，在养老金体系里具有举足轻重的地位，是保障美国人民退休生活水平的重要资产。从美国养老金第二支柱的发展历史来看，在20世纪70年代以前，企业养老金基本采取给付确定型模式（简称DB型）。在这种模式下，雇主按照确定的金额给退休的雇员支付养老金，雇主承担养老金的投资风险。人口老化危机和经济滞胀问题促使美国在20世纪70年代开始养老金改革，从给付确定型模式转移到缴费确定型模式（DC型），著名的401（k）计划①就诞生于这一时期。在缴费确定型模式下，雇员和雇主的缴费标准确定，但是未来领取养老金的金额不再是一个固定数字，雇员承担账户投资风险，这种模式对企业的负担更低，后来逐渐成为企业养老金计划的主流。同时401（k）计划享受税收优惠，有广泛的投资选择，可以投资贷款、保险、股票、基金等产品。

与401（k）同一时期诞生的还有养老金第三支柱IRA（个人退休账计划），IRA由1974年美国国会的《雇员退休收入保障法案》改进而来。IRA账户完全由个人设立，账户享受税收优惠。IRA可以灵活地承接离职或退休时从第二支柱转移过来的资产，也有广泛的投资选择。由于具有灵活和税优的特点，IRA快速扩张，在20世纪90年代，其养老金资产规模已超过第二支柱。

养老金的发展对美国产生了深刻的影响，美国养老金和资本市场实现了良好的互动。IRA和401（k）计划落地实施以后，大量的资金投资于资本市场，它们推动和分享美国随之而来的经济繁荣，促进资管行业不断创新；股市的繁荣又反过来促进养老金规模进一步扩大。美国管理学大师德鲁克在《养老金革命》中提道：正是借助养老金制度，美国普通工人和居民通过他们的养老基金成为合法的资本所有者、提供者和资本市场的控制力量。

如今以"三支柱"为核心的养老筹资体系已成为发达国家和地

---

① 这一名称源于1978年《国内税收法》新增的第401条k项条款的规定。

区的普遍实践。作为世界上人口老化程度最严重的国家，日本也建立了"国民皆保险，国民皆年金"的养老金体系。日本养老金体系主要以第一支柱和第二支柱为主，第三支柱规模较小却发展迅速。加拿大的养老金体系同样由三大支柱构成，其中第一支柱中的加拿大养老金计划（CPP）建立了完全市场化的运作机制，并从资本市场获得了可观的投资收益。各国家和地区的养老金体系三支柱如表3-1所示。

表 3-1　各国家和地区养老金体系对比

	第一支柱	第二支柱	第三支柱
中国内地	城镇职工基本养老保险 城乡居民基本养老保险	企业年金 职业年金	个人税收递延型商业养老保险试点
中国香港	公共养老金体系	强积金计划	自愿储蓄性私人退休计划
美国	联邦公共养老金	雇主发起式养老金计划 [401(k)、403(b)等]	IRA
日本	国民年金 厚生年金	雇主养老金计划	NISA(个人储蓄账户计划) iDeCo(个人缴费确定DC型养老)
加拿大	公共养老金计划（CPP、QPP、OAS等）	注册养老金计划	个人储蓄养老金
英国	国民养老金 国家第二养老金	职业养老金	个人养老金
智利	非缴费型公共养老金	个人账户养老金	个人补充养老金

资料来源：作者根据公开资料整理。

中国的养老金制度改革一直是经济改革的一个重要组成部分，由于保险公司是承接第二、三支柱落地的主要参与者，所以我亲历了整个过程。1991年养老金改革之前，我国养老金制度覆盖的人群十分有限。受到城乡二元经济结构的影响，广大农村地区的养老保险制度几乎为空白。城镇的养老保险，当时称为劳保，也只覆盖到了城镇国家机关和事业单位职工、部分企业职工和少数个体劳动者。只要是加入城镇职工保障的群体，其福利由单位包办，保障较为全面。1991年中国开始进行养老金改革，建立了覆盖全国的城镇企业职工基本养老保险制度（第一支柱），进入21世纪后又陆续出台企业年金和职业年金政策（第二支柱），并于2018年开始试点第三支柱个人税延养老金。

我们观察到，与发达国家相比，中国的养老金体系存在诸多挑战。首先是中国养老金储备总量不足，2018年中国养老金三大支柱占GDP的总比重仅为8%，远低于OECD国家平均水平的49.7%，美国的146%（见图3-1）。其次，中国的养老金体系面临着第一支柱独大，第二、三支柱发展严重滞后的问题，第一支柱在整个养老金体系中占比超过3/4，结构严重不平衡。中国养老金第三支柱几乎长期空白，亟须加快建设步伐。

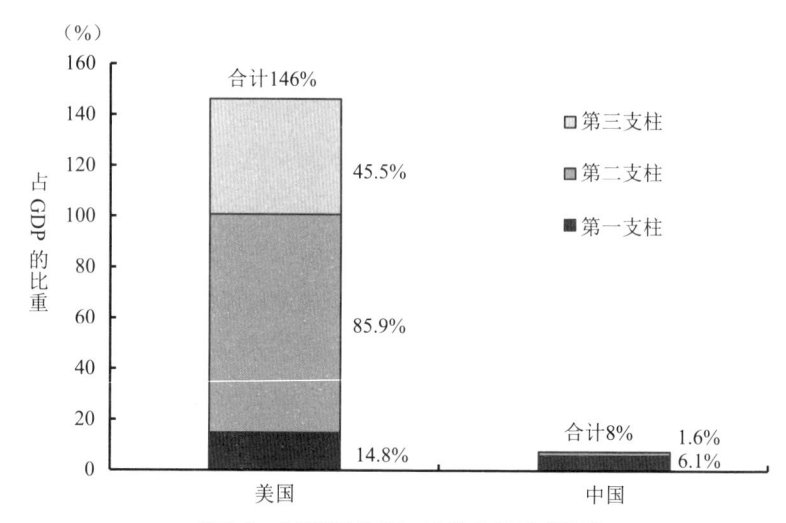

图3-1 中美两国养老金三支柱占GDP的比重

资料来源：中国养老金融50人论坛《中国养老金融发展报告（2018）》。

与中国养老金制度发展缓慢对应的是中国储蓄率一直较高。有一种观点认为，过去很长时间内社保制度不够健全也影响了中国人的储蓄习惯。为应对未来的不确定性，居民把储蓄作为未来的个人和家庭保障。中国的储蓄率和人均储蓄在全球居于前列，根据世界银行的数据，2008年中国储蓄额占GDP的比重达到了52%的峰值，虽然后来有所下降，但到2019年仍处在44%的较高水平。高储蓄为我国飞速发展贡献了充足的资金，但是高储蓄也制约了消费，而且在低利率时期储蓄回报降低，居民利益也变相受到损害。不同于个人的储蓄行为，未来第三支柱个人养老金有着明确的国家政策优惠和更为丰富的投资选择，这也有利于促进居民储蓄向投资转化。

长寿时代来临，养老金体系将面临前所未有的挑战。包括我国在内，全球许多国家作为第一支柱的公共养老金主要采取"现收现付"的模式，所谓现收现付其实就是正在工作的一代人缴费用于同一时期退休人群的养老支付。只要缴纳金额和支取金额差距不大，资金缺口可以由政府财政补贴进行补充。在人口年龄结构呈现为金字塔形的社会中，这一模式能够正常运转，因为有大量的青壮年劳动力缴费，需要赡养的退休人群规模也较小。但是长寿时代来临，缴费的人越来越少，领取养老金的人越来越多，这一模式难以持续。政府可以通过借债来不断填补收支缺口，但这无疑将是无底洞。未来如果政府负担不了，养老的负担最终会转移到个人身上。

日本就是一个这样的案例。日本政府在沉重财政负担和人口老化的压力下，不得不调整养老金政策，将压力转嫁到参与者身上。2004年开始的改革包括减少养老金给付额度，延迟给付开始的年龄和提高保费缴纳水平。2016年日本政府将养老金给付额度由此前紧盯物价变化改为盯住社会平均工资变化，由于日本工资增长长期低迷，养老金的给付额度也随之减少。这一调整加重了退休人群的财务压力，也造成了民众对养老金制度的不满。

日本的现实为我们敲响了警钟，未来政府的公共养老金可能并不充足。国际上常用养老金替代率这一指标衡量养老金待遇是否充足。标准的养老金替代率是指个人退休时的养老金水平与退休前工资收入水平之比，用一句通俗的话说就是衡量人活着时钱还够不够。①长寿时代，养老金替代率将会下行，这是需要我们高度重视的。

按照国际劳工组织1994年发布的《社会保障最低标准公约》，55%是养老金替代率的警戒线，若养老金替代率低于这个标准，那么退休者的生活水平将严重下降。日本政府2019年的养老金预估报告显示，政府估计未来每对日本夫妻每月的养老金替代率将不断下滑。2019年日本政府预估的养老金替代率为61.7%，到2040年左右，日本的养老金替代率将下滑至51%左右。2019年OECD发布的《养老金概览》报告指出，在OECD国家，1996年出生人群的养老金替代率较1940年出生人群低5.8个百分点。我国则并未明确规定养老金的目标替代率水平，社科院郑秉文教授的研究数据显示，职工基本养老保险的替代率水平从1998年的87%下降到2011年的50%，之后七八年，社会平均养老金替代率稳定在45%左右。

因此，为了顺应不断变化的未来，弥补公共养老金替代率的下降，社会和个人都应该未雨绸缪，寻求变革。对于国家来说，通过政策的激励，加快第三支柱建设可以缓冲替代率下降的速度。对于个人来说，积极储备财富，建立财富管理意识，可以帮助资产更好地保值增值，弥补养老金替代率下降引起的生活水平下降。

在美国，第三支柱IRA已经通过40多年的发展壮大和市场

---

① 例如某一地区新退休人员领取的平均养老金为650元/月，同年该地在职职工的平均工资收入（一般用在职职工的平均工资衡量该地退休前的工资收入）为1100元/月，则养老金替代率为（650÷1100）×100%=59.09%。

化投资，非常有效地提高了美国人民退休后的待遇。根据2019年OECD《养老金概览》报告的数据，美国三支柱养老金加总起来，替代率能达到83%，其中单是第三支柱替代率就能达到30%以上。第三支柱通过建立基金积累和市场化运作的制度，促进居民储蓄向投资转化。而且积累在账户里的养老资金是可以利用的长期资本，引入养老金这样的长期资金可以支持资本市场的发展。资本市场将成为实现居民"财富效应"和产业升级的重要连接。此外，赋予个人养老账户自主选择权来选择机构和产品，以满足个人差异化的需求，也可以促进市场竞争，提高金融市场的效率。

对于个人来说，未来人们可能更多地需要靠自己来养老，我们要有充分的思想准备和财务准备。受到过去长期运行计划经济体制等因素的影响，城镇居民对政府提供的养老金抱有极高的期望。然而长寿时代的现实表明，政府往往只能承担最基本的兜底责任，依靠政府来获得充分的养老金，维持高水平的养老金替代率是不切实际的。未来政府提供最基础的保障和各种政策优惠，而人民群众对美好退休生活的多样化需求，将更多由个人和市场化机构的参与来满足。

全民财富时代到来

政府提供的公共养老金的替代率逐步下降给我们敲响了警钟，需要我们站在整个财富管理行业的视角来寻找长寿时代的财务解决方案。养老金三支柱是有国家政策支持的养老金储备，除了这部分政策优惠的储备以外，人们自发为养老、健康需求储备的财富具有更大的体量和更广阔的市场。我们需要深刻认识到，无论未来养老金、社保制度如何改革，个人自发积累的财富储备至关重要，这也预示着个人财富市场规模将持续增加。回顾人类发展，工业化创造了大量社会财富,中产阶层崛起,他们旺盛的财富管理需求又助推了金融行业的繁荣与发展。长寿时代紧接着工业时代到来,财富管理的需求将会达到前所未有的旺盛程度。财富时代伴随长寿时代的到来是必然,而且将是全民财富的时代。

中国的财富管理市场还远没有成熟,过去中国人形成的经验是"如果不买房,还能买什么"。我们通过中美对比发现,中国居民财富过于集中在房地产。在美国由于金融市场高度发达,美国人倾向于配置股票、基金、保险等金融资产(见表3-2)。而在中国,由于过去20年来房地产市场的"不败神话",投资房地产成为许多中国家庭的信仰。根据《2018中国城市家庭财富健康报告》,中国居民财富中家庭房产占比接近80%,远高于美国的35%。央行的调查也指出,中国40%的家庭拥有2套房。过高的房地产占比严重挤压了金融资产配置。在中国人的金融资产中,配置的产品也比较单一,集中于现金和存款,农村尤其如此。

表3-2 中美居民财富结构比较

	房地产占比	金融资产占比	工商业占比	其他资产占比
中国	77.7%	11.8%	5.6%	4.9%
美国	34.6%	42.6%	19.6%	3.3%

资料来源:广发银行、西南财经大学《2018中国城市家庭财富健康报告》。

全民理财时代到来也意味着财富结构和财富管理方式发生了变化。首先是投资房子不再具有过去那样的吸引力。过去工业化、城镇化的过程极大地推动了我国房地产业的发展。随着第一次人口红利见顶,住房刚需下滑,经济不再过度依赖地产刺激,房价涨幅也将回归合理区间。其次是无风险高收益、保本保息的银行理财产品也将成为过去时。过去银行能为客户提供收益率达到6%~8%的无风险理财产品,其背后也是因为有房地产抵押贷款的支持,房地产价格不断上涨保证了这种理财产品可以源源不断地供应。当房地产大幅上涨的时代不再,这类理财产品也将成为过去式。最后,我们认为未来将是股票和权益的时代。当经济的发展不再依赖地产拉动而是依靠优秀的企业拉动时,我们的融资体系将慢慢从以银行贷款为代表的间接融资转为以股权为代表的直接融资。同时我国金融市场加速开放,成熟度不断提升,个人投资者开始变得更加理性,更加成熟。融资结构、产品收益的变化也将令中国居民的财富结构朝着更加分散、多元的方向发展。

未来,利率下行会给资产的保值增值带来很大压力,配置权益产品能够更好地帮助资产保值增值。比如美国人的养老金 IRA 账户中就配置了大量的共同基金和股票,实现了不逊于标普 500 指数的良好收益,与之形成鲜明对比的是德国的里斯特养老金,由于配置了大量的固定收益类资产,其保证收益率不断下降。

我们观察到,在投资者行为变化之外,中国金融行业也在变革。行业深刻认识到发展养老财富管理市场的重要性,纷纷进行布局,推出符合行业特征又满足消费者不同养老需求的金融产品和服务,解决养老的财务问题,中国的养老金融随之产生。养老金融是围绕社会成员的各种养老需求所进行的金融活动的总称,旨在为全生命周期合理配置财富,从而提高老年时期的生活水平。养老金融供给的各类金融机构各具特点,其中保险业在风险分散和长期资金管理方面具有独特优势。保险公司提供的商业养老保险是社保之外的重要补充,可以帮助人们防范长寿风险,其中年金类的商业养老保险可以充分享受复利效应,安全稳健,投保人可长期甚至终身领取保险金。银行业主要推出养老储蓄产品和养老理财产品,且凭借自身众多网点和较高的民众信任度,在开展养老金融服务方面有巨大优势。基金业结合养老特征推出了养老目标基金,这类基金是一种根据目标持有人的年龄和风险偏好不断调整投资组合的证券投资基金，具有较大灵活性，满足了差异化的养老投资需求，为追求稳健增值的养老资金提供了良好的管理途径。在信托业，养老信托受到高净值人群青睐，信托财产的独立性与受托人连续的管理功能，既保证了养老财产的安全，又解决了老年人无力或不愿管理财产的问题。

这些行业探索中也不乏一些新型产品（见表3-3），比如住房反向抵押类产品。这类产品是指个人将住房抵押给保险公司或银行，保险公司或银行支付现金以供养老生活开支，在保障老人居住权的同时，用房产增加现金流，改善了老人的生活品质。这类产品在国外已经比较成熟，在我国仍处在起步阶段。我国住房自有率较高，很多老年人的生活状态是"房子富翁，现金穷人"，住房反向抵押类产品将老人的固定资产盘活为现金流，能够有效地缓解老年人及其子女的经济压力，增加他们的消费能力。

表 3-3　各金融行业在养老金融领域的探索

行业	产品	特征
银行业	养老储蓄产品	面向有养老需求的客户的储蓄产品，可选择存期并设定领取时间及领取金额
	养老理财产品	以追求养老资产长期稳健增值为目的，鼓励客户长期持有的银行理财产品
	住房反向抵押贷款	老人将住房抵押给银行，银行支付现金以供养老生活开支，老人去世后，银行获得房屋的产权，可进行销售、出租或者拍卖
保险业	商业养老保险	在被保险人年老退休或保期届满时，由保险公司按合同规定支付养老金的保险产品
	住房反向抵押养老保险	老人将住房抵押给保险公司，保险公司支付现金以供养老生活开支，老人去世后，保险公司获得房屋的产权
基金业	养老保障管理产品	养老保险或养老金公司对个人或机构发售的资产管理产品
	养老目标基金	以追求养老资产的长期稳健增值为目的，鼓励投资人长期持有的一种创新型公募基金
信托业	养老金融信托	养老金作为信托资产，交给信托公司管理和经营，以保值增值为目的，受益人退休后获益的一种信托形式
	养老服务信托	以提供养老服务为主要目的的养老信托，信托受益权可以是养老服务机构提供的养老服务

资料来源：作者根据公开资料整理。

诸多的产品创新，是金融行业在养老金三支柱框架之外进行的探索。养老金三支柱往往有国家政策的支持，单从行业的视角看，更重要的是还需要商业创新来解决养老问题，这些产品作为"准第三支柱"，未来都可能和国家政策结合成为三支柱中的一个产品，更好地服务于老年金融需求。

金融产品的创新是非常复杂的，这些商业创新在遵循监管和风险管理要求的基础上，还要从产品、技术、服务等各方面不断完善金融的内涵。但是只有通过不断创新，金融企业才能够在市场中立足。例如泰康在传统人寿保险的基础上，创新地结合了养老筹资与实体服务，客户购买寿险和年金保障，可以在长寿社区里安享晚年，将筹资的需求和高品质养老服务的需求一并满足。通过此类创新的产品和服务方式，各金融机构得以不断改进和完善养老金融服务。

为长寿人生的健康筹资

前面我们考虑了为养老筹资，其意义在于弥补退休后的收入缺口。在养老之外，无论是对年轻人还是对老人来说，医疗与健康支出也都是非常重要的部分，这一支出随着年龄的增长会陡然上升。为健康筹资是一个更为复杂的命题。养老金考虑的是长寿风险，却没有考虑个人的疾病或者失能风险，这些健康风险在整个社会的庞大人群中的分布是不均匀的。受遗传、环境等因素影响，有些人群健康风险高，所以社会为健康风险进行资金筹集的方式也会有所不同。人们往往需要建立风险分担的机制，让风险被政府与各类组织、不同人群分担，才能有针对性地解决健康筹资问题。

纵览国际上典型的健康筹资体系，德国与英国率先建立了政府牵头的全人群风险共担机制，以应对疾病和失能护理带来的挑战。

与养老金制度最初的诞生相似,还是那位铁血宰相俾斯麦率先设立了疾病基金,以雇主和雇员共同缴费为基础,首次尝试从全社会层面进行健康费用的筹资,这种模式也被称为"俾斯麦模式"。在全民强制参保的要求下,接近九成德国人通过疾病基金获得了健康保障,其余人必须购买商业健康保险,德国也因此形成了双轨保障。世界上另一种主要的健康筹资体系在二战后的英国诞生。1942年英国著名经济学家贝弗里奇发布改革方案,形成英国财政税收直接支持全民医疗的筹资体系,因此这种模式被称为"贝弗里奇模式"。与德国不同的是,英国模式并不以劳动雇用作为筹资基础。后来世界上大部分的全民健康筹资体系都借鉴了德国与英国的方案,近几十年来逐渐应用了"税收 + 就业缴费"的双渠道筹资模式。

我们将目光转移到大西洋另一边的美国,在健康筹资领域,美国的整体社会保障体系起步较晚,后来逐步形成了一套以商业保险为主、针对不同人群分别进行风险分担的筹资体系。二战期间,工资增长停滞,美国鼓励大企业向雇员提供包括医疗保险在内的薪酬福利,企业团体医疗保险的模式随之繁荣发展。在普通企业雇员之外,美国于1965年正式设立了低收入者医保(Medicaid)和老年人医保(Medicare)两个政府项目,服务最需要保障的老年人和低收入群体。这两个群体占到了美国总人口的1/3。之后美国多次尝试改革这种较为分散的筹资体系,我们时常在新闻里听到的奥巴马医改就是这个方向的延续。2010年奥巴马签署通过的医保改革法案尽管提高了参保率,降低了商业保险参保人的筹资负担,但最终仍然没有突破多个筹资机制平行运作的框架。

健康筹资的本质是积累资金、分摊风险,因此由政府组织的筹资缴费往往具有一定强制性。但对于商业保险机构而言,其筹资模式为客户自主购买商业健康保险。比如在欧洲,一些国家强制要求参加社会医保,但也仍有一部分人会自愿购买商业健康险进行补充，人们这么做往往是为了获取更丰富、优质、及时的医疗服务。

我国在"健康中国"的大目标下推进的是多层次医疗保障体系，政府主导的基本医保以"全覆盖、保基本"为目标，在这个基础上，个人医疗费用的支出比例仍然比较高，很多情况下自付费用可以达到医疗费用的30%~40%。为了拓宽筹资渠道，近年来政府与各类商业企业联手，接连推出大病保险制度、长护保险制度试点，以及各地的区域性普惠保险、持续热销的百万医疗险等产品，尝试提供层次更为丰富的健康筹资保障。

无论是通过哪一种筹资机制来应对医疗健康风险，快速上涨的医疗费用都对当前人类社会应对健康风险的能力发出预警。长寿时代将面临健康筹资不足的风险。经验数据表明，过去几十年间医疗费用的上涨显著快于人均GDP的增长，财政支出和个人支出不断上涨，长此以往，卫生费用将可能成为社会的沉重负担。德国前首相俾斯麦和英国经济学家贝弗里奇恐怕都没有预料到人口年龄结构的巨变，老龄人口比重的增加和带病生存的常态化、长期化让整个世界范围内的健康风险显著增加，来自上一个时代的筹资解决方案在应对下一个时代的健康筹资挑战时将很可能力不从心。

那么应该如何应对呢？从支出端来说，需要对卫生费用采取控费的措施，这里的控费是指国家通过卫生体制改革降低卫生费用增速。从资金端来说，需要增加健康筹资资金的初始积累，并且尽可能通过市场化的运作提高投资收益率。德国已经在积极应对长期的健康筹资风险，要求参与国家医疗保障体系的商业保险公司拿出10%的保费投入资本市场进行长期管理，形成应对长期风险的专项储备金，2018年的储备金总额已经达到2600亿欧元。美国的政府医保计划在2020年新冠肺炎疫情发生前总资产也超过了5000亿美元，其中超过3000亿美元用于市场化运作，以应对美国二战后婴儿潮一代人退休后的医疗花费压力。

尽管已有积极应对，美国国会预算局仍预计美国老年医保住院基金在 2024 年会入不敷出，5000 万老年人的住院费用将受影响。在人口年龄结构变化的背景下，现有的开源节流努力可能难以应对长寿时代的健康风险挑战。美国已经在为婴儿潮一代人退休后的健康筹资苦思应对方案，全世界范围内各个走向长寿时代的国家，也必须正视和思考未来的医疗支出压力给当前健康筹资事业带来的巨大挑战。

财富积累：全生命周期的视角

长寿时代中人们为养老、健康筹集的资金很可能面临准备不足的风险，因此如何科学地积累资金将成为重要的议题。接下来我们将拉长时间跨度，从财富积累全生命周期的视角探讨一些简单深刻的规律。无论是社会还是个人的财富储备，都可以遵循这些规律。积累财富储备就像在水池里蓄水，蓄水量取决于水池的长、宽、高，财富积累也取决于期限、本金投入和收益率水平三项要素。因此长寿时代为养老增加财富积累需要做好三个方面：一是延长储备时间；二是充分发掘"第二次人口红利"，提升人力资本，增加本金投入；三是充分利用"复利"，提高收益水平。

"长"：延长储备时间

延长财富储备期限的方法非常直接，即尽早储备或延迟退休。退休后的寿命越长，人们进行养老储备的时间也越长，在退休时点不变的情况下，人们需要提早为退休做财务规划，这将不是一个人到中年后的可选项，而是一个一步入职场就要考虑的必选项。另一方面，公共健康研究表明，老年人的身体素质相较于他们同龄的上一辈人得到了很大改善,可以说,过去的60岁相当于今天的70岁甚至80岁,这使得老年人具备延长工作年限的基本条件。如果劳动人口的工作年限延长,其养老的财富储备期限将延长,财富积累水平将提升。事实上,多个深度人口老化的国家以延迟法定退休年龄的方式来作为应对人口老化的措施之一(见表3-4)。目前许多西方国家的人基本都是60多岁时退休,日本最近甚至出台法律推动社会为70岁退休做好准备,鼓励企业给有意愿工作到70岁的老年人提供就业机会。我们认为延迟退休是必要的,但也需要逐步实行,区分不同行业和企业类型,采取自愿原则。在长寿时代,老年人可能退休后又参与就业,就业后又再次退休,以这种灵活的方式补充财富储备。

表3-4 部分国家退休年龄与65岁及以上人口占比

国家	原退休年龄(男)	原退休年龄(女)	对应年份	新退休年龄(男)	新退休年龄(女)	对应年份	延迟年数(男/女)	65岁以上人口占比(2018年)
英国	65	60	2012	65	62	2015	0/2	18.4%
德国	63	60	1985	65.5	65.5	2019	2.5/5.5	21.5%
日本	61	60	2010	65	64	2019	5/4	27.6%
美国	65	60	1983					15.8%
中国	60	55	2011					10.9%

资料来源:OECD《养老金政策说明》(Pension Policy Notes)。

"宽":增加收入以及本金投入

对于大多数人来说,增加收入最重要的路径就是提升人力资本。人力资本是体现在劳动者身上的资本,如劳动者的知识技能、文化技术水平与健康状况等。人力资本提升可以促进收入水平提高，增加财富积累的本金投入。人力资本与个人教育水平息息相关，教育水平提高可以促进职业生涯发展和工资收入提高。许多研究都展示了教育水平与工资水平的正相关关系。根据美国劳工局2019年的统计数据，具有硕士学位的劳动者一周工资的中位数为1434美元，是高中学历劳动者的1.96倍，失业率是高中学历劳动者的51.2%。教育带来的更高收入水平也意味着可用于养老财富积累的本金投入增加，经过漫长的人生积累将形成可观的养老储备。在宏观层面，教育水平的提升能提高劳动者的整体素质，有利于生产效率和人均产出的提升，促进社会资本积累，利于社会财富和经济的增长。

"高"：利用复利效应提升收益水平

复利是一种指数级的增长方式。很多人对复利的了解，来自对巴菲特成功投资的关注。巴菲特曾经用"滚雪球"比喻通过复利的长期作用实现巨大财富的积累。其实复利的本质是量变积累到了某个阶段会产生质的飞跃，在长期积累的过程中展现力量。复利有一个很简单的估算方法：72法则。假设你的养老金平均每年的投资回报率是8%，那基本上实现翻倍的回报大概需要9年（72除以8）；如果年平均回报率是6%，则大概12年翻一番。复利效应的产生有三大重要条件：投资期限够长，投资收益率不能太低，收益率波动不能太大。只有投资期限足够长，才能真正获得复利产生的收益。

以年收益率为5%，投资期限为50年为例，近43%的收益是在最后一个10年创造的（见图3-2）。而第一个10年创造的收益占比仅为6%，较短的投资期限所获的收益非常有限。并且收益率越高，后期的投资收益占总收益的比重越大。让我们来看看多年后投资的成果：投资 30 年后资金规模将是原始投入的 4.3 倍，50 年后将达到 11.5 倍，如果投资坚持 70 年，那么累计资金规模将是初始投入的 30.4 倍。这就是为什么我说，复利是时间的朋友，30 年后就会看到明显的复利现象，50 年后可能就会有"复利之花"，70 年后"复利之神"就显现了。

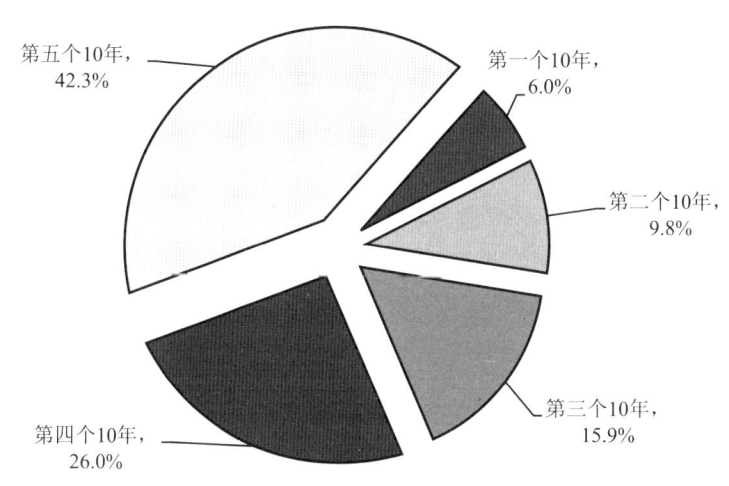

图 3-2 复利效应下各时间段盈利占比

- 第一个10年，6.0%
- 第二个10年，9.8%
- 第三个10年，15.9%
- 第四个10年，26.0%
- 第五个10年，42.3%

注：年利率为 5%，投资年限为 50 年。

实现复利效应必须保证一定的投资收益。如果投资期限足够长，但投资收益率较低，复利也无法发挥其巨大威力。长寿时代，养老储备的积累时间可以确保足够长，投资收益率对于养老财富储备总水平的影响更为显著，养老储备将更加依赖投资回报。假设两位小伙子为未来储备的意识很强，从 30 岁起每年都会存 1 万元用于未来养老。其中一位不善于理财，把钱存在银行享受每年 2% 的收益；另一位精于理财，购买了基金、保险等不同类型的金融产品，每年能实现 6% 的收益。等到这两位曾经的小伙子经过 40 年时间成为爷爷辈以后，不善理财的这位将有 60 万元的存款，而精于理财的这位将有超过 160 万元的资产。后者的资产是前者的近 3 倍，他可以更加宽裕、从容地安排老年生活，多么令人羡慕。

需要注意的是，在利用复利效应积累财富的过程中，投资收益率波动不能太大，否则复利的威力将大大减弱。假设两位小伙子的年平均投资收益率都是 6%，但是其中一位的收益率非常稳健，每年都能达到 6%，另一位上一年的收益率为 27%，接下来则亏损 15%，如此持续 50 年（其算术平均收益率是 6%）。由于后者收益的不稳定性，最终只能积累 140 万元的资产，远低于平稳的 6% 收益率所创造的财富，只有其一半不到。

积极应对低利率挑战

掌握"长、宽、高"的投资理念不难，难在长期坚持实践。在长寿时代下要实现"长"的投资不难，因为预期寿命延长，投资时间天然地就会延长；要实现"宽"也不难，因为第二次人口红利已经逐渐显现。但是要实现"高"却面临挑战，主要是长寿时代的低利率环境，对于复利发挥作用是极大的阻碍。

近 10 年，主要发达经济体均处于低利率环境。20 世纪 80 年代以后技术进步红利消退和人口年龄结构变化使得经济增速放缓，经济潜在增长率下降是全球长期利率下降的主要原因。此外，政府过度依赖货币政策干预经济和资本市场，货币供给持续增加，利率随之不断走低。以 10 年期国债收益率为例，美国自 20 世纪 90 年代跌破 10% 以来在震荡中一路下跌，并在 2008 年金融危机后长期保持低位。而日本的下降趋势较美国更加明显，自 2015 年以来几乎全为负利率。近年来持续的低利率环境甚至大面积负利率的状况，对资产的保值增值无疑带来巨大挑战。

中国与其他发达经济体相比，利率仍将处于较高的水平，但是长期来看将缓慢下行。中国同样面临人口老化加剧、生育意愿持续低迷、技术进步放缓、经济潜在增长率下降等问题，利率下行是长期趋势。但中国的利率不会骤然下降，中国的低利率更多是相对于自身以往的较高利率而言，长期来看，低利率很难回升至高位。

权益资产、海外投资与另类投资有利于人们积极应对低利率环境。长寿时代，预期寿命增加也相应延长了投资期限，通常投资期限延长时，投资者的风险偏好也将有所提升，因此可以适当调整资产结构，增加权益类等风险资产的配置。尤其是盈利稳定、估值较低、分红率高、管理优秀、可以穿越经济周期的股票，可以更好实现长期投资的目标。除此之外，增加海外资产配置和另类资产也具有积极意义。以机构投资者为例，日本和英国保险业均在低利率时期更加注重海外资产配置，通过投资海外较高收益的资产，缓解国内投资收益低迷的困境。从风险分散角度，一些与资本市场和经济基本面相关性较低的另类投资也相对具有价值，包括黄金、艺术品投资等，也可以成为应对低利率的有效工具。

长寿风险与老年金融的新视角

前面我们重点聚焦了长寿时代下国家和个人面临的养老储备的挑战，这些问题已经迫在眉睫，值得社会各年龄段成员广泛关注和重视。现在将目光转回老年人群身上，长寿时代的重要特征就是老年人口尤其是高龄老人的占比增加，而老年人在金融方面存在许多特殊的情况与需求。虽然这些情况目前还没有成为社会的普遍问题，但是在诸如日本这样人口老化严重的国家已经有所萌芽。和养老金融关注人的全生命周期的财务安排不同，老年金融聚焦高龄老年人的一些特殊的金融问题。我们通过展望这些老年金融特殊问题的应对方式，为金融机构更好地服务于老年人提供思路。

人活着,钱没了

日本NHK(日本广播协会)电视台特别节目录制组曾拍摄了一部纪录片《老后破产》,其中有许多凄惨个案远超我们的想象。整个纪录片都围绕金钱问题展开,案例中的老人,都曾踏踏实实地工作,为退休后的生活做好了储蓄计划,却仍无法预料,超预期的寿命会在经济衰退的影响下让他们退休后的生活变得如此拮据、辛苦、孤独,甚至让人失去生存的欲望。长寿,这个幸福社会的象征,也可能成为压垮老年生活的最后一根稻草。我们应该理性认识到寿命延长、长期带病生存的状态也会加剧资产耗竭的风险,这种风险也称长寿风险。通俗来说就是,"人活着,钱没了"。前文提到的养老金替代率下降是指人活着,公共养老金的钱不够用。当超高龄出现时,因为医疗和护理费用大大增加,钱不够用成为重大隐忧。长寿风险一词最初来自精算学,指的是实际寿命高于预期寿命所产生的风险。对个人来说,长寿风险指个人死亡年龄无法准确估计,在超预期生存年限中无财富可用,发生资产耗竭的风险(见图3-3)。

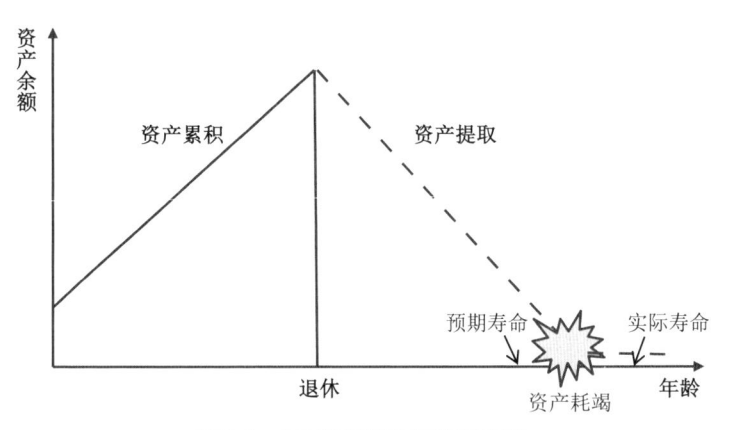

图3-3 人生资产累积与资产耗竭风险

资料来源:野村资本市场研究所。

长寿风险可能扩散成为社会性的风险。资产耗竭的情况最容易出现在高龄老人群体中，而这一部分人群很可能长期处于带病生存的状态，既没有机会再回到工作状态获得收入，又面临高额的医疗护理费用。高龄老人的资产耗竭后，通常可以通过家庭成员的分担供养解决生活和医疗问题。但是在少子化的社会中，子女供养老人的负担变得更重，一些本就不富裕的家庭将会受到更大冲击，陷入贫困。家庭间的不平等逐渐积累，就会形成社会的不平等。整个社会中长寿又破产的老人增多，形成聚合性的长寿风险，将会严重影响社保体系的稳定，最终波及整个社会的健康稳定发展。因此在长寿社会，如果缺少有效的应对措施，长寿风险可能从个人风险扩散成为社会性风险。

相较于其他国家，中国更应该关注长寿风险。与发达国家人口老化显著不同的是，中国呈现"未富先老"的特点。当发达国家65岁及以上人口占比达到7%时，人均GDP在1万美元左右，而中国在2000年人口形成这样的结构时人均GDP仅为1200美元。2019年，中国人均GDP终于突破1万美元，但是65岁以上人口占比已经高达12.6%。而日本和韩国在同样的人口老化水平时，其人均GDP已达3.1万美元和2.7万美元。"未富先老"不仅对全社会形成了巨大压力，也加大了老年贫困发生的可能性。

充分认识到老年人金融行为的独特性

基于生理、心理功能衰退和社会经济地位等方面的特征，老年人的金融消费行为具有特殊性。老年人可能掌握着大量财富，他们希望保持自己的财务独立性，对存量资产保值增值的意愿越发强烈。他们风险偏好较低，同时由于认知能力下降，有时也无法很好地管理自己的财富。长寿时代来临，这一部分人的行为对金融市场的影响将日益增加，我们需要对其金融行为特征进行有效的分析与理解。

各国调查数据充分显示，大量财富掌握在老年人手中。以日本为例，虽然日本一方面存在"老后破产"的许多个案，但在宏观层面的数据上，老年人仍是相对来说最"富有"的。东京都政府在2017年的一份报告中估计，日本大约1800万亿日元的家庭金融资产中有近70%由60岁以上的人持有。在英国，全球房产咨询公司第一太平戴维斯（Savills）于2018年发布的调查显示，英国40%的国民财富掌握在65岁以上的退休人士手里。在这样的情况下，在全球范围内，对于许多中产阶层和高净值人群来说，如何安全有序地实现老年人的财富传承与交接显得非常重要。

老年人的风险偏好较低可能影响整个市场的风险偏好。居民的养老投资风险偏好随着年龄的增加呈现出"倒U形"。这一特征符合生命周期发展规律，即在年轻时由于刚进入职场，收入相对较低，同时面临买房、子女教育等支出压力，风险偏好较低；随着年龄增加，收入增加的同时，各类支出压力减小，风险偏好逐渐提高；但退休之后收入减少，风险偏好又开始下降。老年人是典型的风险厌恶型投资者，更易于接受存款或固定收益类产品等低收益、稳健的投资。社会中风险偏好较低的老年人成为投资主流群体，将会降低整个市场的风险偏好，进而促进形成低利率的经济社会环境。

老年人的金融知识普及不够，容易遭受金融诈骗。不光是老年人缺乏金融知识，全社会的金融知识水平都有待提高。评级机构标普2015年曾经展开过全球金融知识水平调查，发现中国民众金融知识水平低于全球平均水平，调查中72%的中国成年人不能正确理解风险分散、通货膨胀和复利等重要金融概念。这个结果令人惊讶。根据该调查，3/4的亚洲成年人和2/3的全球成年人不具备金融常识。当这批人逐渐老去，缺乏必要的金融素养将对他们管理个人财富带来很大挑战。而且老年人获取金融信息的渠道有限，辨识能力弱，给了不法分子可乘之机，老年人群也成为各类金融诈骗活动的重点目标，这将严重影响老年财务安全。有一部改编自真实事件的电影《我很在乎》就用黑色幽默的方式讲述了无良监护机构从孤寡老人身上欺诈钱财的问题。当然，艺术创造源于生活又高于生活，这样一部电影也提醒了人们关注老年金融欺诈问题。

老年人金融决策能力下降，可能使其资产进入"冻结状态"。随着年龄的增长，老年人的认知功能会逐渐下降，从而对正常生活造成影响。存取款、证券投资、购买保险等金融交易都需要当事人能够独立做出合理判断。如果老年人无法正常进行资产配置及财富管理，那么这部分资金很可能陷入"冻结状态"，对经济发展造成负担。日本政府2016年的《高龄社会白皮书》显示，日本65岁以上的痴呆症患者人数快速增长，到2030年，日本的痴呆症患者将占到总人口的7%。而这部分人持有的金融资产也在持续增加。据《日本经济新闻》报道，有推算称，痴呆症老年人持有资产于2030年将增至215万亿日元，相当于日本GDP的40%。这部分资金陷入"冻结状态"将对经济发展产生极大的负面影响，不利于资源的有效配置，因此需要借助制度创新和产品创新盘活这部分资金。

老年金融充分体现人文关怀

老年人进行金融决策，将十分依赖相关的制度保证和机构投资者的服务。在老年人的金融服务上，日本无微不至的服务方式深刻体现了以人为本的精神。例如日本证券业协会就专门出台了向高龄客户推荐金融产品的指导方针，内容包括高龄客户定义、服务产品的范围、服务流程等。协会成员需要在协会指引的基础上，向高龄客户推荐产品。比如日本生命银行提出GranAge计划，为老年群体从 50 岁初到百年生命结束提供全方位服务，除了活力老人阶段的养老保障外，还会提供身份认证、生命支持、自愿监护、丧葬等保障产品及服务。对于老年痴呆，日本政府和金融机构携手，积极防止资金冻结，同时保障痴呆症患者的生活与医疗。瑞穗银行推出了痴呆症信托，该产品可在痴呆症发生前进行预备，因此即使客户患有痴呆症，其资金也可以顺利用于支付生活费和医疗费。如果医生诊断出客户患有痴呆症，在提交痴呆症诊断书后，其本人的支出将受到限制，可以由家人等代理人来管理财产。另外，银行方会通过确认财产支付内容，防止代理人不正当使用资金。

同时，科技也正在越来越多地赋能老年金融服务。触网老年人不断增加，金融机构向老年客户提供更加精准的产品和服务成为可能。金融机构可以通过官方网站、网上银行、手机 App、第三方平台等互联网平台，为中老年人普及金融理财知识、提供产品。同时大数据技术的应用也提升了金融机构服务的精准性。金融机构借助海量客户信息，设计不同的综合解决方案，提供精准服务，以满足客户的个性化、多元化养老财富管理需求。健康科技将有效辅助行动不便、记忆力衰退的老年人，还能帮助患有严重慢性病的老年人做出适当的投资决策，顺利办理金融业务。智能投资顾问快速兴起，通过大数据和人工智能分析个人投资偏好，也将助力老年人更加专业地做出养老投资决策和行为。

另一方面，我们也意识到老年金融也是跨学科、跨行业的产业，仅凭金融行业可能也无法完美应对老年人需求的变化。从事养老金融的企业，不仅是专业的金融机构，也需要对老年人的行为、健康、心理、需求等加深了解。因此金融行业内部之间、金融行业与非金融行业之间相互协作的重要性越发显现。比如通过将保险和信托产品结合，设计出更好地服务于老年人的保险金信托产品，帮助他们更好地实现财富传承。又比如金融企业与养老社区合作，推出定制化产品或者与"支付+服务"结合的产品，可以更加密切服务于老年人的金融需求。因此，为了更好地给老年人提供适合他们的产品和服务，需要多个行业的合作与用心钻研。我们也期待有越来越多的企业意识到老年金融业务的重要性，尽快行动起来。

探索长寿人生的最优筹资模式

长寿时代是健康时代，也是财富时代。从某种意义上说，三个时代将同时到来，但它们又并非完全并列。充足的财富确保人们可以得到更好的养老和医疗服务，进而获得更长的预期寿命和健康预期寿命。但是对于我们每个个体而言，财富水平却不一定能够匹配长寿人生的支付需求，尤其在老年期有资金耗竭的风险。

更直观地来看，经济学家根据日本、美国等发达国家的经验数据，把人生的收入和支出画成两条线，它们看上去像一顶帽子（见图3-4）。人一生的收入呈现明显的"倒U形"，在40~50岁时达到顶峰。而人生的消费支出变化相对平缓，少年时期有较高的教育支

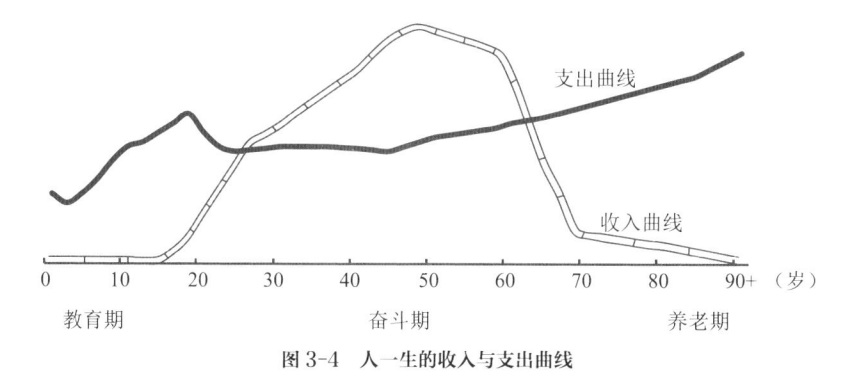

图3-4 人一生的收入与支出曲线

资料来源：Lee, R. D., Mason, A., Population aging and the generational economy: A global perspective, 2011；作者整理。
注：支出曲线中包含政府公共支出。

出，其后的支出随年龄缓慢增加，到了老年，随着养老和健康需求的增加，消费达到人一生的最高水平。老年时期很明显地出现了收支缺口，而且随着预期寿命的延长，这一缺口将越来越大。财富时代的一个基本挑战就是如何通过年轻时的资产积累和投资填补老年时的收支缺口。

我们很早就注意到了人一生的收入与支出的不均衡，并运用商业设计去应对这样的问题，提供解决方案。我们认为通过专业投资机构的运作，可以为个人实现最优人生筹资安排提供条件。

让我们刻画一个理想的长寿人生筹资模型，通过这个纯理论模型，介绍如何利用长坡理论和复利效应来应对养老资金缺口问题。以一位40岁的中年人为例，他可以通过定期投资（简称定投）的方式积累资金，到老年时从这笔投资中分期领取资金。这位中年人可以自由选择开始领取的时间，比如70岁或者80岁。在初始投资到开始领取的几十年间，专业的投资机构为客户提供优异稳健的收益率。参考过去20年美国股市能实现接近7%的年均收益率，债券市场能实现3%以上的年均收益，我们的模型假设通过资产配置可以实现平均每年5%的收益率。如果40岁一次性投资，到80岁领取，40年间资金规模能扩展到初始资金的7倍左右。根据尼尔森咨询公司与泰康联合发布的《2020年中高净值人群医养白皮书》，目前中高净值老年人群平均年花费支出为20万~25万元，所以我们假设老年人一年支出为25万元。另外，我们假设未来其养老生活开支全部从这笔投资中领取。最后，假设为了维持生活水平不变，这笔支出未来每年将按2%的通胀水平上涨。

在其他假设不变的情况下，领取时间不同会对资金的积累情况产生较大的影响。图3-5展示了具体假设和资金积累情况，这里我们以定投为例。如果40岁开始每年投资20万元，一共投资10年，经过几十年的积累，不同领取时间的资金是投入本金200万元的 3~6 倍不等，开始领取的时间越晚，资金积累的规模也越大，越能够充分享受复利效应。对于图中列示的三个领取时间，随着领取的开始，积累的资金规模会不同程度地出现下降，这是因为当年的投资收益无法覆盖当年的养老支出，需要提取之前积累的资金。以 70 岁领取为例，当年投资收益能够支撑 75% 的养老支出，之后这一比重不断下降，每年不足的部分都需要从之前积累的资金中补足。同时我们也发现，领取时间越晚，资金规模下降得越慢。这是因为复利效应仍在领取阶段发挥作用，虽然每年都会发生资金领取，但是尚未支取的资金仍在产生投资收益。如果 75 岁开始领取，则积累的资金可以一直使用到 100 岁才耗尽。到这里，我们可以总结长寿人生筹资模型的优势，一方面它可以有效支撑年老后的生活，帮助提高养老生活水平，另一方面它通过复利效应仍在尽可能实现财富的保值增值，减缓财富的流失。

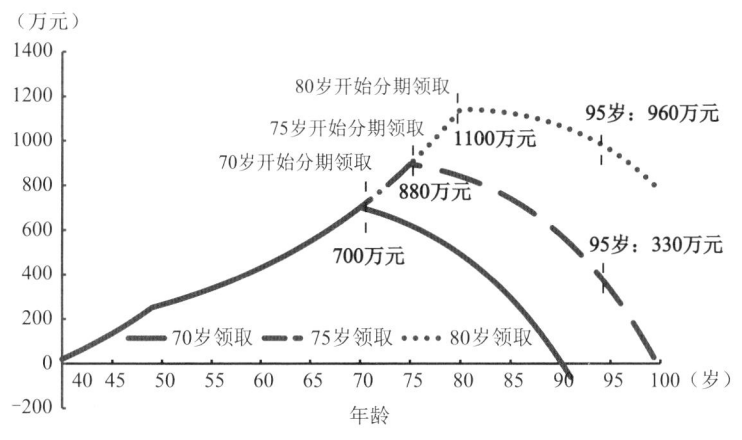

图 3-5 理想筹资模型的资金积累曲线之一

注：在理想模型中，我们假设老年人一年支出为 25 万元，为保证生活水平不发生变化，这笔支出未来每年按 2% 的通胀率上涨，那么目前 40 岁的中年人到 70 岁时一年将支出 45 万元，同时假设所有的支出由我们的筹资模型覆盖，因此他第一年将需要领取 45 万元。如果从 75 岁开始领取，那么他第一年将需要领取 50 万元；如果是从 80 岁开始领取，那么他第一年需要领取 55 万元。

如果这个筹资模型仅支付老年支出的一部分，剩余部分由其他资金支付，如国家退休金或单位的养老金，那么需要从这个模型中领取的部分将更少，积累的资金将更多。因为有其他资金支持老年生活，我们也可以选择减少初始投资的本金，减轻年轻时投资的压力，或者更早地开始领取资金，最后都能够实现相同的资金积累目标。

让我们再拉长积累的时间，充分利用前文提到的复利效应。如图3-6所示，如果这笔投资是由明智的父母为孩子将来考虑，用于孩子养老支出的专项投资，最开始的投入本金则不需要那么多，我们假设只有中年人的一半，即连续10年每年投资10万元。从孩子10岁投资到他（她）老年时期领取，长达半个多世纪的时间里资金规模将呈指数级增长，不同领取时点的资金将是投入本金100万元的15~25倍不等。与前文40岁的投资方案不同的是，从10岁开始投资10年，到80岁领取时，资金规模的拐点并不是一经领取就出现，而是在95岁左右出现。这是由于从10岁到80岁，资金积累规模足够大，刚开始领取时每年的投资收益都能覆盖支出，这一阶段只是资金积累速度开始放慢。随着养老支出随通胀不断上涨，从95岁开始每年的投资收益不能覆盖当年支出时，资金规模才开始下降。通过这个例子可以看出，投资越早、领取越晚，越能够拉长投资期限，充分享受复利效应，领取前财富积累越多，领取后财富衰减越慢，对高品质养老生活的支撑也越充分。

通过上面的演示我们可以更好地理解如何通过资金的长期积累，满足未来老年美好生活的需求。当然，实际情况远比我们假设的复杂。如现实中市场收益率是波动的，就像前文所述，稳定的收益率是复利效应得以发挥的基础，收益率的波动将影响长期收益。同时，专业投资机构也会收取一定比例的管理费用，在进行投资时也需要将费用成本考虑在内。另外，模型中的其他假设也有可能发

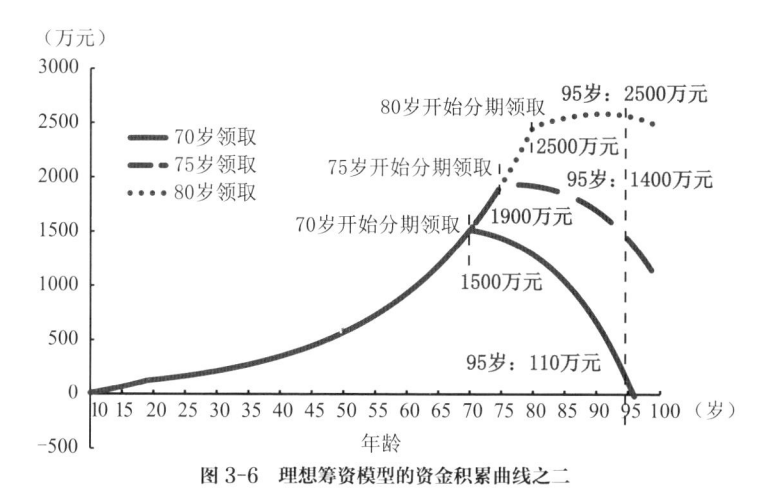

（万元）

图 3-6　理想筹资模型的资金积累曲线之二

注：领取假设同图 3-5。目前 10 岁的小孩到 70 岁时一年将支出 82 万元（25 万元养老支出按 2% 的通胀率不断增长 60 年）。如果他从 75 岁开始领取，则第一年需要领取 90 万元，如果是 80 岁领取，则第一年需要领取 100 万元。

生变化。因此这里只是一个简单的模型示意。总的来看，理想的长寿人生筹资模型有三个层面的优势。首先，它充分体现了长周期投资的优势，这就是我常说的长坡理论。尤其是 10 岁开始投资再到老年领取充分体现了这一理论，其初始投入的本金虽然只有 40 岁开始投资时的 1/2，但最后实现的资金规模却远远超过后者。其次，机构投资者具备投资专业能力，可以提供优异稳健的收益率，这也是泰康一直坚持努力的方向。最后，这种模式为老年生活筹集了充足资金，可以有效减缓老年资产耗竭的风险，领取的时候仍在继续投资，甚至在某些情况下还有余额留给子孙。

如果改变投资期限、初始投资、收益率，即前文提到的"长、宽、高"，上述模型会有什么变化呢？我们变换以上三个维度的参数，用下面的表格简单展示理想筹资模型在 95 岁时的资金积累情况。假设此人从 75 岁开始支取养老资金（75 岁之前是累积投资收益，无支出），而且每年的支出费用随通胀上涨，尚未支取的资金仍在模型中享受投资收益。根据这些假设，我们计算得到在不同投资收益率和不同初始投资额的情况下，投资人95岁时的资金积累情况，如表3-5所示。可以看出，收益率越高，投资期限越长，初始投资越多，到了95岁时可用于支持养老的资金越多。相反，在低收益、低投资额、短期限的情况下，很可能出现入不敷出，也即资金余额为负的情况。因此，"长、宽、高"就是实现人生最优筹资模型的三个基础维度，每个人都可以根据自己最终的资金积累目标来确定自己的最优投资方案。

此外，我们用模型95岁时的资金余额除以75岁（还未支出）时积累的资金额来衡量领取后曲线的陡峭程度，判断资金的消耗情况。结果显示，在部分情况下，这一数值是大于1的，即95岁时的资金多于75岁时的资金，说明到95岁虽然持续支出了20年，但是这段时间的投资收益足够覆盖支出，总金额还在不断累积。有趣的是，在较高收益率和较长投资期限的帮助下，10岁开始投资、总共投入100万元到95岁时的余额，高于40岁开始投资、总共投入200万元到95岁时的余额。从95岁与75岁的资金之比来看，前者也能获得比后者更高的比值，领取阶段资金积累曲线也更加陡峭。这表明，长期的复利滚动产生的收益是惊人的。

表3-5 理想筹资模型的演算表

分10年投资，75岁领取		不同投资收益率下，95岁时的资金余额（万元）				不同投资收益率下，95岁时的资金与75岁时的资金之比			
初始投资年龄	本金投入	4%	5%	6%	7%	4%	5%	6%	7%
40岁投资（投资35年）	100万元（10年×10万元）	-840	-656	-305	554	-2.5	-1.5	-0.5	0.7
	150万元（10年×15万元）	-607	-236	604	2107	-1.2	-0.4	0.7	1.8
	200万元（10年×20万元）	-334	331	1566	3659	-0.5	0.4	1.3	2.3

续表

分10年投资，75岁领取		不同投资收益率下，95岁时的资金余额（万元）				不同投资收益率下，95岁时的资金与75岁时的资金之比			
25岁投资（投资50年）	100万元（10年×10万元）	-924	-258	1540	5134	-1.5	-0.3	1.1	2.3
	150万元（10年×15万元）	-444	951	3844	9417	-0.5	0.7	1.8	2.8
	200万元（10年×20万元）	160	2185	6149	13701	0.1	1.2	2.1	3.1
10岁投资（投资65年）	100万元（10年×10万元）	-823	1428	6915	19016	-0.8	0.7	2.0	3.1
	150万元（10年×15万元）	227	3993	12438	30833	0.1	1.4	2.4	3.4
	200万元（10年×20万元）	1410	6557	17960	42651	0.7	1.7	2.6	3.5

注：负数代表在长寿人生筹资模型无法负担养老支出的情况下，到95岁时累积的资金缺口。

当然，老年人除了应对日常生活开支，还面临更高的健康风险，因此还需要早早为医疗支出和护理康复服务规划筹资。老年人的健康风险会产生更高的尾端现金需求，可以通过更加复杂的筹资产品来应对，包括健康保险和护理保险。这一问题我们在之前的章节讨论过。从全生命周期的角度纵览整个人生的筹资，其实应该是包含各种财富管理计划与保险产品的组合，以调整人生的现金流，应对不同的需求。

长期优异稳健的收益率是长寿人生筹资模式的基础。由于金融产品可实现复利，更早地投入资金就有更长的周期进行复利累计，以指数增长的方式来提升财富积累的效率，可以有效帮助人们提高养老生活水平，解决未来百岁人生时代没有充足资金养老和接受医疗服务的问题。因此，对投资机构来讲，将全生命周期的财富管理理念贯穿产品设计也是至关重要的。

让我们从理想的模型回到现实，现实中的金融产品虽然不能做到这样完美，但在对复利原理的运用方面是一样的，理论上的长寿人生筹资模式可以成为现实产品设计的参考原型，但要注意不能将二者混淆。

对一家致力于服务客户全生命周期的金融机构来说，泰康追求的就是为客户打造复利现象，在产品的设计中注重长期积累，量变积累到了某个阶段会产生质的飞跃。此外，要真正地解决长寿人生的筹资问题，单纯的金融产品能发挥的作用是有限的，需要商业创新和跨行业的解决方案。泰康创造性地将长期限的年金产品与长寿社区的入住权益相结合，打通了虚拟的保险与实体的医养服务，让客户年轻时获得保险理财服务，通过我们的投资实力享受复利，积累充足的养老储备；年老时用积累的保险金获得长寿社区高品质的养老服务，也可选择使用保险金自由安排养老生活。不同于传统手段，我们为应对长寿时代的财富储备挑战提供了一个创新性的长寿筹资解决方案，旨在与客户生命等长乃至更长的时间维度里实现客户利益的最大化。我们提供的是专业的投资能力赋能、高品质的长寿社区养老服务，客户购买的是未来的生活方式，这不仅仅是金融产品，更是一场养老革命。

如前文所述，在养老金三支柱体系中，第三支柱是通过国家税收优惠鼓励人们积累养老金，而泰康则通过医养康宁全生命周期的产品和服务提供养老储备的激励，引导个人实现最优筹资。如果用长寿社区的生活方式就能够提供激励，那么这种市场自主提供的产品也就在一定程度上发挥了第三支柱的作用。未来我们还将进行创新，不仅连接养老服务，还要拓展到医疗和看护服务，拓展到健康领域，把年金和健康保险、护理保险结合，组合成一系列覆盖全生命周期养老与健康需求的保险产品，以应对更复杂的，尤其是尾端现金流支出更高的情形。

长寿时代，老年群体日益壮大，围绕老年人的金融服务产业将是一片广阔的蓝海。这一产业具有独特性，除了传统金融业务具备的要素以外，老年金融服务还需要更多无微不至的关怀和以人为本的理念。我们在泰康的长寿社区中推出了适合老年人的专属产品，提供专属的资产管理和金融服务，帮助老年人更好地管理自己的财富，实现财富传承。财富的充足、安全，让我们的老人能够快乐、安心，这就是我们事业的价值和意义所在。

第四章

长寿时代的先行者——日本

前面的章节为大家展现了长寿时代、健康时代、财富时代的图景。这一章将在现实世界中寻找观察样本,对它进行剖析。目前在全球范围内,日本可以说是最早进入长寿时代的国家。如果按照65岁及以上人口比重达到25%这一标准划分长寿时代,那么2014年日本就达到了这个比例,2020年这一数字更是高达28.7%,在全球高居榜首。日本是处于长寿时代的典型国家,是长寿时代很好的样本和观察站,长寿时代下的日本社会经济也正在发生深刻变化。分析日本的变化,将会给未来的中国更加深刻的启示。

观察和研究日本曾经给我的创业和企业经营带来很大启发。我20世纪90年代初的时候去日本访问,在东京街头看到林立的保险公司招牌,坚定了要创办一家人寿保险公司的初心。在坚定进入养老行业之初的2007年,我带领团队又一次踏上日本取经学习。每次造访日本,这个迅速进入超老龄社会的国家都带给我极大的震撼,我观察到日本开出租车的司机和便利店的收银员有很多都是老年人,这与中国截然不同。同为东亚社会,我们认为日本可以为中国进入长寿社会提供一面镜子,为社会提前应对人口老化的冲击、寻找产业发展方向提供思路。

日本印象

如果在日本街头写生,那些满头银发的老人就是一道特别的风景线。他们有些急匆匆地赶地铁上班,有些稳稳当当地开出租车谋生,少有闲暇的时刻。据日本厚生劳动省2017年的数据,日本出租车司机的平均年龄高达59岁,他们穿戴得整整齐齐迎接乘客,看到行人拿行李还会主动下车帮忙搬运。这些难免让很多去日本旅游的年轻人觉得非常不好意思。可以说,日本爷爷辈的出租车司机和奶奶辈的服务员已经成为老年人参加工作的典型例子。日本最近提出将把企业职工的退休年龄从65岁延长至70岁,整个日本营造的终身活跃社会氛围,既是对老人就业需求的保障,也是社会所采取的一种无奈之举。

当我们把目光聚焦于这些老人时,回溯历史,他们正是日本二战后的婴儿潮一代。1947—1949年,日本平均每年出生婴儿270万。这个年龄层的人也被称为"团块世代",他们曾参与过日本战后经济复兴的黄金时期,但也经历着日本经济的衰退年代。

在经济发展过程中,日本的人口红利期很快就被人口老化进程叫停了。1964—1994,日本65岁及以上人口占比从原有的6%逐步上升为14%,用了30年。在接下来的25年内,这个比重很快再次翻番,在2019年超越28%(见图4-1)。这个"老化"速度远远快于欧美发达国家。根据日本统计局数据,2020年,日本65岁及以上人口高达3617万人,占总人口的28.7%。中国预计会在21世纪中叶达到日本老年人口的占比。

在吉尼斯世界纪录里,长寿纪录基本都被日本拿下了,日本人也为此自豪。比如田中力子是吉尼斯世界纪录认定的"全球在世最长寿老人",2021年她118岁,还曾积极准备东京奥林匹克运动会火炬传递(最后由于疫情原因未能成功)。根据日本厚生劳动省在

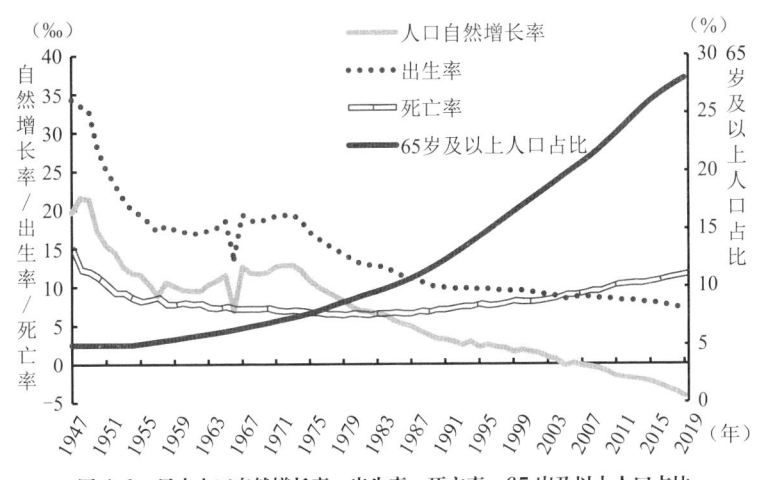

图 4-1　日本人口自然增长率、出生率、死亡率、65 岁及以上人口占比

资料来源：万得（Wind）数据库，世界银行。

2020 年 9 月发布的数据，日本共有 8 万多名百岁老人，他们都将获得日本首相颁发的奖状和银质奖杯。从 2013 年起，日本就一直是世界上人口预期寿命最长的国家之一，这得益于日本优质有效的健康管理。以心脏病为例，世界卫生组织 2018 年的数据显示，日本的冠心病死亡率仅为 32/100000，为全球最低。在 55~64 岁的男性中，日本的冠心病死亡率还不到美国的 1/10。

与相对平稳的死亡率不同，日本的出生率一路下滑。1947—1990 年这 40 多年时间里，日本的出生率从 34‰ 变为 10‰。近 30 年，日本生育率持续走低，导致 2005 年人口首次出现负增长，到了 2019 年出生率已经跌至 7‰，相应地人口自然增长率降至 −4.2‰。2020 年日本出生人口不足 85 万，降至历史最低。从总和生育率来看，过去 10 年，日本的总和生育率基本维持在 1.4 左右，虽有小幅回升，但一直陷在低生育率陷阱之中。

日本人口的巨大变化，让人惊讶的同时也给全世界敲响了警钟：长寿时代或许会以比人们想象中更快的速度到来。受制于生育率长期低迷和人均寿命延长，日本的人口年龄中位数由 1960 年的 25.4 岁跃升至 2020 年的 48.4 岁，日本的人口年龄结构已经呈现出明显的倒梯形，人口老化程度不断加重。在长寿时代下，日本的就业结构发生了巨大变化，越来越多的老年人挤入中低端零工就业市场，尤其是劳动密集型的批发零售业和餐饮业。1975 年时，日本劳动人口中仅有 9.2% 是 60 岁以上的，而 2000 年以后，这个占比就一直维持在 20% 左右，老年人口就业数量比 20 世纪 80 年代末增加了 2 倍。日本正在通过一系列政策法案①保障老年人的就业。就业率的提高使部分老年人可以在储蓄不足时改善生活，而退休年龄的调整，也使日本的财政压力得以缓解。

在日本，由于人口年龄结构的变化，我们还看到了"购物难民"的现象。在 2000 年前后，日本的零售企业之间竞争激化，与此同时，商业设施走向大型化，而私家车越发普及，这些都助推了商业设施向郊区转移，使得近邻型商业设施不断减少，购物消费远距离化。对此，日本国土交通省将"想在直径 500 米范围内的商店购物，但由于现实条件制约而无法完成的老年群体"称为"购物难民"。

日本这些就业和消费现状带来了深层次的社会问题。日本 NHK 电视台在 2014 年编写出版了《无缘社会》一书，通过历时两年的调查，追寻死者的生活轨迹，了解他们是如何走向孤独死的悲惨结局的。"孤独死"是由日本创造的概念，是日本人口老化和老年人孤独状态的反映，通常指的是独居老人死后多日才被人发现的一种现象。而所谓"无缘社会"，就是那些失去了地缘、血缘和职场缘的人，他们孤独死去而无人认领，也被称为"无缘死"。"无缘

---

① 如《老年福利法》(1963)、《老年人就业促进法》(1970)、《高龄者雇用稳定法》(1986)、《高年龄继续雇用补贴金制度》(1998)、《老年人就业稳定法》(2004)、《国民年金修正法案》、《新事业创业法》等，通过提高退休年龄和养老金领取年龄，为企业提高补贴，鼓励老年人创业等方式促进就业。

社会"的成因是工业化和城市化导致的以地缘和血缘为中心的地域共同体的崩塌,以及终身雇用制解体和人口老化加剧导致的职场缘的断裂。这一点急需政府和社会予以回应,构筑新的联结纽带。

在社会阶层上,日本还形成了"M形社会",反映的是生活在"中流阶层"、贫富差距较小的"一亿总中流"[①]逐渐减少,取而代之的是"中流阶层"的下滑以及贫富两极分化现象。这是经济不景气导致雇用环境恶化、失业率提高、就业困难造成的。进入21世纪后,雇用制度变革,越来越多的企业终结了终身雇用制,非正式雇用开始被广泛采用。劳动者对福利待遇和未来就业的预期稳定性也随之大打折扣。日本中产阶层的消失,对日本造成了长远的消极影响,"低欲望社会"是显著特征之一。国民生活态度消极,缺乏奋斗动力,变得无欲望、无梦想、无干劲,"蛰居族"激增。他们不上学、不工作、不与人交往,长期闭居在家,不与外界接触。日本政府2015年的调查结果显示,15~39岁的青少年"蛰居族"达到54.1万人,40~64岁的中老年"蛰居族"已高达61.3万人。

当然,面对少子高龄化,日本开始呼吁正向和积极的声音。比如,日本2018年在《老龄社会对策大纲》里提出构建"无龄感社会"的目标。该大纲指出,"把65岁及以上的人一律视为'老年人'这一普遍观念已经不现实,所以有必要改变依据年龄来划分人生阶段的方式"。所谓"无龄感社会"就是指不以年龄对人进行区分,而是根据个人的意愿与能力选择生活方式。日本政府希望通过构建"无龄感社会",利用老年人所积累下来的知识、技术、经验、人生阅历与财富为社会创造价值。在民间,有识之士发动了"新老

[①] 一亿总中流(いちおくそうちゅうりゅう,或称一亿总中产),是20世纪60年代在日本出现的一种国民意识,在20世纪70年代和80年代尤为凸显。在终身雇用制下,九成左右的日本国民都自认为是中产阶层。

人运动"。在日本"国宝级"医生日野原重明看来,"新老人"是75岁及以上能自理生活和坚持工作的健康老人。日本的"新老人运动"对改变传统观念、重新定义老年人产生了重要影响。

日本经济向何处去?

人口变化贯穿"失去的30年"

二战后至20世纪70年代,日本经济进入高速发展的黄金时期。但日本经济快速崛起挑战了美国的利益,美国与日本展开了长达30年的贸易战。后来美国政府以解决美日贸易逆差为名与日本政府协商日元升值。1985年日本与美国签署《广场协议》。此后日元大幅升值,日本出口受到重击。为了刺激经济,日本政府大幅降息。1986—1989年,大量热钱流入日本,导致投机盛行,股价、房价大幅上涨,形成了巨大的经济泡沫。随着泡沫经济愈演愈烈,1989—1990年,日本政府连续五次紧急加息,主动刺破泡沫,日本股市、房市大幅下跌,之后日本经济经历了长达30年的低增长期,被称为"失去的30年"。

日本经济的持续低迷是多重因素共同作用的结果。20世纪90年代,投资、消费需求均大幅下跌。再加上此时日本政局持续动荡,日本首相如走马灯一般接连更替,国家缺乏有效改革措施,日本企业信心持续低迷,企业的经营目标由利润最大化变为负债最小化,日本企业选择不断偿还债务,而且不愿意扩大投资,导致企业资产负债表衰退持续时间长达15年。资产负债表衰退期结束之后,人口与制度等方面的因素使得科技进步和创新效率下降,未能赶上移动互联网浪潮,再加上金融危机之后全球需求萎缩,导致日本经济增长持续低迷。

在日本经济陷入困境初期，很多学者认为，日本经济的问题主要是泡沫破灭带来的金融危机。但是金融危机一般持续时间是2~4年，即使历史上最严重的金融危机——20世纪30年代的大萧条，也只持续了12年，而日本经济的萧条期已经持续了多年。目前学术界普遍认为，日本经济低迷的根本原因与日本人口老化现象密切相关。日本出现劳动力供给下降、社会技术进步整体放缓、资本形成率下降、国家财政负担加重等问题，人口老化对经济的拖累日益明显。

三大生产要素变迁

从劳动力、资本和技术进步[①]三大生产要素对GDP增长的贡献来看，其中劳动力和技术进步都受到了人口变化的显著影响（见图4-2）。1985—1990年，劳动力和科技对日本经济增长的贡献尚能分别达到1%和1.7%，但是之后的30年，两者的贡献不断减少，甚至有的年份出现负值，再难以达到之前的水平。而资本要素对经济贡献的下降没有劳动力和科技明显，在20世纪末仍对经济有较强支撑作用，但在2008年金融危机后开始显著减少。

从劳动力来看，老年人口占比上升，日本的劳动力短缺问题逐渐突出。在劳动力规模增长放缓，甚至负增长的情况下，未来部分工厂和企业可能将面临无人可用的局面，对经济发展产生巨大负面影响。日本民间企业信誉调查机构东京商工调查所的数据显示，2019年日本因"人手不足"而负债1000万日元以上并因此破产的企业数量达426家，比上一年增加10%，是该因素被纳入统计以来数量最多的一年。

---

① 一般使用全要素生产率来观察技术进步。全要素生产率是指生产活动在一定时间内的效率，是衡量单位总投入的总产量的生产率指标。

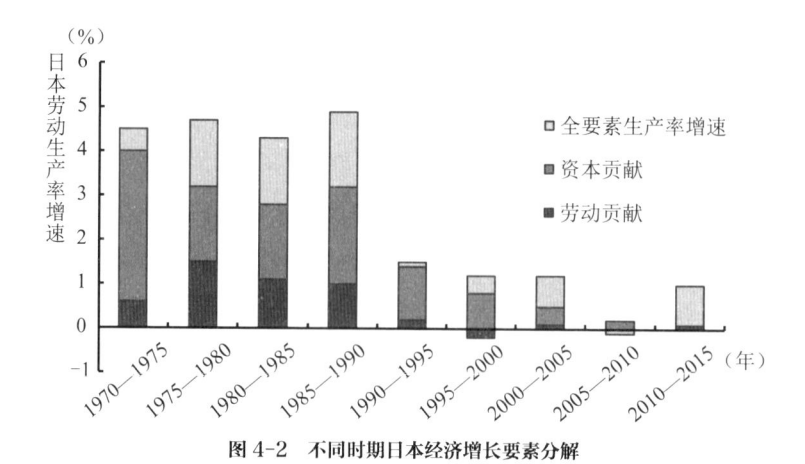

图 4-2　不同时期日本经济增长要素分解

资料来源：亚洲生产力组织（Asian Productivity Organization）《亚洲生产力组织生产力数据报告 2019》（APO productivity Databook 2019）。

人口变老也拖累了日本的劳动生产率，一般认为劳动密集型行业所受冲击大于资本密集型行业。如果粗略地以薪资衡量劳动生产率，过去 20 年的日本时薪下降 9%，日本薪资水平不仅低于 OECD 国家的平均水平，与各国的差距也在渐渐扩大。虽然产业结构的变化（例如服务业在经济中的重要性提升）也会降低劳动生产率，但是劳动力老化问题在日本与其他国家的差距扩大问题上确实扮演了重要角色。

当然日本也出现了很多积极的因素来对冲劳动力规模的下降。首先是自动化和机器人产业成为解决劳动力下降的重要手段。日本的机器人产业顺应着长寿时代而蓬勃发展，目前占据了全球机器人产业的半壁江山。其次是老年人口劳动参与率不断提升。截至 2020 年，日本 65 岁以上老年人的劳动参与率升至 25.1%，也就是 1/4 的老年人仍在参与劳动。而且日本已经进入了 70 岁退休的时代。虽然目前 70 岁退休不具有强制效应，但根据过去经验，日本政府大概率会推动 70 岁退休的义务化。日本劳动经济学家清家笃曾在《老年金融学》中推算，若多数老年人工作到 69 岁，并从此时开始领取退休金，劳动人口减少的局面就能得到较好的控制。

从资本要素来看，生命周期理论认为，老年人属于消费型人口，一个社会的老龄人口比重越高，意味着其分享产出成果的比例越高，宏观上将导致消费率上升，储蓄率下降。在 1970 年，日本 65 岁及以上老年人占总人口的 7%，人口老化现象开始出现，此时日本具有高储蓄特征，国民储蓄率为 40% 左右，高于世界平均水平。此后日本国民储蓄率呈长期下降的趋势，到 2018 年已降至 28%（见图 4-3）。日本储蓄率的变动趋势符合生命周期理论。微观数据的调查也显示，日本居民在一生中储蓄最多的年龄阶段为 30~50 岁，65 岁以上人口的储蓄率极低，大约从 70 岁开始进入负储蓄阶段。从资本的收益率（我们用利率直接观察）来看，日本经验表明人口变老对利率有下行的压力，因为投资需求长期低于储蓄供给，资金的价格（即利率）将会降低。日本储蓄率和投资占 GDP 的比重均从 1970 年开始下降。1990 年后，日本投资的下降速度长期快于储

图 4-3 1970—2019 年日本的储蓄与投资

资料来源：世界银行。

蓄的下降速度。日本的利率也随之持续下行，1999年后开始进入"零利率"时期，2016年起，日本对商业银行新增准备金账户征收负利率。低利率环境无疑给投资带来很大的压力。

从技术进步的角度来看，尽管日本在许多高端制造业上仍然保持领先地位，但是在2008年金融危机后的移动互联网发展浪潮中，日本开始有明显的落后趋势。2019年全球500家独角兽企业排行榜显示，中美两国的独角兽企业数量占全球总数的73%。日本仅有3家独角兽企业，且均为估值10亿~20亿美元的小型独角兽公司，比印度（19家）和韩国（9家）都要少，甚至比不上印度尼西亚（4家）。一般而言，人年轻时的创新活动最为活跃。当社会中老年人占比增加，将不可避免地给科技创新、创业带来压力。从全球范围看，老年人口抚养比越高的国家，独角兽企业市值占GDP的比重越低（见图4-4）。

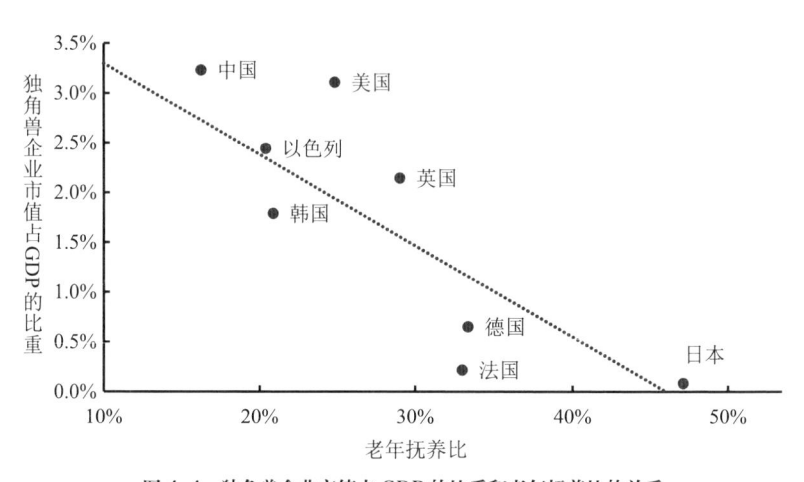

图4-4 独角兽企业市值占GDP的比重和老年抚养比的关系

资料来源：世界银行，CB Insights数据库，作者整理。

有一种观点认为，日本的劳动人事制度是阻碍创新的重要因素。日本的劳动力市场流行终身雇用制和论资排辈的年功序列工资制①，这些制度在战后为稳定劳动关系和促进经济发展发挥了重大作用。但随着日本人口老化现象凸显，这些制度也渐渐对创新形成掣肘。企业组织冗余，无法淘汰过剩劳动力；优秀的年轻人晋升慢，其创新才能和创新意愿受到限制。但是日本也在改革，释放经济中的创新"潜力"。日本信息和通信技术（ICT）产业中的很多知名公司，如日本电气公司（NEC）、索尼、富士通等已经开始打破年功序列制，进行薪资制度的改革，根据员工自身能力匹配职位等级与薪资水平。人口结构变化虽然对创新有所阻碍，但是产生创新更加重要的是环境和制度。也许对于日本来说，完善相关制度建设、创造公平竞争环境，让要素充分流动，能进一步释放经济中的创新"潜力"。

日本的产业结构和消费变迁

战后日本经济经历了从工业向服务业的转型。二战后经济恢复阶段，钢铁、电力、汽车、家电等能源与重工业是主导日本经济发展的部门。20世纪70年代的世界能源危机带动日本产业从能源消耗型向节能型、技术密集型、高附加值型产业转变。80年代日本正式提出"科技立国"的口号，精密仪器、微电子、集成电路、新材料等技术密集型产业开始进入行业上升期。

工业化升级促进人均收入增长，也带来了消费结构的升级。日本人均GDP在1981年超过1万美元，又很快在1987年翻倍，超

---

① 年功序列工资制是日本企业按职工年龄、企业工龄、学历等条件，逐年给职工增加工资的一种工资制度，始于20世纪初。

过 2 万美元。这一时期服务业在经济中的占比不断增加，同时汽车、家电等消费品制造业也蒸蒸日上。

20 世纪 90 年代的经济泡沫破灭和深度人口老龄化使日本陷入长期经济低迷，日本产业结构升级受阻，最重要的表现是在以信息技术为代表的高技术竞争中全面落后于美国，在全球的产业竞争力大幅下滑。但是这一阶段日本的服务业在 GDP 中的占比始终保持着稳定增加的趋势。2018 年数据显示，服务业贡献了日本 GDP 的近 70%，而且服务业内部，科技、健康产业也厚积薄发，占比不断提升（见图 4-5）。

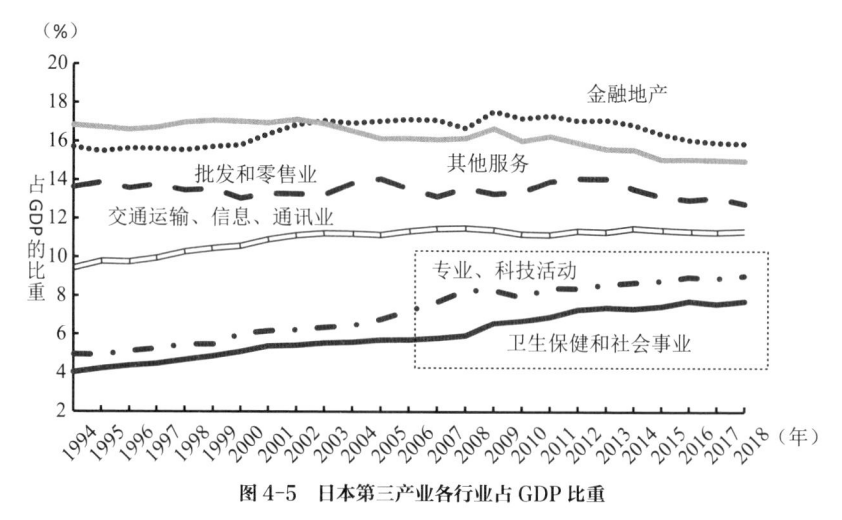

图 4-5　日本第三产业各行业占 GDP 比重

资料来源：日本内阁府。

注：图中统计只包含第三产业服务业。

随着服务业在日本经济中的地位日趋重要，其固有问题也逐渐显现出来。因为服务业的生产效率会低于制造业的生产效率，服务业在经济中占比提升以后将对整个经济体的生产率提高造成负面影响。著名经济学家鲍莫尔将其总结为服务业的"成本病"问题。

破解服务业"成本病"问题的关键，在于促进服务业的创新以提高生产率。

长寿时代刺激了日本自动化、人工智能和健康行业的繁荣发展。伴随人口老化程度的不断加深，人力资源和护工人员日趋短缺，机器人和人工智能取代部分人类劳动力是必然趋势。仅从机器人这个角度来看，全世界每年有大于50%的供应来自日本，日本形成了世界一流的自动化产业集群，再加上日本崇尚精益化的制造方式，涌现了许多全球驰名的公司，如三菱、松下、基恩士、发那科等等。人口老化趋势也促进了日本国民对健康的消费需求，日本大健康产业发展不断完善且成为世界标杆。从卫生费用占GDP的比重来看，日本从1970年的4.4%上升至2019年的11.1%，在OECD国家中处于较高水平。日本医疗质量一流，医疗技术在很多领域具有世界先进水平。经过政府、行业、商业机构的不断磨合，日本已经围绕老年人形成比较完善的医疗护理、养老居住、老年商品及服务等老年产业。

我们也可以从日本股市的演变来一窥日本产业和消费的变迁。我们找到了1993年时东京证交所市值最高的10只股票，那时经济泡沫刚破灭，大市值公司大多集中在大型银行，也有汽车、电力、电信等日本优势产业的龙头公司（丰田、东京电力控股、日本电信电话等）。

到了2020年，日本市值最高的10只股票发生了翻天覆地的变化（见表4-1），银行几乎从榜单里消失了，取而代之的是电子信息、自动化的龙头公司（索尼、基恩士）、医疗保健龙头公司（武田、第一三共）。从股市的涨跌来看，近30年来日股大幅下跌的行业包括金融、材料、建筑等周期性行业，表现相对强劲的是制药、消费品、部分电子行业企业和服务业。日本股市的结构演变也和我们从宏观层面观察的结论一致。

表 4-1　1993 年、2020 年日本股市市值最高的 10 只股票

序号	1993 年		2020 年	
	公司	行业	公司	行业
1	三菱日联银行	金融	丰田汽车	汽车
2	日本兴业银行	金融	索尼	电子
3	丰田汽车	汽车	软银	电信
4	三井住友银行	金融	基恩士公司	电子
5	UFJ 银行	金融	任天堂	软件
6	日本富士银行	金融	日本电信电话	电信
7	第一劝业银行	金融	武田	医疗保健
8	樱花银行	金融	日本电产公司	电子
9	东京电力控股	电力	三菱日联金融集团	金融
10	日本电信电话	电信	第一三共	医疗保健

资料来源：彭博（Bloomberg）数据库。

受长寿时代冲击影响最大的是日本的金融和房地产业。曾经金融业在日本市值前 10 的公司中占领大多数席位，但随着资本投资回报率的下降，甚至零利率和负利率情况的出现，日本的金融企业面临严峻的市场环境。尤其对保险公司而言，利率下行将导致利差损风险，对保险公司资产端、负债端同时造成显著的影响，严重时甚至导致公司破产，危及行业发展。1997—2001 年，日本 9 家保险公司相继倒闭。如今在日本市值居前 10 的大企业中，已经难觅银行或者保险公司的踪影。

房地产是另一个受到长寿时代巨大影响的行业。众所周知，20世纪 90 年代日本房地产泡沫破灭，其中有日元汇率急升和事后央行政策失误等一系列原因，但最大的根源在于人口年龄结构的变化。劳动人口的聚集对房地产的价格推动具有非常显著的影响。美国学者哈瑞·丹特在《人口峭壁》一书中指出，消费者对住房的需

求贯穿了整个生命周期，并主要集中在27~41岁这个住房需求的黄金年龄段。而一旦人口年龄结构发生重大变动，房地产行业的发展格局和发展模式也将面临重大调整。随着日本婴儿潮逐渐退去，生育率持续降低，日本的人口迅速老化，加之大量年轻人就业长期不稳定，无力购买房屋，一系列人口因素导致日本房地产价格一路走低，日本房地产市场一蹶不振。从1991年开始，一直到2006年，日本的房价下跌了整整15年的时间，在这15年里，不少人试着抄底购房，都抄在了半山腰。从2006年开始，又过去了15年，日本的房价多次反复，才缓慢恢复到1991年巅峰时期的一半左右。

另一方面，长寿时代的日本迎来老年消费黄金期。日本统计局数据显示，2020年60岁以上家庭消费占总消费比重达到48.8%，而2000年该数字仅为29.9%，20年间提升近19个百分点，比同期老年人口占比提升多8个百分点。日本老年人喜好消费健康食品，对为生活提供便捷的服务需求增加，如看护照料等，身体健康的老年人对休闲旅游也热情高涨。随着移动互联网的迅猛发展，老年人也成为网络消费的主力军，日本总务省的家庭消费调查显示，2020年65岁以上老年人网购使用率达到了31.2%。日本各界也非常重视开发老年人专属的商品和服务，将其从普通的商品和服务中细分出来。

日本政府为了保障老年人的利益，在制度建设方面也下了不少功夫。除了对相关商品的卫生及安全制定严格标准，对其市场准入条件有所限制，还调整了有关法律以保障老年消费者的利益，推动相关产业发展。日本的经验表明，政府与企业可以共同参与到释放老年人消费潜力的行动中。优质、完善的企业供给、不断规范的政府政策、日趋成熟的老人消费理念，让日本老年消费相关产业链走在了世界前列，激活并重塑老年消费正成为日本商业的新思潮。

日本的健康时代和财富时代是否到来？

站在健康时代的门口

与经济上"失去的30年"相比，日本可以为之自豪的是健康成就稳站全球头部梯队。在世界卫生组织的健康报告里，日本因为"国民平均寿命高""高品质的医疗服务""医疗负担的平等程度高"等，评分多年蝉联第一。

这要归功于日本政府在健康医疗领域长达半个世纪的探索和改进。日本厚生劳动省早在1978年就首次推出了国民健康管理计划，重点措施包括推广健康体检、增加保健护士和营养师等。10年后，厚生劳动省再次推出了国民健康管理计划加强版，确保了老人健康体检的机制，规范了地区保健中心，并加强培养健康运动指导师等。2000年厚生劳动省提出了一个从2000年到2010年在日本全国开展的21世纪国民健康管理计划（简称"健康日本21计划"），日本政府又于2002年颁布了《健康促进法》，旨在为推动国民健康提供法律依据。

不难看出，健康体检在多年的国民健康管理计划中尤为重要。日本几乎大大小小的医院都设有体检部门，而每个城市都设有由政府出资建立的健康管理中心，和当地公立医院及大学附属医院等相互关联，为当地民众提供全面的健康管理服务。健康管理中心的主要工作是定期进行健康检查。每个中心都配有很多先进的健康检查仪器，如核磁共振仪（测定脑和血管状况）、CT机（肺癌的早期发现）、超声波诊断仪（肝、脾、肾、动脉等检查）、体成分分析机（骨骼、脂肪、肌肉的检查）等，为人们提供比较精密的健康体检。近年来，医疗旅游在中国越来越受关注，去韩国整容，去日本体检，这些都是新的旅游热点，也侧面反映了大家对日本体检产业的高度认可。

如果说体检是大健康产业的先头部队，那么日本的医疗、医药、医保可谓是大健康产业里的三驾马车，而养老市场需求则当属加速器，促进大健康产业全方位地围绕老年人的需求进行服务布局。

在日本，医疗服务提供者主要为私营医院与个体医师。根据日本厚生劳动省的数据，2018年日本共有医院8372家，其中私营医院占81.1%；非牙科诊所超过10万家，牙科诊所将近7万家，其中私人诊所占95.5%。私人诊所与私营医院门诊部主要实施初级医疗服务，而符合日本厚生劳动省标准的高等级医院主要为公共教学型医院及部分大型专科医院。根据日本厚生劳动省的数据，2018年日本病床数多达164万张，每千人口病床数超过12张，居世界第一。日本人生病往往首选小诊所，而不是像我们一样都跑去大医院，主要原因在于日本小诊所的医生大多也是名医。日本对医疗机构实现自由开业制度，日本私立医科大学的教授及大医院的医生都被允许到非本校、非本院的诊所坐诊。

日本在解决"看病难"问题的同时，通过全民医疗保险制度解决"看病贵"的问题。日本从1961年开始实施全民医疗保险制度和国民年金制度。在成为人口老化社会的同时，日本已达到较富裕的经济社会发展水平，而且建立起覆盖全民的医疗保险和退休金的社会保障体系。20世纪80年代后陆续实施黄金计划（即1989年的《老年人保健福祉推进十年规划》）和新黄金计划（即1994年的《新老年人保健福祉推进十年规划》）、退休者医疗制度及后期高龄者医疗制度（针对75岁以上人群），使应对人口老化的社会保障体系日趋完善。目前，日本现行各医疗机构里，根据年龄和收入，患者负担比例是不同的。大致情况是，从6岁以上儿童到70岁以下居民都是自费30%，70岁到74岁的大多数人是自费20%，75岁以上低收入患者仅需自费10%。当遇到重大疾病时，日本的医疗保险中还设有高额医疗费"封顶"制度，即根据患者的收入水平，为每个月的自付额设置上限，超出上限则可提前申请减免，或事后向保险方申请返还。这样可以避免患者治疗重大疾病产生的医疗费用自付额占收入比重过高，从而避免"因病致贫"情况的发生。

在全民医保制度之外，日本还实施了介护保险制度，也称为长护险制度。日本从1997年开始制定并在2000年开始实施《介护保险法》，通过保险运作的方式给老人提供从饮食起居到康复护理的服务。这些服务所带来的费用由日本各级政府承担50%，剩下的50%由个人和企业一起承担。个人从40岁开始缴纳介护保费，交到65岁开始享受介护服务。介护保险制度进一步提升了日本老年人维持健康的支付能力。

由于社会医疗保障制度相当健全，日本从2001年开始才全面开放寿险与产险公司经营医疗保健类保险，日本的商业医保此时才算正式起步。在日本，商业医保主要起到补充作用，一方面"补足"社保中患者自付部分，另一方面"补充"社会医保不覆盖的其他服务，同时针对癌症等重大疾病提供储蓄险性质的重疾险。不过，日本社会医保的优渥待遇客观挤压了人们对商业医保的需求，2018年，日本商业医保在卫生健康支出中仅占3%，而公共筹资高达84%。此外，日本商业保险与医疗机构间几乎不存在直接交易，导致商业保险在医疗资源配置方面不具有直接影响，更无法承担为受保人控费或者提质的功能。这是日本商业保险与其他发达社会商业保险的显著差别。不过，人口老化也给日本带来了一些有特色的商业保险机遇和市场。1990年，日本在逐步开放商业医保的同时也开放了护理服务市场，商业保险公司均可创办符合要求的护理机构，这些机构可以获得政府提供的介护保险的支付，同时与商业护理险产品形成对接，使被保险人可以从商业护理险中获得补充性赔付。

尽管日本在20世纪90年代通过医疗改革和医保支付调整实现了医药分离，切断了医生和药品供应商之间的利益链条，但这并不影响日本拥有全球第二大医药市场。早在20世纪70年代，日本就投入巨额资金用于医药研发，起步阶段以生产仿创药（me-too）为主，主要基于已知药物的化学结构，进行一些化学成分的调整，以形成新的分子结构，但不会影响药物的药理作用机制和靶向位点。从20世纪80年代起，日本政府控制药品价格，新药上市后价格每年递减5%左右，这对于制药企业从事新药研发是很大的推动力。接着在20世纪90年代，日本完全开放药品市场，日本药企开始全面打造自己的产业链，逐步结束被欧美药企"压榨"和"剥削"的局面。步入21世纪后，日本提出了"生物技术产业立国"战略，并出台了一系列政策用以激励国内的创新药物研发。武田就是一个有代表性的日本药企，创立于1781年，至今有240年历史，从销售传统草药到通过仿创药赚得丰厚利润，近年来专注于肿瘤、罕见病、消化系统疾病和神经系统疾病四大核心领域的药物研发，并在血液制品及疫苗领域进行专项研发投入。2020年武田在日本股市中市值排名第七，以将近300亿美元收入位居2020年世界药企第十名、亚洲药企第一名，成为全球生物制药的领导者之一。值得一提的是，日本在基础研发上也有很强的实力，过去10年的诺贝尔生理学或医学奖获奖者榜单上共有4名日本科学家。日本在生命科学的诸多领域都保持着国际领先水平。

在医疗、医药、医保三行业齐头并进的基础上，日本作为长寿时代的先行者，很早就重视发展养老产业，先后出台了一系列鼓励养老产业的政策，包括1986年的《长寿社会对策大纲》、1989年的《老年人保健福祉推进十年战略》等，介护保险制度的建立更是大大促进了养老产业的发展。养老服务机构在日本逐步形成了精细划分的业态模式，并不断创新特色化服务。日本的养老服务主要分为住宅型和介护型。住宅型养老服务就是我们常说的养老院。根据老年人需要护理程度的不同，日本养老院划分了多种不同类别，每种类别入住都有细致的衡量标准。例如特别养护院适用于需要时常接受护理的老年人，健康养老院主要针对不需要护理服务的老年人群。与住宅型养老服务不同的是介护型养老服务，老人往往仍然住在自己家中，而介护师会上门提供专业的介护服务。根据老人的身体状况，介护师又可分为保健师、康复师、医护人员等。近几年，在住宅型和介护型之间还流行着"托老所"。这种老年版的"托儿所"提供日间介护服务，一般就在老人居住地 30 分钟车程内，每天早晨老人被接/送到这里，在专业护理人员的照料下，老人们可以参加各类兴趣班和健康活动，傍晚再被接/送回家。根据日本厚生劳动省的数据，2018 年日本社会保障开支总额约占 GDP 的 21.5%，其中护理约占 2%。从服务人数来看，2019 年通过介护保险接受养老服务的人数超过 500 万，约占日本人口的 4%。

养老产业的发展还进一步促进了一些新商业概念的产生。比如时间银行的概念就是由日本的水岛辉子（Teruko Mizushima）在 1973 年提出的。在时间银行里，参与者存入的是公益服务的时间，当自己遭遇困难时就可以从中支取"被服务的时间"。基于这种模式，大家可以在时间银行里存取养老服务的时间，通过供与求的双向性，引领养老产业"服务今天，享受明天"的创新模式。尽管时间银行尝试着拿"远水"救"近火"，但仍旧不能彻底解决目前日本养老服务人力不足的问题。

科技创新的力量，尤其是人工智能技术，兴许能有所帮助。日本是机器人领域的强国，从 20 世纪 70 时代就开始研发和使用机器人，并将机器人的研发列入新产业战略。近年来，日本将研发和生产机器人的重点从原来的工业场景，逐步向养老服务场景转移。根据日本矢野经济研究所公布的调查结果，预计日本国内养老机器人的市场规模 2021 年度将超过 2 亿元人民币。预计到 2025 年，日本养老服务工作人员的缺口将达到 38 万名，这是对机器人的刚需信号,预估那时日本养老机器人的市场规模将增加10倍。

凭借扎实的工业基础,日本科技企业还开发了一系列性能优异的养老服务机器人,主要有物理辅助机器人和社交辅助机器人两类。在物理辅助方面,日本松下公司推出的Resyone机器人可直接由床变成轮椅,同时还具有翻身功能,防止老年人产生褥疮。日本住友理工公司生产的Robear护理机器熊可以对老年人掉下床进行提前预警,防止因摔落造成的骨折,同时还能监测老年人的呼吸、心率等临床指标。在社交辅助方面,日本安川机电研发的护理机器人能够帮助瘫痪、半瘫痪的老年人锻炼四肢,恢复部分运动功能,提高生活质量。日本还研发了海豹型机器人PARO,这是一个交互式的治愈系机器人,对阿尔茨海默病等痴呆患者有安抚作用。PARO已经作为医疗器械,通过了美国FDA(食品药品监督管理局)的认证,并有研究证实,与PARO进行互动的老人孤独感下降。

综上所述,我们看到,处于长寿时代的日本正站在健康时代的门口。然而,日本人口的健康预期寿命增长并没有达到预期寿命增长的速度。日本人口的预期寿命在2010—2019年这10年间保持了增长,从83.3岁增长到84.8岁,增速为1.8%。同一时期,日本人口的健康预期寿命也在增长,但增速只有1.4%,尚不及预期寿命的增长速度(见表4-2)。

表4-2 日本人口健康预期寿命相对预期寿命变化情况

年份	日本人口预期寿命(岁)	日本人口健康预期寿命(岁)	健康预期寿命增幅与预期寿命增幅的比值
2000	81.6	70.9	0.76
2009	83.3	72.2	
2010	83.3	72.3	0.67
2019	84.8	73.3	

资料来源:世界银行。

另一方面，高龄老人不断增加使得医疗照护与养老的社会保障支出快速增长，日本巨额的债务令人担忧，老年人长期占用医疗资源、财政资源的现象也愈加凸显。从医疗保险看，日本是世界上为数不多的实行全民医保的国家之一，个人负担的医疗费用比例为10%~30%，而政府负担超过80%。2018年包含医疗和养老的社会保障支出费用占GDP的比重为21.5%，而且日本政府预计2040年这一比例将增加至24%。目前日本政府已经债台高筑，巨额政府债务占GDP的比重超过200%，遥遥领先于其他国家。日本财政长期"入不敷出，寅吃卯粮"。如果我们对日本政府的财务状况做一次体检，结果很可能是不健康。

财富时代还有多远？

日本作为世界上人口老化最严重的国家，建立了"国民皆保险、国民皆年金"的社会保障体系。前面我们介绍了日本医疗和介护的保障体系，下面重点讨论养老金。

虽然日本的养老保险体系常作为教科书案例，但是在人口老化程度不断加深的情况下，这一体系也给国家带来日渐沉重的负担，引人深思。日本政府不仅负担国家基本养老金支出的1/2，同时也提供国家基本养老金、厚生年金的全部行政管理费用。人口老化使日本面临前所未有的筹资和给付压力。日本公共养老金的替代率也不断下降。日本政府2019年的养老金预估报告显示，政府估计未来每对日本夫妻每月的养老金替代率将不断下滑，日本政府预估的2019年养老金替代率为61.7%，到2040年左右将下滑至51%~52%，2050年左右将进一步下滑至45%。

目前日本的养老金体系面临的最大问题就是，少子高龄化的加剧和经济低迷使这一体系难以为继。日本为了保证公共养老金的正常运行，已经反复采取了减少给付额度、提高养老金发放年龄等改革措施，努力缓解财政压力。比如2016年日本政府将养老金给付额度由此前紧盯物价变化改为盯住社会平均工资变化，由于日本工资增长长期低迷，养老金的给付额度也随之减少。这些措施在一定程度上可以确保年金制度的可持续性，但另一方面也动摇了国民对年金制度的信任，特别导致了年轻人不信任感的加剧，不参保和拖欠保费的人越来越多。人们开始担心自己年轻时缴纳了很多钱，但是老后却不能得到相应水平的养老金。

养老金收入减少直接影响了老年人退休后的生活水平。近年来，日本的老年贫困问题呈现逐渐加重的态势，已成为一大社会问题。据日媒报道，每4个老年人中，就有1个生活在贫困线以下。老年贫困由多方面因素造成，家庭结构趋于小型化，越来越多的老年人不再依靠子女照料，单身老人面临的贫困问题更加严重。老年人面临不断上升的医疗护理费用和不断下降的养老金收入，财务压力日益加剧，贫困老年人群体数量不断扩增。

虽然日本对老后破产、老年贫困有许多报道，但从宏观数据看，老年人仍是相对"富有"的。这背后也深刻反映了日本社会贫富差距不断扩大的现实，一方面我们看到贫困老人的生活举步维艰，另一方面我们也看到日本富有的老年人储备着大量的财富。日本统计局的数据展示了日本老年人的净储蓄规模远远高于其他年龄段人群（见图4-6），他们只有很少的负债，这主要是由于老年人过去的长期积累。随着日本社会人口老化程度的持续加深，将来老年人之间的贫富差距可能会成为一个突出的社会性问题。

这些有大量储蓄的老年人经历了战后的重建，认为"储蓄是人间至善"，他们又经历过泡沫破灭后的经济衰退，对未来惴惴不安，因此他们存钱以备不时之需。日本著名学者大前研一在他的《低欲望社会》一书中描述道，这是一个怪圈：国民一辈子抱着对未来的不安过活，到了弥留之际却是个有钱人。

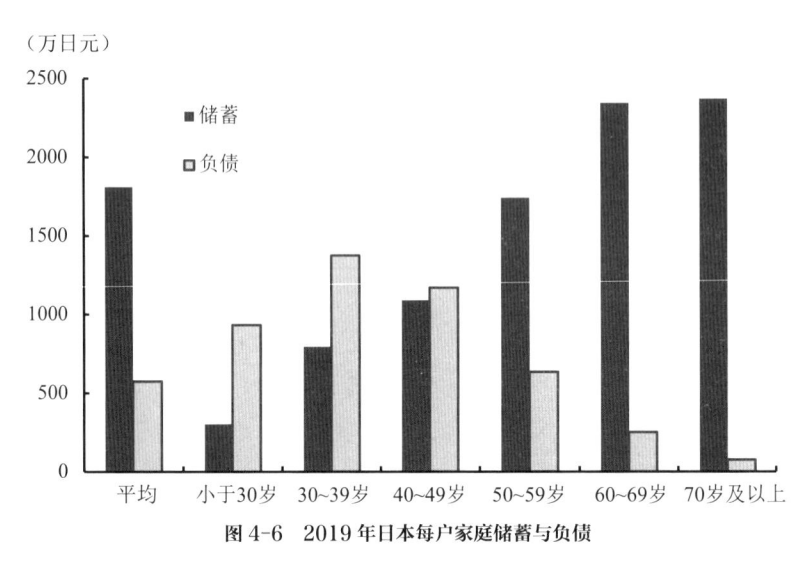

（万日元）

图 4-6　2019 年日本每户家庭储蓄与负债

资料来源：日本统计局。

一方面老年人储蓄的观念已经根深蒂固，另一方面年轻人负债累累，这些社会现实影响了日本人的投资行为。在经济增长低迷的情况下，面临未来巨大的养老压力，国民的投资偏好是尽量避免损失。日本的私人财富在过去一段时间很大部分以存款等低风险资产形式存在。日本央行最新数据显示，2020 年日本家庭持有的金融资产达到创纪录的 1948 万亿日元（约合 17.85 万亿美元），但是其中一半以上是现金和银行存款。新冠肺炎疫情后，日本政府向符合条件的居民发放了经济刺激金。但这些资金并没有对消费支出起到推动作用，因为大部分钱也被用于储蓄了。在日本，人们经历了泡沫经济和之后的经济不景气，股票投资成功的体验很少，导致"投资等于投机"的固定观念根深蒂固。

选择银行存款这种安全的方式，固然可以保证稳定的生活，但也不可避免地会导致个人资产增长速度缓慢。日本的长期低利率甚至负利率，给资金的保值增值带来很大挑战，尽管如此，绝大多数人还是把钱存在银行或邮政储蓄机构。

而且日本人愿意拿来投资的资金也有限。30~40岁的年轻人需要把工作收入的大部分用在偿还住房贷款和教育上，能够用于投资的资金十分有限。老年人风险偏好低，优先考虑的是如何不让资产"减少"，而不是怎样继续"增加"，所以对于投资也很节制。

在金融供给方面，日本金融机构在泡沫经济破灭后大量破产倒闭，幸存下来的机构花了多年时间处理不良资产，在这样的环境下，金融产品的供给和创新也相对乏力。日本的金融机构可以把服务做到无微不至，比如不断优化服务流程，让客户宾至如归，但是很难有大范围的商业模式创新。比如保险产品与养老健康需求的结合，我听闻日本虽然也有尝试，但这类产品并没有形成规模，保险公司经营养老护理实体往往出于多元化经营的考虑。而对比中国，国内的保险业在泰康的示范作用下，近年来纷纷投资医养产业，打造连锁养老社区，虚拟的保险产品与实体的医疗养老服务开始对接，逐渐形成了应对社会人口老化趋势独有的商业模式。

所以我们看到，日本进入了长寿时代，但是在某种意义上还没有迎来财富时代，无论是对于贫困的老人还是富有的老人来说，都没有很完善的财富解决方案。贫困的老年人养老金越来越少，日子凄苦，仍然为了生计挣扎；富有的老人即使在超低利率的情况下也要储蓄，而不愿投资。行业也缺少完善的、创新的方案有效促进私人财富向投资转变，几乎少有机构将长寿时代的养老健康需求和金融产品创新结合起来，长此以往，资金得不到高效利用。个人缺少了旺盛的财富需求，日本的财富管理行业也缺少繁荣发展的源头活水。从居民投资到国家经济都陷入困境，没有稳定的居民资产积累通过投资流入成长领域，经济难以被激活进而摆脱通缩，更无法反过来促进居民资产的稳定形成，这多少让人觉得有些遗憾。

迈向长寿经济的繁荣

作为长寿时代的重要样本，日本的经济和社会发生了深刻的变化。在人口变化这条主线下，日本形成了独特的 M 形社会，经济增长低迷。人口年龄结构变化拖累了日本的劳动力、创新、资本等许多方面，也束缚了其经济社会的发展。

人口变化对国家产生了如此重大的影响，值得引起人们的高度重视。目前，韩国、新加坡、中国台湾等亚洲国家和地区也与日本非常相似，人口老化进程不断加快，生育率低迷，而且韩国、新加坡两国在 2020 年已经首次出现人口负增长，敲响了人口萎缩的警钟。再看我国，人口近 10 年来保持低速增长，人口负增长到来的时间预计将提前。长寿时代将会给中国及全球的经济和社会带来深刻的变化，需要引起十足重视，未雨绸缪。

日本也在推进积极的尝试，长寿时代刺激了新的需求和新产业的崛起，我们也能够找到诸多长寿社会中的积极因素。在科技方面，日本不但在基础研究上有多位诺贝尔生理学或医学奖获得者，而且作为机器人领域的强国，其养老服务机器人技术引领全球。在大健康产业方面，日本也因长寿时代的到来而蕴藏了巨大的机会，老年人的需求推动了日本相关医养大健康产业的崛起，并且日本政府持续给予支持措施，日本企业各自在医疗、医药、医保等多方面显示出强大的自驱力。

不过，正如英国《金融时报》亚洲版主编戴维·皮林曾经的评论，"日本的创新优势在于渐进性改善而不是革命性突破"。在最近 20 年的移动互联网浪潮里，搜索引擎颠覆了门户网站，手机支付颠覆了现金流通，外卖颠覆了餐饮，网约车颠覆了出租车，自媒体颠覆了主流媒体，甚至曾经颠覆过线下购物的线上电商已经被定位成传统电商，正面临被社交电商颠覆的局面。相比之下，日本的主流人群和主流社会基础设施已经相当匹配，在日本世代传承的工匠精神之下虽有一些创新，但由于缺乏变革的源动力和冲击力，因此移动互联网国际巨头中没有出现日本本土企业。我们在日本养老业中也看到了类似的场景。日本政府推出了一系列强有力的国民健康管理计划、全民医疗保险制度和介护保险制度，日本老人病了有医保，老了有介护。所以在日本政府的优渥福利保障下，日本养老业没有出现体系制度创新、筹资模式创新、商业模式创新，日本没有出现一家企业能够让老人们在拥有投资回报长期稳定的金融产品的同时，还能享受大型连锁商业型养老社区带来的新生活方式。

在日本，我们看到很多由老年人的消耗性消费带动起来的相关产业和经济形态。我把由老龄人口参与的所有经济活动及其连锁反应称为"长寿经济"，这里的经济活动包括需求端和供给端。根据目前的观察，日本的老年人更多扮演着消费者的角色，从需求端的护理、医疗等消费角度推动经济进步，所以可以说日本处在长寿经济的初级阶段。只有当老年人作为消费者之外，还担任着生产者和创新者的角色，在需求端和供给端同时推动经济增长和社会进步时，人类社会才会进入长寿经济的高级阶段。虽然日本老年人也在逐步重返劳动力市场，但是其生产力和创新力还尚未达到规模。在日本，缺乏一个企业帮助老人们从保险、投资、医疗、养老等多学科的视角，从全生命周期的角度，对健康和财富进行规划、管理和服务，让老人们不再惧怕投资，反而能享受长期稳定的投资回报和复利效应，同时还能尽情拥抱活力养老这种新的生活方式。我们认为，只有通过先进的筹资模式，将支付与服务结合，提供整合型养老和医疗服务，才能解决老人们的后顾之忧，才能促进老人们的消费、生产和创新，从需求端和供给端持续贡献于经济活动，进而催生长寿经济的繁荣和活跃。

　　长寿时代，人口进入新均衡，我们需要更深入的理论思考和更前瞻的规划与行动，以实现新的增长路径，使之更优于日本走过的道路。虽然以老年人的生产和创新为特征的长寿经济高级阶段目前还未在世界各地蔓延，但是我相信经过社会的不断适应和创新，工业经济将会向长寿经济迁跃，人们基于长寿人生追求的新供给与新需求将会不断萌芽和成长，丰富长寿经济的图景。在长寿经济中的主流企业也将像今天移动互联网时代的FAANG，即脸书（Fackbook）、苹果（Apple）、亚马逊（Amazon）、网飞（Netflix）和谷歌（Google）五家公司一样，走到世界商业舞台的中心。

第五章

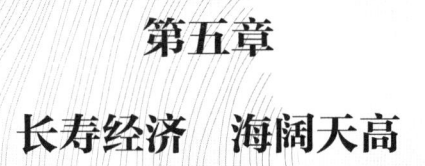

长寿经济　海阔天高

坐落在北京昌平区的泰康之家·燕园有一位很有影响力的居民，北京大学的钱理群教授，很巧的是，北大校园也叫作燕园。2015年7月，钱教授搬进了燕园社区，在那里，他找到了心中的"桃花源"。在随后的5年多里，他安心创作，完成了3部学术著作、2部随笔和1本摄影集，写了300多万字，出版了7本书。我问钱教授，泰康燕园和北大燕园哪个更有利于他研究和写作，他说，他在泰康燕园完成的创作不仅数量上前所未有，质量上也达到了最高水平，是他真正的成熟之作。

除了钱教授，燕园社区中的其他居民也重新发现了自己的定位和价值。92岁的钮女士一生从事建筑研究工作，来到燕园后捡起了她热爱的中国古典文学，2020年疫情期间她化身"网络主播"，为大家"云上"讲解宋词课程。2021年"天问一号"发射后，曾从事航天工作的陈先生在燕园开展了与火星探测相关的讲座，内容生动又专业，令所有听众感到心情振奋。今天的泰康长寿社区已经成为老年居民实现人生更高追求的新平台。

泰康燕园里老人们活力多彩的场景与传统的老年退休生活形成鲜明对比。在工业时代，退休老年人成了纯粹的社会资源消费者，给人们的印象是坐在摇椅上晒太阳，不再参与工作。这种观念从现代临床医学之父威廉·奥斯勒提出60岁后不适合工作就深入人心。而燕园却呈现出不一样的场景。老人们在泰康之家拥有丰富的晚年生活，同时也开启了人生的新阶段，与更多的人分享他们的智慧和经验，实现了价值的再创造。这促使我重新思考人生阶段的划分，在长寿时代，我们不能以传统的年龄划分来看待老年人的状态与需求。过去我们总说20岁是青年人，40岁是中年人，60岁是老年人，但如果未来人类寿命达到100岁，百岁人生来临，这个尺度就变了，可能40岁是年轻人，60岁是中年人，80岁才算得上是老年人。老年群体参与社会生产的能力和意愿正在持续增强。这就使得社会的经济安排、社会结构、财富安排等都出现全新的调整，这对于经济活动的影响是深远的。

鸟瞰长寿经济现状

长寿经济是指由老龄人口参与的所有经济活动及其连锁反应的总和。20世纪中后期，发达国家先后进入老龄化社会，老年人对社会经济的影响与日俱增。老年人数量的不断增加改变了原有的经济结构，逐渐形成了具有特色的长寿经济，推动许多行业朝着适老化方向发展，长寿经济规模在这一过程中也不断增长。当前，长寿经济的重要作用在发达国家和地区已经凸显。牛津经济研究所（Oxford Economics）研究了美国长寿经济的规模，该研究将50岁以上人口的经济活动纳入统计范围，其结果表明，50岁以上人口的经济活动将主要产生三个层面的影响。一是直接效应，即50岁以上人口直接消费服务和产品产生的价值。二是间接效应，即由于上述消费拉动上下游产业链所产生的经济价值。三是诱导效应，即整个产业链的员工因为50岁以上人口的消费获得收入，进而产生的新一轮对产品和服务的消费。对 2015 年美国数据的分析表明，上述三个效应产生的价值规模分别为 2.9 万亿美元、2.1 万亿美元和 2.6 万亿美元，因此长寿经济的总规模预计达 7.6 万亿美元。从占比来看，直接支出的规模占美国当年 GDP 比重的 16%，而三个效应的合计金额占当年美国 GDP 的 41%。

美国退休人员协会（AARP）研究了美国 50 岁以上人口在各领域的支出数据，认为美国 50 岁以上人口产生的长寿经济规模占美国 GDP 的比重在 2018 年达到了 40%，规模高达 8.3 万亿美元，如果将其视为一个国家，那么这一规模在全球经济体排名中将仅次于美国和中国，位列第三（见图 5-1）。欧盟委员会在 2015 年也对其成员国做了类似研究，结果表明，2015 年欧盟成员国的长寿经济（50 岁以上人口的经济）规模占经济总量的 28.8%，而到 2025 年，这一数字将增长到 31.5%。

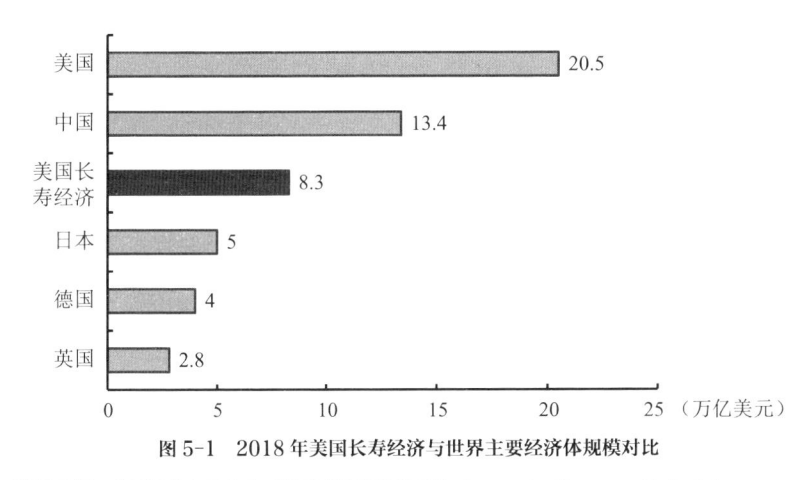

国家/地区	规模（万亿美元）
美国	20.5
中国	13.4
美国长寿经济	8.3
日本	5
德国	4
英国	2.8

图 5-1　2018 年美国长寿经济与世界主要经济体规模对比

资料来源：美国退休人员协会《长寿经济展望》（The Longevity Economy Outlook）。

未来，长寿经济还将迎来更大的发展。美国退休人员协会预计，到 2030 年，美国长寿经济的规模将增长至 12.6 万亿美元。到 2050 年，美国长寿经济规模将高达 28.2 万亿美元，达到 2018 年的 3.7 倍。

长寿经济将对公共财政构成有力支撑。美国退休人员协会的测算表明，如果考虑老年人的经济活动及其引发的其他经济活动产生的税收，2018 年，长寿经济为美国贡献了 2.1 万亿美元的税收，到 2050 年，这一数字将增加至 8.3 万亿美元，是 2018 年的近 4 倍。此外，老年人参与的经济活动还将创造更多就业岗位，为经济的可持续发展提供驱动力，2018 年美国老年人直接或间接创造了 8860 万个工作岗位，预计到 2050 年，美国长寿经济创造的就业岗位将增至 1.02 亿个。

随着中国进入长寿时代，中国的长寿经济也将迎来更加广阔的增长空间。根据中国老龄科学研究中心的数据，中国的老龄产业产值将在 2050 年突破 100 万亿元，届时将占 GDP 的 1/3 以上。与此同时，随着积极应对人口老龄化上升为国家战略，相关部门加速出台养老产业应对政策与落地细则。2020 年国务院及有关部委出台养老相关文件超过 50 份，省级市级层面出台的文件和规划、战略等更是超过 150 份。在步入长寿时代过程中催生的相关产业发展将是未来中国经济结构变化中的重要一环。

值得一提的是，目前长寿经济的潜力并没有被完全激发。在传统的工业社会中，上学、工作和退休被分割成边界清晰的三段。然而，随着长寿时代的到来，老年人退休后的工作能力和工作意愿正持续增强，并持续挑战着老年人只能消耗社会财富、无法创造社会价值这一传统认知。

长寿时代再造供给与需求

长寿经济的形成与发展，本质上是老年人占比上升后，对经济活动中的供给和需求进行改造，进而形成的新经济形态。这一过程并非一蹴而就，而是经历了逐步发展的过程。20 世纪中后期，工业化国家老龄化程度不断加深，老年人口占比的提升使得社会需求结构发生了重要的转变，例如日本经济中与老年人刚需相关的产业不断发展。然而，在这种状态下，老年人更多扮演的是消费者的角色。长寿时代的来临必将呼唤出崭新的、更高级的长寿经济。届时老年人将不仅仅是需求者，也会主动参与社会生产过程，扮演生产者的角色。

未来老年人将从供给和需求两方面改造长寿经济。从需求端看，在长寿时代，老年人的数量增加将进一步推升老年人的需求，带动大量新产品和新服务的形成与推广，尤其是那些采用技术创新的产品和服务，以直接、间接的方式形成和改变市场，创造出新的需求。从供给端看，老年人在过了退休年龄之后继续参与劳动力市场，继续工作或创业，继续赚取和支出工资，创造了新的供给，对经济活动的贡献持续增加，并推动经济增长。在长寿时代，我们不能以传统的年龄划分来看待老年人的工作状态与需求。

与此同时，另一个同等重要的变化是，数据时代的到来正在不断降低老年人参与经济活动的门槛。随着技术的发展，以大数据技术为代表的新一轮技术进步，不仅提高了生产效率，还通过与传统产业融合，创造出如带货主播、视频 up 主等新业态、新模式，创造了崭新的数据时代。我们认为数据时代将为长寿经济的形成助力，赋能老年人继续参与社会生产与价值创造，挖掘潜在的老年人力资本价值，而这一过程也将创造出由老年人主导的、不同于前两次人口红利的新一轮人口红利，即第三次人口红利。

老年人的劳动供给迈上新台阶

长寿时代，人们的预期寿命持续增长，在这一过程中，健康预期寿命也相应延长。华盛顿大学健康指标与评估研究所的数据显示，2019年全球人口的预期寿命和健康预期寿命分别为73.5岁和63.5岁，较1990年分别延长了8.1岁和6.6岁。与此同时，健康状态的改善还提升了老年人的工作意愿，许多保持健康状态的老年人在退休之后仍然有继续工作的愿望，而财务状况并非唯一原因。例如，一项由美银美林参与的研究表明，在老年人的工作动机中，保持精神活跃也是老年人工作的重要原因，在调查中，选择"保持精神活跃"的老年人是选择"金钱"的2倍。这些证据都表明，未来老年人参与劳动力市场的时间将延长，劳动力供给水平将提高。在这一背景下，老年人的社会身份将出现一次重大转换，即从纯粹的消费者转变为生产者和消费者的结合。

与此同时，平台经济和雇用形式的多元化也有利于老年人在劳动力市场中扬长避短。在工业时代，员工主要是和企业签订长期合同，全职全天候地工作，但在数据时代，平台经济的重要性不断提升，灵活的雇用形式更加有利老年人参与到社会生产活动中。例如，移动互联网经济已经催生出以独立律师、独立媒体人、独立设计师、网红主播、自媒体大V等为代表的灵活工作形式。在头部短视频网站，包括济公爷爷游本昌、网红教授戴建业、罗姑婆、北海爷爷等一批中老年网红涌现出来，他们个性鲜明，树立了与年轻网红迥异的形象，很多年轻人在这里汲取经验与知识，不少老年人也在这里找到归属感。泰康之家长寿社区中也有一批拥有自媒体账号的老年居民，他们创造的内容颇具价值，如前面提到的宋词老师钮女士和为居民讲解火星探测知识的陈先生等，相信他们也有潜力成为长寿时代的新兴网红。

未来灵活的雇用形式可能会更加常见，经济学家称这种现象为零工经济（gig economy），指的是越来越多的人从事非全职工作，并且公司也日益依赖非全职人员来完成业务的一种经济和工作形态。对于老年人而言，这种工作方式在时间上更加灵活，也能让他们可以更加专注于自己擅长的内容，从而充分发挥其在专业领域的高人力资本和充足经验的比较优势，不用担心因为体力劣势和健康问题失去工作机会。

技术进步有望弥补老年人体力不足的劣势。一般来说，相比年轻人，老年人的优势在于学识、经验丰富，但在体力和精力方面则处于劣势。不过，随着技术的进步，老年人的生产率随年龄下降的趋势将会变缓，在许多情况下，甚至可能会随着年龄的增长而上升。例如，宝马为了留住技术熟练、经验丰富的老龄工人，改造生产线、创造合适的工作环境以便让其继续工作。2011年新生产线应用于其在德国丁戈尔芬（Dingolfing）的一个大型新工厂，该工厂完全由50岁及以上的工人运营。为了适应老龄化的特点，生产线上进行了许多适老化改造，比如在办公室配备缓解身体疲劳的智能工作椅，在车间里铺设有利于膝关节的软木地板等。宝马的管理者还表示，"老员工生产线"与年轻员工主导的生产线效率相当，甚至还有优势。这表明，只要进行适当改造，老年人的经验将会提高生产效率。此外，宝马、奥迪、大众等各大汽车制造商均在试验可穿戴机器人——外骨骼，通过减轻关节负担并增强力量来提升老龄工人的生产力和竞争力。在知识密集型行业，这种现象将更为明显。长期的经验和培训造就了人力资本更高、经验更丰富，因此更有价值的员工。老年人的人力资本优势在未来将发挥更明显的作用，这种改变将有利于老年人持续参与劳动力市场。当然，维持较高的人力资本优势也需要不断学习，更新自身的知识结构，以更好地适应未来的变化。

用好长寿人力资本

过去30年，随着信息技术的不断发展，人类获取知识的便捷程度不断上升，人力资本积累的效率也不断提升。未来，随着技术的进一步发展，人类获取知识的方式将更加多元，更加高效。

数据时代将帮助人们更方便地获取知识，提升人力资本。当前，技术和产业快速迭代更新，在长寿时代，人的一生可能会经历多次产业和技术变革，终身学习、不断迭代升级自身技能将成为一种刚需。然而，脱胎于工业时代的分科治学、讲授知识的教育方式越来越难以适应数据时代人们对知识和技能的需求，数据时代将为这一问题的解决提供有效思路。当前的教育模式更类似于一刀切，在数据时代，人们将会基于自身的实际问题和学习特点，建立一套线上线下融合、个性化、精准的学习方式。学习内容也将不仅仅局限于专业机构编写的教科书，而是将涵盖特定技能传授、行业经验方法，以及针对特定问题的一揽子解决方案等新型教育内容。

老年人可以更好地利用自己多年来积累的人力资本，并做好知识和经验的传播。我们已经看到，国外许多传统制造企业通过改造生产线、创造合适的工作环境等方式，保障技术熟练、经验丰富的老龄工人继续工作。近年来，中国积累的"工程师红利"正在逐渐释放，而拥有这项红利的一代人未来将伴随人口浪潮率先进入长寿时代，未来工程师红利和长寿时代结合，能够为中国经济持续提供增长潜能。老年人甚至可以创业，将自己一生积累的人力资本充分发挥，创造更多的社会价值。根据牛津经济研究所和美国退休人员协会的研究，在美国，50岁及以上人士的创业率最高，约为20多岁人士的2倍。2005—2015年，50岁以上的老年人创立了美国近1/3的创业企业。

同时，经过一生的人力资本积累，老年人也比年轻人具有更为丰富的知识和经验。在美国电影《实习生》中，罗伯特·德尼罗扮演的老人在退休之后对过去的职场生活无比怀念，做出了重回职场的决定，并成为一家初创企业CEO手下的实习生。在剧中，虽然老人的身份是实习生，但是一生积累的种种经验使他能够帮助这位年轻的 CEO 处理工作、生活乃至家庭中的种种矛盾和问题，并和这位 CEO 成了忘年交，这家企业的经营因此蒸蒸日上。这部电影反映了老年人在人力资本上的优势，并且清晰地表明老年人可以通过传播知识和经验为企业创造价值。

除人力资本外，老年人一生积累的房产等实物资本也将为老年人参与长寿经济提供重要机会。随着成年子女搬出原生家庭，老年人居住房屋的空间通常并未得到充分利用。近年来，以爱彼迎（Airbnb）为代表的网络预订民宿的兴起，为老年人充分利用自己的房屋，获得更多收入，打下了重要基础。大前研一在《低欲望社会》中提道，他的一个朋友曾在泡沫经济时期在箱根町购买了一处住宅，但是事实上他一年之中在那里居住的日子屈指可数，却要缴纳不菲的维护费和固定资产税。后来他将这栋房子放到爱彼迎上接受预定，一年收入可以达到 90 万日元，扣除 30 万日元的保洁费用之后，依然有 60 万日元的剩余，可以用于改善自己的生活。老年人相对年轻人有较多资产的优势有助于老年人更好地适应长寿经济。

长寿时代为老年人提供更好的消费环境

长寿时代，老年人通过需求端也会对经济产生明显影响。首先，长寿时代老年人口占比将上升，老年人在经济活动中的话语权越发增大，这将进一步促进老年人消费市场的发展，为相关企业提供广阔的成长空间。美国学者丹特在其著作《人口峭壁》中指出，由于人口老化带来的主要趋势集中在自主性医疗与健康、养老院与辅助生活设施、健康与人寿保险、退休与金融规划、上门维修服务、便利店与药店、药品与维生素、市中心联排别墅、有活力的养老社区、房车等十大领域，这将倒逼企业适应新趋势，为老年人提供更好的服务。

上述趋势已经反映在企业的微观行为中。日本东京江户川区的永旺购物中心正是这样一家企业。这家商场成立于1982年，但在2013年，为了适应老年人越来越多的现状，商场将4层专门改建为面向老年人的购物、休闲、健身一站式体验中心。为接待早起晨练的老人，商场7点开业，7点15分开始集体健身课。老年人可自行选择课程，课程结束后可以排队打卡，累积积分还可以兑换礼物。同层还设有护膝和徒步手杖的售卖点。为了方便老年人购物，永旺的手推车经过了专门的设计与改良，车体重量比普通购物车轻了至少30%，同时在推手旁边设有独立弯钩，方便老人挂包或者购物袋。超市的食物以小份装为主，成分少油少盐，主要针对老年人食量下降、"三高"问题较多的特点。此外，这里还售卖老年人耳机、助力车。商场还设有康复中心，为需要康复性物理治疗和认知辅助的老年人提供有针对性的服务。乐器演奏室以及各类运动室也应有尽有，许多老年人颇爱这里的演奏活动，来学习新的乐器，弥补年轻时的遗憾，所以旁边的乐器行生意很好。永旺购物中心是一个具有典型意义的案例，因为它的转变代表的不仅仅是一家购物中心的变化，永旺和其售卖的所有专供老年人使用的产品和服务，联结起大量企业和从业人员，反映了老年人经济活动增多对经济发展产生的多重影响。

从消费发展的路径看，未来老年人的消费能力和消费意愿会不断增强。有投资机构研究美国和日本的经验发现，一国的消费特征通常和经济发展水平存在密切关系。人均GDP在5000美元以下时，大众消费主要以满足需求为主，消费者对品牌和品质的重视程度不高。人均GDP为5000~20000美元时，处于品牌化消费阶段，消费者更加注重消费品质，对品牌的重视程度也不断提升。当人均GDP达到20000美元以上，消费开始回归理性，追求品质化、个性化和性价比。这一过程对中国而言也有重要的参考意义。我们此前对老年人的消费有一种刻板印象，认为老年人的消费力不强，有效需求不足。这可能是因为我们观察到的这一代老年人一生中的大部分时间都处于经济发展水平相对较低、物资相对匮乏的时代，他们在一定程度上养成了压抑消费需求的习惯。但在未来，新一代老年人将会更加关注自身的消费需求，同时由于财富累积和劳动参与度的提升，他们的消费能力也相对更强。

当前这一趋势在我国已经有所体现。专注老年行业商业创新的商业研究机构 AgeClub 的研究报告表明，50 后、60 后进入退休阶段，他们在心态上从以家庭为中心向以自我为中心转变，有充足的时间发展自己的兴趣爱好，也有相对宽裕的经济基础让自己没有后顾之忧地追求自我。他们不仅能够接受网购等新型生活方式，而且在舞蹈、书法等细分领域也体现出了明显的付费意愿和能力。阿里巴巴发布的《银发族消费升级数据》[①] 表明，60% 的 50 岁以上女性会通过网络购买化妆品，且年平均购买次数为 6 次；线上老年人群每年人均购买 5 条丝巾，为不同场合进行衣着搭配。阿里巴巴发布的另一份报告《2019 年黄金周消费报告》指出，2019 年黄金周前三日，去医疗美容机构进行口腔护理、医美手术的中老年人较 2018 年增长近 2 倍。可以说，老年人在多个消费领域都体现出了较为旺盛的消费能力。

此外，未来老年人对信息技术的适应力也会明显提升。当前我们经常看到老年人对信息技术难以适应，这是因为当代老年人大多是数字移民，对信息技术存在一定程度的学习和适应困难。但未来老年人对信息技术的适应力将大大增强，因为下一代老年人从年轻时期就频繁使用信息技术，可以看作数字原住民，学习和适应的成本自然下降。同时，由于公民整体教育水平的提高，以及获取知

---

① 该报告将 50 岁以上人群定义为银发族。

识便利度的上升，未来老年人学习新技术的速度也会更快，更能适应数据时代的新变化，这使得长寿时代的老年人的需求能够充分释放。此外，技术本身也会不断迭代进化，更加利于全年龄段人群使用。例如，非文字方式的操控方式逐渐普及，大大降低了老年人对新技术的学习成本。根据蔚迈（Wavemaker）于2019年发布的《中国老龄化社会的潜藏价值》系列报告第一篇，此前3年，60岁以上的天猫用户数量增长1.6倍，2018年50岁以上的支付宝钻石和铂金会员用户数量较上一年增长159%。越来越多的老年人正在熟练地使用移动互联网的各项服务。

数据时代会全面提升社会满足老年人各层次需求的能力。20世纪40年代，美国心理学家亚伯拉罕·马斯洛从人类动机出发提出了需求层次理论，强调人的动机是由人的需求决定的，并将人的需求由初级到高级分成了五个层次，即生理需求、安全需求、爱与归属、尊重需求和自我实现需求。为简便起见，我们将前两类需求简化为基本需求，后三类需求简化为高级需求，我们认为，数据时代将更好地满足老年人的基本需求和高级需求。

在数据时代，老年人的基本需求如衣食住行等方面都将被更好地满足。其中最为明显的是，在工业时代形成的出行和居住模式可能将被打破。在出行方面，未来自动驾驶技术的普及将为老年人出行提供便利。随着年轻人口占比的下降，司机群体中老年人的占比不断上升，而年长者由于反应速度下降，驾驶安全隐患不容忽视。日本一家调查公司的数据显示，截至2018年底，日本75岁以上的高龄司机达563万人，据推算，到2020年将增至600万人。高龄司机导致的交通事故不断增加，2018年75岁及以上的高龄司机引发的死亡事故为460起，创历史新高。自动驾驶技术将为应对这一问题提供有效解决方案。

居住方面，智能家居将更加广泛地应用于老年人的日常生活，改善老年人的居家体验。当前，基于语音交互的智能家居已经获得了一定成功，以智能音箱为最主要的入口，通过安装智能开关等设备将传统家电改造为智能家电，人们已经可以通过语音控制灯光、家用电器等家居设备。回到家中，仅需通过简单的几句话，就能控制大多数家庭设备，这将给老年人提供巨大的便利。未来，更多家居设备可以进一步进行适老化改造，从而更加方便老年人的使用。例如，老人独自坐在沙发上很容易睡着，长期如此容易对健康造成伤害，智能沙发将监测老人的状态，当老人进入睡眠状态达到一定时间后，沙发上的压力传感器会自动发出提醒，让老人回到床上睡觉。

此外，数据时代也能更好地满足老年人的娱、教、医、养等高级需求。长寿时代，老年人不仅寿命延长，而且还希望可以享受更有品质的、不断提升自我的生活。老年人对精神文化方面的需求与日俱增，但是相关服务的供给远不能满足老年人快速增长的需求。中国老年大学协会的数据显示，截至 2018 年底，国内共有各级各类老年大学和老年学校 6.2 万多所，在校学员 800 多万人，约占 60 岁及以上老年人口的 3%，部分老年大学甚至出现了老人连夜排队抢入学名额的情况。事实上，老年人对娱乐以及不断提升自我的需求是老年大学火爆的重要原因。数据时代，网络课程的出现可以更好地满足老年人快速增长的娱乐和学习需求。通过社交软件，老年人可以建立可频繁互动的社群组织，就课堂感受、日常生活等进行交流。老年大学还可采用类似视频会议的方式授课，打破地域限制，进一步拓宽老年人的交友渠道，满足老年人的精神需求。

长寿经济的"破圈"

从更加广义的角度看，长寿经济的概念不仅仅局限在老年这一年龄段,长寿经济还将触发一系列经济活动,包括为老年消费而进行的筹资与积累,以及为"老有所为"进行的教育投入等,其带动的需求辐射范围将从老年人向更年轻的人群进一步扩展。

一个繁荣的长寿经济并不会凭空出现,而是需要全社会为此做出准备。但从当前情况看,无论是在心理上还是在财富上,我们对长寿时代的准备并不充分。泰康和尼尔森咨询公司曾对中国的中高净值人群进行调查,结果显示,当前中高净值人群退休后维持品质生活所需要的养老资金总额平均约为1060万元,然而在调查中,中高净值人群认为自己需要为养老准备的资金仅为437万元,整体上养老准备严重不足。因此一旦到了老年阶段,人们便不得不减少支出,降低生活品质,产生明显的"60岁现象",即为了追求品质生活的支出出现断崖性下降。该调查显示:60岁人群的品质生活型消费支出平均每年为5.3万元,较30岁人群的该类别支出平均低12万元;60岁人群平均年支出为22万元,较30岁人群的54万元低将近60%。但随着长寿时代更加深入人心,未来各个年龄段的人都有动力努力为自己的老年生活做好准备,而这类筹资活动及其所衍生出的其他经济活动也将成为长寿经济非常重要的一个组成部分,并为我们建立更加繁荣的长寿经济奠定坚实的基础。

除了财富储备,发展长寿经济还需要提升人力资本,进行终身学习。正如我们此前所谈到的,未来上学、工作、退休的三段论人生模式将被打破,人的一生可能会经历多轮产业和技术变革,因此需要不断更新自身的知识储备,从而适应不断发展变化的社会。人类将会进入终身学习、不断提升人力资本的新模式,我们必须为这一改变的到来提前做好准备。可以想见,新的适应多段工作学习模式的教育行业将为长寿经济不断注入新的动力。教育产业也必将迎来变革,教学内容将从传统的学科知识向更为综合的跨学科知识、工作经验、行业洞见等角度进行转变,线上线下等多种教学方式也将更好地融合，从而更加适应长寿时代对知识更加广泛、更高频率的需求。

长寿经济的先驱：美国养老社区

在第四章，我们曾经对日本长寿经济未达潜力的原因进行了讨论。从全球范围看，美国是长寿经济发展较早的国家，而养老社区又是美国长寿经济最具有代表性的样本。养老社区相关支出是很多美国老年人的一笔大额耐用消费品支出，这与中年人买房买车类似，因此养老社区是观察长寿经济的一个重要窗口。

美国的养老社区起步相对较早，目前已经形成了涵盖多种服务类型的产业体系。对于身体仍较为健康的年长者，美国有活力养老社区供老年人居住。活力养老社区的概念脱胎于房地产市场，一度被认为是房地产市场的一个细分领域，因此其商业模式与传统房地产行业类似，开发商在完成建设后通过销售房屋赚取利润。但和普通住宅不同的是，活力养老社区还为老年人提供有针对性的其他配套服务，如休闲、娱乐、购物等，帮助他们以一种"活力养老"的方式度过退休生活。这类社区的兴起，给美国庞大的中产阶层提供了退休之后的一个优质养老选择，推动了老年人的消费升级，促进了长寿经济的发展。美国著名的养老社区太阳城（Sun City）和群村就属于这类活力养老社区。

而对于年龄更大、未来可能会逐渐失能的老人，美国还有以提供各类养老服务为主的社区可供选择，我们将其称为设施型社区。按照为老年人提供生活及照护服务层次的不同，这类养老可以分为独立生活（independent living）、协助生活（assisted living）、记忆照护（memory care）、专业护理（nursing care）等不同类别。如果一个社区既包括独立生活区域，又包含协助生活、记忆照护、专业护理等专业区域，则称为持续照料养老社区，简称 CCRC。CCRC 解决了老年人随年龄增长不断提升的照护需求，为老年人在退休阶段提供了一站式护理服务。可以看出，这种设施型社区的一大特点是为老年人提供有针对性的养老及照护服务。商业模式也和传统的活力养老社区不同，并不依靠销售房产来获得利润。一般来说，设施型社区的参与者分为两类，一类是物业持有者，主要通过持有物业获得房产增值收益，另一类是运营商，主要通过提供各类养老服务获得经营性收入，当然也有的机构选择同时成为物业持有者和运营商。

整体来看，各类养老社区已经成为美国老年人退休后的重要选择。美国老年人居住与照护投资中心（National Investment Center for Seniors Housing & Care，简称 NIC）的数据显示，截至 2019 年，提供更具专业性养老照护服务，且具备一定规模的持续照料养老社区运营的服务单元达到 314 万户，在住居民超过 400 万人。随着美国婴儿潮一代全部迈过了 55 岁的门槛，根据相关数据推算，2020 年美国购买或者租住在其他活力养老社区的家庭超过 400 万户，居民总数达到 600 万~700 万人。因此，全美各类养老社区的居民总数在 1000 万人左右，占比接近 2020 年全美 55 岁及以上人口总数的 10%。

对于投资者而言，投资美国活力养老社区与投资美国普通房地产业类似，其收益取决于美国房地产市场价格的波动。但投资设施型社区的收益来源则分成两种，一种是持有物业产生的房产增值收益，另一种是运营照护服务产生的经营性收益。美国商业地产服务机构 CBRE（Coldwell Banker Richard Ellis）计算了美国这两类投资的收益情况，结果显示，美国的设施型社区投资收益整体较高且较为稳定。2004—2018 年，美国设施型社区平均年化投资回报率为 14.6%，高于公寓、办公楼、酒店等商业住宅，是所有地产分类中最高的。从构成来看，养老社区的投资收益由资产价值增值和运营收益两部分构成，2004—2018 年，二者平均年化回报率分别为 7.6% 和 7%。其中，资产价值主要和美国房地产市场的整体走势有关，在金融危机前后波动较大，2006 年年化收益率曾高达 26%，但金融危机后的 2009 年则陡降至 -9.3%。近年来则稳定保持在 7%~10%。与之相比，运营服务的收益率常年稳定在 5%~7%，成为美国养老社区投资收益的稳定器。与其他大类资产相比，美国设施型社区的收益率表现较好，相比于股票、大宗商品，收益更加稳定，相比于债券，收益率更高。

美国活力养老社区的典范——太阳城

美国最早也最出名的活力养老社区是太阳城，位于美国亚利桑那州，那里气候炎热干燥，阳光充足，故称"太阳城"。20 世纪 50 年代，太阳城所在的区域还是一片半沙漠化的棉田，地产开发商德尔·韦伯敏锐地发现这一区域适合美国北部寒冷地区的人前来度假，因此着手修建了一个适合老年人的社区。由于当时活力养老社区的概念尚未普及，韦伯刚开始仅仅推出了少量社区住宅，以及一个购物中心、一个娱乐中心、一个高尔夫球场作为配套设施。1960 年，太阳城开业。开业前，韦伯曾预计会有 1 万人前来参观，但是实际上火爆程度远超想象，开业当天就来了 10 万人，一时间交通堵塞，韦伯还因此登上了《时代周刊》的封面。经过多年的发展，太阳城不断扩张，在原来的太阳城社区（Sun City）的基础上又新建了太阳城西（Sun City West）、太阳城大观（Sun City Grand）、太阳城之歌（Sun City Anthem）和太阳城节日（Sun City Festival）等 4 个社区。截至 2019 年这些社区共有居民约 10.5 万人。

我曾在 2010 年参观过太阳城，一进社区就被其优美的环境吸引。社区里绿树成荫,鸟语花香,还有许多室外泳池,不少老年人在泳池中锻炼,或在岸边休闲,与当时中国养老院里老人们吃饭服药睡觉的景象有很大差异。太阳城中有许多种住宅类型,以独栋和双拼别墅为主,还有多层公寓、独立居住中心、生活救助中心、生活照料社区、复合公寓住宅等。独栋别墅位于高尔夫球场草坪周围,空气清新,赏心悦目,出门就可以打球。

为了满足老年人各方面的生活需求,太阳城兴建了大量的生活设施,包括7个娱乐中心,老人们可以进行游泳、网球等活动,另外还有2个图书馆、2个保龄球馆、8个高尔夫场、3个乡村俱乐部、1间美术馆和1间交响乐演奏厅。老年活动中心和乡村俱乐部不仅数量多而且活动内容丰富,活动中心里有健身房、电脑房、手工房等。在访问时,我们看到了当时社区中张贴的各种活动宣传单,活动包括舞蹈、音乐、绘画等,贴满了一整面墙,旁边的一张日历上标注着当月社区内举办的各类活动,写得满满当当。同时,太阳城和当地的大学一起建立了终身学习研究院,为老年人终身学习提供了支持。在太阳城,老年人休闲、娱乐、购物等需求被充分满足,这与当时中国老年人养老时天天面对柴米油盐而力不从心的窘境形成了鲜明对比,给了我很大震撼。走廊的墙上写着一句话,"我们打造场地,您来打造生活"(We Build the Place, You Build the Life),非常准确地描述了太阳城内老年人的生活状态。

为了满足老年人的医疗需求,太阳城从兴建之初就着手为老年人提供良好的医疗条件,社区内的医院于1969年破土动工,1970年首批两座塔楼启用,随后医院不断扩建,增加服务和设施,以更好地满足老年人的医疗需求。2008年,医院完成了一次大规模的升级和扩建,以改善亚利桑那州太阳城及周边地区的医疗服务。目前太阳城的医院已跻身全美百强医院,医疗设施也是全美一流的。

太阳城的活力生活方式不仅感染着在这里居住的老年居民,也感染着这里的工作人员。太阳城有专门为员工设置的荣誉墙，上面表彰了月度和年度优秀员工，年度优秀员工的照片被放在表彰墙的中间，笑容灿烂。工作人员向我介绍说，这里的员工有很强的荣誉感，没有把工作当成一份朝九晚五的谋生手段，而是致力于把一生都奉献给社区。这里的老人也和工作人员建立了密切的联系，在多年的相互陪伴过程中，这种关系已经超越了服务者与被服务者的关系，变成了一种类似朋友和家人的关系。老年人因为获得了良好的体验，真心感谢服务人员，而这些服务人员也能因为这份工作获得价值感和满足感，感受到这份工作的独特意义。太阳城自 1960 年开业，到我去时已经营业 50 年，经营者也传承到了第三代人。一些工作人员的孩子也在社区里成长，最终选择继续在社区内工作，他们觉得这是一份有荣誉感、值得传承的工作。

富有生机的群村

除太阳城之外，美国另一个有代表性的养老社区是位于佛罗里达州的群村。佛罗里达州位于美国南部，阳光充沛，气候宜人，天然地适合养老。群村的创始人哈罗德·施瓦茨在 20 世纪 70 年代以很低的价格收购了大片土地，因此能够以相对合理的价格出售房屋。20 世纪 80 年代，他的儿子加里·莫尔斯模仿太阳城的设置开始在这里建立养老社区，社区内也提供休闲娱乐和医疗设施，这些都使群村内的人口不断增长。到 2018 年底，群村的人口已经超过 12 万人，其中候鸟式居住的人大约占 30%，另外 70% 的人成为当地常住居民。他们之中有工程师、计算机科学家，也有设计师、建筑师等。数据显示，2018 年群村居民的年平均收入为 4.3 万美元，高于美国 3.6 万美元的平均值。在小城内有 4 个大型活动中心、390 个独立生活的小型社区，有 680 多张协助生活或记忆照护床位、250 多张专业护理床位。

2017 年，我到访群村，群村的管理层热情地接待了我们。这片社区由莫尔斯家族经营，这个家族在当地很有声望。我们到访时创始人哈罗德·施瓦茨以及他的儿子加里·莫尔斯已经故去，施瓦茨的孙子和两个孙女分别接管社区的运营、销售和设计建造工作，家族的第四代也已经开始接手社区工作。在场的所有管理层都穿着休闲、亲切热情，很难把他们与社区的居民及工作人员区分开来。

在抵达群村的当天，我们就受邀观看了群村的固定活动——马球比赛。群村内建有马球场，经常有马球队在这里比赛，社区中的老年居民是比赛的主要观众。由于创始人家族喜欢马球运动，举办马球比赛成了群村生活中的一项传统。在观看比赛时，我还了解到，场上骑着马、戴着头盔的一位球员竟然就是管理层的孩子。这种管理人员与社区生活融为一体的和谐氛围让我深受震撼。

次日，我与考察团队前往群村的办公地点参加交流会议。群村是一片覆盖了 3 个郡的巨大社区，占地 100 平方公里，社区内兴建了 36 个高尔夫球场，球场之间小路斜贯而过，将整个社区分成了不同的区域。这里的工作人员向我介绍说，高尔夫球对于美国人而言有着很强的吸引力，许多美国人都向往着退休之后能够经常打高尔夫球的惬意生活。在社区内，随处见到的老人都充满活力，这里的老人可以开汽车，更多的老人选择开高尔夫球车，既经济又安全。整个社区共有 8 万辆高尔夫球车代步，老人们白天活动在各种球场上、俱乐部里，晚上则集中在 3 个城市中心广场唱歌跳舞，每天不断，从下午 5 点直到晚上 9 点，玩得非常开心。

我们了解到，群村同样建有完善的医疗设施，包括一家拥有 50 张床位的小型医院，一个拥有 5 个诊所、近 50 位医生的全科医疗团队，美国医疗保险公司联合健康还在城内设有 3 家医疗服务中心。群村的居民在社区内形成了自治的良好氛围，建立了委员会处理社区内的大小公共事务，还制定了社区内的行为规范，管理公共秩序。在日常生活中，这种自下而上的管理也随处可见，居民自发组成各种大大小小的俱乐部，数量大约有3000个，日常组织各类活动，丰富大家的生活，这对于降低老年人的孤独感、提升老年人的幸福指数，有重要的意义。

此外，群村还运营着各类媒体，报道社区内事务，强化社区内居民的归属感。社区内的报纸发行量达5.6万份，93%的居民可以看到当天发行的报纸。社区还出版一份反映城市生活的月刊，发行量达到4.3万份，几乎覆盖每一个家庭。城市的电视台可以覆盖社区内13万个房间，城市的广播电台每天播送城市新闻。近年来随着网络媒体的兴起，群村还建立了自己的各类社交媒体平台。所有这一切都给我留下了很深的印象，我深切地感受到，如果给老年人提供充足的条件，他们释放出的能量是很惊人的。

群村对当地经济也产生了重要的推动作用。当地政府官员在2018年接受彭博社采访时曾表示，从就业、地方经济、税收基础等许多方面来说，群村都已经成为当地经济的引擎。未来随着更多居民入住，政府还计划将更多的土地出售给群村，规划面积可能达2000英亩（约8平方公里）。可以说，群村发展了以充分满足老年人各类需求为主要特征的长寿经济，并对当地经济产生了拉动作用。很多老年人在退休后会卖掉自己的房产，在佛罗里达或者亚利桑那这样阳光灿烂的地方享受晚年，这种生活是令人向往的，从商业设计角度讲，这种生活可以说是一种面向老年人的终极消费品。

持续照料养老社区的代表埃里克森

埃里克森老年生活社区（Erickson senior living）由约翰·埃里

克森在 1981 年创立，目前已经成为美国持续照料养老社区的代表。埃里克森 2021 年在美国 11 个州（科罗拉多、佛罗里达、堪萨斯、新泽西、马里兰、弗吉尼亚、宾夕法尼亚、得克萨斯、马萨诸塞、密歇根和北卡罗来纳）管理 20 余个社区，拥有员工 1.5 万余人，服务老年居民 2.7 万余人，其中 3000 多人为持续护理居民。

与太阳城主要依靠房屋出售获得收入不同，埃里克森采用的是入门费加上每月食宿服务费的收费模式。大多数居民将自己现有的房屋出售以支付入门费，并结合社会保障和养老金收入支付每月的服务费。埃里克森尚未披露整体的财务数据，但从公开渠道可以获得其在马里兰州和宾夕法尼亚州两家 CCRC 的经营情况。数据显示，2018—2019 年，两家 CCRC 的 EBITDA 率（息税折旧及摊销前利润与营业收入之比）基本稳定在 15%~22%，经营情况整体较为稳定。

埃里克森在医疗服务方面具有独特的优势，为老年人提供了独立生活、协助生活、记忆照护、专业护理等全谱系的支持和照护服务。每一位居民在社区内都被指派了一名社工，社工定期向他们报到、向他们介绍社区资源、完成风险评估、实施危机干预。当居民身体状况变差时，社工将帮助居民使用社区内提供的更高级别的护理服务。当居民需要记忆照护和专业护理等服务时，埃里克森也会对护理人员进行专业培训，为患有阿尔茨海默病等认知障碍的老年人和生活完全无法自理的介护型老人提供针对性服务。此外，埃里克森配备了安保团队，团队成员有急救员（EMR）认证，以便迅速处理紧急事件。埃里克森社区内部拥有 24 小时安全和紧急响应服务，急救人员的平均响应时间约为 4 分钟，为降低老年人发生意外情况提供了很好的支持。

与各类活力养老社区一样，埃里克森提供了多样化的服务设施。社区设施包括餐厅、健身中心、四季泳池、便利店、理发店、图书馆、创意艺术工作室等，精心设计的设施和吸引人的公共区域使社区成员易于保持良好的活跃度、参与度和健康水平。社区还为其居民提供往返于社区内部各个设施的班车服务。

埃里克森社区创建和出版了专门面向老年人的原创论坛报，刊登近期关于老年人的新闻，并提供各种专题文章、专栏、博客和竞赛。该报面向十几个州的退休人员，发行量约为50万份，丰富了老年人的精神生活。此外，在慈善和社会服务方面，埃里克森也发挥了积极的作用。在2017年，社区居民共筹集了300万美元奖学金，帮助全美1400多名学生上大学；2017年，有9000多名志愿者提供服务，使当地数十个慈善机构和组织受益。

埃里克森在发展历程中经历过一些起伏，但在今天看来，其模式仍然是相当成功的。2009年，埃里克森曾因金融危机的冲击申请破产保护，之后被红木资本（Redwood Capital）收购了大部分资产，成为红木资本的子公司。金融危机后，埃里克森借助其多年积累的强大运营服务能力渡过难关，重新回到了加速发展轨道，规模进一步扩大，目前已成为美国最大的CCRC运营商。埃里克森平均每家社区运营超1000张床位，而全美平均水平为200张床位。大规模的社区有助于降低各类固定成本，使埃里克森能够比规模更小的竞争对手提供更多的养老项目和设施，从而吸引更多老年人入住。从这个角度看，规模化经营对于养老社区是非常重要的。

我去埃里克森考察时，有一件事情令我印象深刻。当时创始人约翰·埃里克森先生带着我参观，碰到很多社区老人跟他打招呼，还对他说"谢谢你给我们提供这么美妙的养老生活"。我当时想，埃里克森是家私营企业，一个商业机构的市场化行为却受到社区内居民这样由衷的感谢。商业应当能够为人类社会带来进步，提升人们的生活水平和生命质量，只有这样才称得上是伟大的事业。

美国养老社区模式的再思考

从整体看，作为美国长寿经济的重要代表，美国的养老社区起步较早，较好地满足了老年人的各种需求，可以说是长寿经济的一个典型样本。活力养老社区为老年人提供了一种退休后的全新养老方式，CCRC 则为老年人退休后的生活、医疗、照护需求提供了一站式解决方案。在长寿时代即将来临的中国，逐渐增长的老年群体催生庞大的养老和医疗需求，这也意味着养老社区将是一个具有巨大成长空间的蓝海。不过，需要指出的是，美国的养老社区并不是完美的长寿经济代名词，虽然这类社区在工业化后期的背景下解决了老年人的一些问题，但仍有许多值得反思和提升的地方。

当前养老社区所产生的长寿经济样本，无论是活力社区还是 CCRC 社区，都强调高品质的生活、娱乐、医疗护理消费，这种消费创造一种优越感，使人们觉得辛苦一生进行积累终于得到回报。其繁荣也和美国强大的经济实力、庞大的中产阶层规模和退休金制度密不可分。而长寿时代的到来将会给这种传统带来挑战。我们在此前的分析中提出，一方面人们的生存时间大幅延长，而养老金面临耗竭的风险，完全依靠年轻时的积累可能不足以支撑高品质的老年生活。另一方面，相当多的老年人在退休之后并不愿意完全与社会脱离，希望继续参与社会生产和价值创造。与此同时，数据时代也会改变生产方式，助力长寿经济领地的扩大，带动长寿经济的升级，为老年人继续参与社会生产、创造财富提供可能。在这样的背景下，我们认为未来的养老社区有可能变成消费与价值再创造相结合的新型社区。

美国养老社区的选址和营建模式也值得进一步思考。这些社区在地理上往往相对独立，远离城市，社区内的设施又相对完善，再加上居住者大多是65岁以上的老人，久而久之，容易形成一种相对封闭的内部文化，将社区内和社区外的人区分开来。对于不愿意与社会尤其是与城市生活完全脱离的居民而言，入住社区意味着一种权衡与妥协。我们认为养老社区应当在寻求相对独立的地理环境和与社会保持联系之间寻求一定的平衡，既要满足老年人追求更好自然环境和较为清净的居住环境的需求，又不能过度远离城市，完全脱离家庭和熟悉的社会环境，使老人陷入自我封闭的状态。

中国长寿经济的试验田：泰康之家

对比美国，中国的长寿经济可谓"小荷才露尖尖角"，但由于这是一个新兴市场，我们有着更广阔的市场发展空间。随着中国老年人群规模的增长以及老年群体财富水平的同步提高，老年人的市场需求不断膨胀，引发了各行业老年消费的兴起，"做老年人的生意"成为市场心照不宣的共识。老年消费者越来越多地涌入社会主流市场，我们却始终感觉老年人最深层的需求与追求尚未被市场发现，老年人真正需要、想要的生活是什么样的？为切入养老服务产业，2007年泰康发起了长达数年的大规模全球考察学习，在美国养老社区中看到的景象，完全颠覆了我们对于传统老年生活的认知。这些社区几乎提供了老年人生活所需的所有服务和产品，适老化理念体现在社区运营的每个方面，老年人在这些社区中开启了崭新的人生阶段。回国后，泰康便开启了将CCRC养老社区落地中国的实践，我们将从太阳城、群村和埃里克森看到的每个细节分析吃透，将美国长寿经济试验田进行本土化改造后融入自营社区的打造。

泰康的第一家长寿社区泰康之家·燕园于2015年在北京开业，申园于2016年在上海开业，这在整个国内养老行业中都算是非常早的。两个社区经过5年多的运营，日益成熟完善，截至2021年上半年,在住居民有 3000 多位,他们平均年龄 80 多岁,来自全球各地、各行各业,有着截然不同的人生经历,年龄跨度超过 40 岁,这里的老年社群呈现出完全不亚于大学城、"硅谷"这些年轻社群的多样性与丰富度。在这样一个智慧与经验汇集的地方,我们更好地满足老年人的需求,同时也通过多种方式激发了居民们价值再创造的能力,共同探索催生长寿经济下的老年人新供给。泰康旗下的泰康之家高品质连锁长寿社区正在实践着全新的养老理念,成为孕育长寿经济的试验田,这将是一个不同于美国版本的长寿经济。让我们通过对燕园、申园的详细介绍,一探长寿经济下中国样本的无限可能。

为居民的需求量身定制

燕园与申园是泰康投入运营的园区中规模最大、居民人数最多的两个园区,目前已经被打造成泰康长寿社区的旗舰店(见表 5-1)。规模对于长寿社区的运营来讲是非常重要的,一方面大规模的社区有助于降低运营成本,确保社区的稳定持续运营,更重要的是充足的居民能够衍生出丰富的社群功能,形成一个小型的开放式社会,为老年人带来身心的归属感,"家"的感觉是活力养老社区区别于传统养老院的关键所在。

表 5-1 燕园、申园基本信息(截至 2021 年 5 月)

	基本信息			各社区业态在住户数			
	开业时间	建筑面积	配套医院	独立生活	协助生活	专业护理	记忆照护
燕园	2015 年 6 月	31 万平方米	二级康复	1034	132	91	30
申园	2016 年 7 月	22 万平方米	二级康复	713	23	115	42

注:表中燕园建筑面积包含一至三期地上建筑面积,申园建筑面积包含一二期地上建筑面积。

在园区的设计选址方面，包括燕园、申园在内的泰康长寿社区拥有一整套规范标准，如坐落于城市近郊、围绕大型活力中心的建筑群落等，但最重要的还是医养融合的布局安排。2007年我们对中国养老产业进行市场调研时就已经注意到，对于老年人来讲，养老需求与医疗需求是区分不开的。在老年生活的大部分时间中，老人们最需要的不是高超的重症医疗技术，而是及时的医疗响应和无微不至的医疗关怀。因此从设计起，燕园就参考太阳城、群村等超大型活力养老社区内配备医院的思路，专门在社区旁边建立了面向老年人的康复专科医院，为社区居民提供及时和直接的医疗保障。

很多人可能没有意识到，在长寿时代，老年阶段的跨度是非常长的，40多岁就差着两代人。老人在身心健康的不同阶段，对医疗护理服务的需求可能截然不同，这是目前的社会医疗体系、居家养老模式无法支撑的。燕园和申园引入CCRC的持续照料模式，提供独立生活、协助生活、记忆照护、专业护理四种服务业态，在同一社区内满足居民在不同时期的特定需求。在这个模式之上，各项独具特色的服务在燕园与申园这片潜力巨大的沃土上催生而出，可以说是为长寿时代老年人的需求量身定制的。

赴美考察的经历打开了我们的视野，对于老年人究竟渴望怎样的老年生活这个问题，泰康建立了自己的价值体系和解决方案。我们将泰康居民的需求分为基本诉求和高层需求，这也符合马斯洛需求体系的五个层面，基于对这些需求的分析以及与泰康居民的实际沟通调研，燕园和申园以及其他泰康长寿社区主动配置资源、协调组织，定制服务形成供给。只有充分满足老年人的各类需求，才能保持社区居民的旺盛活力，帮助其更健康、更有活力地在社区居住，并且进一步激发其创造力，让老年人更好地实现自身价值。

营养美食

营养丰富的适老化饮食是养老服务中最基本的项目，燕园与申园都设有数个融入地方饮食文化的特色餐厅，由社区的专职营养师设计菜单。社区每天提供超过 50 个品种的菜品，每周翻新菜品基本都在 30 道以上，对于身患慢病的居民以及照护区等有特殊需求的居民，燕园和申园有针对性地提供各类特需饮食服务，比如低盐低糖低嘌呤／软烂食物专区、个案套餐和送餐服务等。整个泰康之家连锁长寿社区的餐饮管理体系中，形成了 4000 多道涵盖多国多地菜系的菜品，在每日高频次的打磨与沉淀中，我们正在逐渐建立中国老年膳食领域较为先进的实践框架。

我们对"饮食文化"的打造也尤为重视。任何类型的社群都应当自觉融入本土文化，如果说群村和太阳城的文化符号避不开高尔夫球场，那么中国长寿社区的文化符号也避不开"吃"。燕园和申园的餐饮部在社区中持续不断地开展着美食文化交流、节气节日活动、营养讲堂等各类美食活动（见表 5-2），每个节日和节气都是一次对文化与记忆的回味。每季度社区间组织的厨师轮换让燕园和申园的居民可以定期品尝到最地道的京菜、苏菜、粤菜、川菜、楚菜……这些活动一方面能够促进居民积极管理自身的营养摄入和饮食健康，另一方面也加强了居民对于"家"的感知。在 2019 年除夕那一天，燕园里办了 66 桌"团圆饭"，泰康居民、居民家属和工作人员们欢聚一堂，在燕园共度佳节，那热闹繁忙的景象令人记忆犹新。如果老人愿意邀请家属来泰康之家吃年夜饭，我们会把这视为最大的信任与激励。

三大基础保障

除营养美食之外，我们认为对于老年人来讲另一个基础需求就是保障的需求，其中主要包括对日常生活的保障、对身体健康的保

表 5-2　燕园丰富的饮食活动（2021 年上半年）

活动名称	举办次数	活动内容
节气活动	12	专属节气的特色美食
春节美食	7	推出燕味酱品类年货，增添牛年节日气氛。除夕推出 2 场、春节期间推出 6 场以地域特色为主题的美食活动
元宵节中西融合自助	1	举办"中西融合自助午餐"活动，通过现场制作的方式，让居民体验"及鲜美食"
烧烤大排档	1	满足更多居民对美食的需求，以环保的方式推出品丰富的大排档自助产品
传统节日美食	6	龙抬头、母亲节、父亲节、清明节、劳动节、端午节为居民提供对应的节日美食，让居民感受节日的快乐
煲中江湖系列	3	春夏以炖品类菜为主入煲，秋冬以汤品类为主入煲，可以保温更长时间，让居民饮食更有温度
泰美味	6	居民与厨师进行现场互动，大厨讲解饮食文化，营养师进行产品营养介绍，居民现场观看烹调表演
风味美食节	5	迎建党 100 周年及燕园开业 6 周年，推出不同地域的风味美食
营养大讲堂	4	引导居民选择营养食物并了解日常饮食的搭配技巧
阳光厨房之味 & 养	2	近距离了解自家厨房的日常管理、食品安全、标准规范，让居民安心放心
护理业态美食活动	12	满足护理区老人对美食的需求，现场互动表演，现场感受美食的快乐

障以及对财产安全的保障。

　　日常生活方面，CCRC 的四种业态首先为不同健康状况的居民提供了不同等级的保障。社区中的大部分老年人都是能够独立生活的，而我们的社会其实有一个盲区，当老人还能自理时，他们在日常生活中到底需要什么样的协助？为此，燕园和申园为每个居民都安排了一位"管家"，负责全天候响应居民的保障需求，他们同时也是各条线的资源协调人、风险监测人、居民生活网络构建的引导人和权益保障人，泰康居民将这些样样全能的管家亲切地称呼为"专职儿女"。从管家琐碎的工作内容中（见表 5-3），我们可以窥见在中国居家养老的老年人身上常常被忽略的一些现实：他们需要高频率的访视和安全确认，需要陪伴与交流，需要有人答疑解惑，需要有人陪伴去医院，不方便做大量的体力活。燕园与申园在解决这些问题时拥有极大的优势，通过集中化服务取代分散式服务，为老年人提供更有效率、更为周全的日常生活协助。此外，燕园和申园还提供了独有的"1+N"服务，由管家和社工承担个案管理师的职责，与多学科专业团队进行协同，做到主动识别并干预社区居民遇到的风险情况。在燕园，这种个案干预方案的实施每季度都有几十例。

表5-3 燕园管家的部分服务项目与频次（2021年第一季度）

管家服务项目	频次	管家服务项目	频次
有效紧急救助	3.3个/日	拉绳报警处理	8.52次/日
内外院陪诊	5.6人/日	咨询与协助	100余次/日
代收快递代发报纸	830件/日	社工疏导	12~15人/日
每日访视	80~100人/日	家属访视接待	55人/日（节假日160~170人/日）

医疗保障方面，燕园和申园配套的康复医院为3000多位泰康居民建立了全员覆盖的电子健康档案，其中接近70%的人患有慢性病，全体居民中有一半都患有高血压，且这一比例随居民年龄增长日益提升。对于慢病来讲，国内公立医疗体系的医疗资源主要投放在诊断和治疗方面，缺乏预防、保健和后期的康复环节，而这些环节恰恰是降低病人整体治疗成本与减轻病痛的主要环节。燕园和申园康复医院搭建的"急救—慢病管理—康复"三重防线，就覆盖了体检、预防、保健、诊断、治疗和康复全链条，依据居民的体检情况不断调整健康管理服务安排，由社区医务室专职家庭医生、社区管家、社区护工组成慢病管理团队，为社区老年居民提供日常性

的慢病照护。在燕园，康复医院建立了 24 小时值班制度，2020 年全年为社区居民提供门诊服务 3.1 万人次（以慢病取药为主），提供紧急救助近千次，居民出院 499 人次。燕园还与就近的三甲医院合作建立了绿色通道，方便及时将病人转院送医。在申园，康复医院实行两级家庭医生制度，不超过 300 名居民配一名全科家庭医生负责活力区健康管理，一名兼职医生主要管理居民的情绪心理问题，整体上对 90% 的中低危居民每 3 个月随访 1 次以上，对 7% 的中高危居民每月随访 1 次以上，对 3% 的急性期高危居民每周随访 1 次以上。在长寿时代，健康不再仅仅关乎疾病问题，更关乎人们如何保持正常生活的能力。长寿社区为居民提供的服务覆盖饮食、安全、身心健康照护与日常协助，这也正是长寿时代与健康时代的发展趋势，医疗保障从以治疗疾病为主转变为全生命周期的健康守护。

值得一提的是，2020 年疫情期间，在社区工作人员和居民及家属的共同努力下，包括燕园和申园在内的 6 家长寿社区交出了 3400 位居民零感染的优秀答卷，成为居民们在疫情暴发时最安全的"生命堡垒"。有的家属在春节前已经将老人们接回家过节，疫情到来时他们还没有收到封园通知，就已经纷纷把老人们送了回来。这也成了长寿社区提供全方位保障、不负居民信任的最佳例证。

财产保障方面，专业机构的责任尤为重大，能够为老年人创造的价值也更为可观。第三章已分析了老年人的金融行为的独特性，他们持有为养老和医疗储备的大量资金，同时独立金融决策能力下降，对各类新型金融诈骗的辨别能力也在下降。在对泰康居民做调研时，我们能够感受到居民强烈的理财需求与对财产的担忧，居民提及很多的三个话题是：金融投资安全风险，办理理财业务时的身体不便和事项遗忘，意外发生时对财产处置的担忧。得益于泰康多年在寿险领域的精耕细作，长期稳健投资是泰康的专长和本行，而自营长寿社区又为我们创造了服务于老年人全方位理财需求的场景。泰康旗下的资产管理子公司分别在 2015 和 2016 年建立了燕园、申园理财室，一方面为老年人开展金融知识普及讲座，承担起守护居民"钱袋子"的重大责任，另一方面为居民提供风险相对低、收益相对稳定的理财选择。在服务支持方面，社区有理财专家定期提供线下"坐堂"服务，社区工作人员也配合帮助居民开展线上理财活动，守护居民的财产安全。截至 2021 年 4 月，泰康资产管理公司在燕园和申园为居民推出了 20 余种理财产品，为居民理财的资产规模近 7000 万元。让居民在泰康的业务体系中变得更长寿、更健康、更富足，也是泰康旗下各子公司业务协同的初衷所在。

文娱、学习、社会交往与精神家园

对于老年人来讲，精神生活的重要性不亚于躯体健康和心理健康，如果身心健康是维持老年人正常生活品质的基础，那么精神追求就是有关老年人是否幸福的问题。我们在美国考察时，有养老机构的工作人员跟我们分享，"要维护老年人的生命之火"。我们可以从科学研究和无数鲜活案例中看到，当老年人的需求和追求被压抑，其身体机能和认知能力也会迅速衰退。我们都听到过身边老年人用"我都这岁数了"为理由去拒绝接受新事物，用进退废，人在老年阶段的自我放弃是一个漫长、无助又悲哀的过程。泰康作为高品质养老行业的领头羊，激励老年人终身学习、勇敢尝试新事物是责任所在。我们将长寿社区定位为"温馨的家、高品质医疗保健中心、开放的大学、优雅的活力中心、长辈心灵和精神的家园"，就是要以保证老年人的身心健康为基础，在此之上着力满足老年人更高层次、更为丰富的精神追求。

在这样的理念驱动下，燕园和申园都建立了乐泰学院，以"养心、修身、齐家、有为、看天下"为宗旨，专为泰康居民们推出百余门高水准精品课程,让居民们在学习中促进生理、心理和社交能力的提升。在2021年第一季度,燕园乐泰学院的课堂开设了32门课程,其中百人以上参加的精品课程4门,课程内容及门类丰富(见表5-4)。这些持续更新的课程激励着居民们终身学习,与社会同频共振,持续进步。居民在日常学习课程和讲座之外,还主动组织了数十个兴趣社团和爱好小组,在这里总能找到志同道合的朋友。社区也通过开展形式多样的节庆活动、外出活动、特色活动为居民们的生活增添色彩和乐趣。为了确保活动的适老性,社区特别配置了文娱活动师这一职位负责活动设计。申园开业5年以来,举办各类活动累计550多场,居民们自己有个精辟的总结,"开门尽是笑脸,醒来必是节日"。社交孤立是老年人脱离工作环境后身体机能和认知能力衰退的原因之一,长寿社区通过打造全天候的学习与活动气氛,帮助居民们融入社群,改善精神状态,延续健康幸福的生活。在这种氛围中,许多居民开启了自己的斜杠人生,参加乐泰学院、乐泰俱乐部、模特队、合唱组、钢琴班、摄影班、游泳班……我印象里燕园门球队的队员们平均年龄超过80岁,男教练和女教练更是90岁高龄的人,他们在冬日的球场上享受着比赛,那种健康积极的状态令人备受鼓舞。

表 5-4 燕园"乐泰学院"的丰富课程(2021 年第一季度)

课程名称	主要内容
专业兴趣类	合唱与发声班、钢琴班、数独班、智能手机应用班、燕园讲坛、摄影大课堂班
音乐影视赏析类	中国唱片欣赏、纪录片欣赏、精选电影欣赏、星期音乐会、芭蕾舞剧欣赏
运动养生类	运动健身公开课、防跌倒课程、八段锦、经络操、舞蹈时间、乐泰中国舞、营养讲座、芭蕾形体、手部反射、音乐治疗工作坊、养生堂等
文化艺术类	行书班、穿越历史·回望宋朝、燕园科技讲堂、非遗国粹手工课、丝网花制作、国画基础班

除了终身学习和持续社交，燕园和申园还鼓励居民设立梦想清单、参与"追梦计划"，主动实现人生新阶段的每个梦想。"追"是一种持续向前迈进、充满期待的生活状态，而"追梦"的过程会赋予居民仪式感、成就感和幸福感。燕园和申园的文娱活动师、管家会陪伴居民共同设计追梦方案，甚至居民的家属也会参与其中。在这个彼此加深理解、产生新火花的过程中，居民们内心深处的所需所想会逐渐浮出水面，居民们的活力与潜力也由此得到再一次释放。2021年是追梦计划实施的第三年，三年中居民们在社区工作人员的帮助下办画展、当主持人、出版图书、梦回童年甚至举办婚礼，在梦想清单中留下了一个又一个幸福的瞬间。

安宁疗护与生命观的重塑

燕园刚开园时，一对老人在入住前曾对燕园的工作人员感慨说，"我们人生的最后一站，就托付给你们泰康了"，这让服务的工作人员诚惶诚恐，责任如有形般沉甸甸地压将下来。在那时，我们虽然提出了服务客户全生命周期的理念，却还没做好直面客户人生最后一程的心理准备。五六年一晃而过，燕园与申园逐渐发展成熟，同时我们也陪伴了上百位居民走完人生最后的旅程。在这个过程中，包括我在内的泰康工作人员不断被这些比我们更加年长也更加平和睿智的居民教育和影响，每一次守望生命的经历，都组成了泰康之家与泰康居民宏大生命观中的珍贵部分。相信燕园与申园的每位工作人员心中都有一次最难忘的"告别"，而我心中最难忘的告别来自燕园居民崔可忻老师。

钱理群教授和夫人崔可忻老师是泰康之家·燕园社区的首批居民，2018年崔老师被诊断出罹患胰腺癌，医生说她只有4个月的生命。她并没有显得慌张，凭借在医学领域工作多年形成的先进认知，她为自己制订了不做化疗、不动手术的方案，就住在燕园康复医院里接受疼痛治疗和安宁疗护服务，钱教授每天从社区走过去陪她。她表示要利用这最后一段时间"积极做事"，要赶在死神来临之前完成未竟梦想，把最后的人生安排得尽可能完美，将生命的主动权牢牢掌握在自己手里。在8个多月的时间里，她连续完成了四件出人意料的大事。第一件是在燕园的春节联欢会上做"告别演唱"，她要将"永远的美"留在人世间。83岁的老人穿了一身洁白的连衣裙，站在舞台上一展歌喉，她身上绽放出的那种美丽，对生命的豁达，可谓震撼人心。第二件是要把家里的东西全部清理一遍，干干净净、清清爽爽地离开，不留任何麻烦事给家人。第三件是亲自安排身后事，不开追悼会，不收悼词和花圈，只办一个小的告别会，并为此精心挑选了自己最端庄美丽的照片用以摆放。最后一件事是组织编写了自己的纪念集《我的深情为你守候》，钱教授认为这背后的深意是让一群曾经相识相伴的朋友通过回忆与她的交往，追忆一段往昔岁月。崔老师生病以后，我去看望过她四次，每次她和钱教授都谈笑风生，没有一点罹患不治之症的悲观之感。他们对待死神的态度、对待生命的态度是那么优雅恬淡，这就是精神的贵族，是永存的生命。钱教授曾说："既然一辈子都要追求人生的意义，那就应该一追到底，哪怕到最后一刻，也要争取生命的质量。"我觉得崔老师和钱教授有着高贵的灵魂，是面对死神、面对人生最后一段旅程的典范。

燕园与申园在送居民去往人生"最后一站"的路上做了很多功课，其中一些在国内市场甚至在人们的家庭生活中都属于缺失部分。人生的落幕阶段是一个不可避免又至关重要的阶段，我们身边的很多老人都曾经在暗夜中孤独无助地面对这个问题，希望在泰康之家，这些沉重的思考可以走到阳光之下，让他们获得有温度的帮助。同时，我们认为"尊重"与"挽留"是并重的，燕园与申园的社区及医院为居民们提供尊重个人意愿的法律援助和安宁疗护，泰康的纪念园板块帮助居民们提前为身后事做好安排，在上百次的陪伴与离别中，我们铭记了生命的温度。泰康的价值观是"尊重生命、关爱生命、礼赞生命"，这种感悟来自生命，又回归生命，它从来不是一句口号，而是我们每一天用实际行动践行的企业信条。

美国养老社区在中国落地生根

在 2015 年至今的持续运营中，美国活力养老社区在消费端创造的丰富理念与服务被充分吸收，在融合了中国现实情况和本地文化之后逐渐落地于燕申二园，并由此形成了有中国特色的长寿经济试验田。可以说，泰康之家扮演了引领者的角色，在中国还没有真正意义上的大型养老社区实践时坚定地迈出了第一步。

令我非常欣慰的是燕园居民章教授和夫人李教授的经历。他们在退休前走遍了美国的养老社区，都没有找到适合自己养老的地方，回国参观燕园后认为这里比美国的养老社区还要好，就坚定地选择了回国养老、入住燕园。我 2016 年前往看望的时候，他们精心布置着燕园的家，每个角落都摆放着记录过去生活的纪念品，谈到尽兴时，章教授还在夫人的钢琴伴奏下即兴演唱了一曲《可爱的家，我们的燕园》。燕园的第一个芭蕾舞俱乐部，也是在李教授的推动下建立起来的。她在入住燕园时已经离开心爱的芭蕾舞数十年，是在看到燕园的舞蹈室之后才重燃起热情，并主动担任了编舞老师的角色。自 2016 年起，燕园居民们自发组织开设了芭蕾舞形体课，舞者们平均年龄 73 岁，最大的 83 岁。她们精心排练的舞蹈在泰康司庆等重大活动中频频亮相，舞台上跃动的斑白银发与自信笑容，是泰康居民的写照，也是泰康之家这种模式逐渐被认可接纳的最好例证。

2019 年，泰康之家曾组织高管再次前往美国考察相关产业，对比下来我们认为，燕园和申园提供的服务广度和深度不但达到了美国同类社区的水平，甚至在一些方面还有所发展。在燕园与申园的独立业态中，我们更加注重医养结合和基础保障，包括配备专属管家和家庭医生，提供养生膳食和个案套餐，开展运动健身指导，定期进行入室安全检查，提供个性化的理财和法律服务等。在文娱社交方面，丰富的课程与活动内容融合了地方文化，更加符合中国老年人的精神需求，相应的公共设施也普遍优于美国。在协助生活、专业护理、记忆照护业态方面，燕园与申园在提供专业周全的照料和治疗服务外，还为居民配备全职的个案管理师，同时兼顾社交与节庆活动的安排，令居民即使处于需要照护的状态下，也依然维持身心的健康愉悦。此外，泰康的医疗与纪念园板块支持我们服务居民的全生命周期，为重病的居民提供专业的安宁疗护服务，守护好他们人生的最后一程，这也是美国养老社区较少触及的领域。

同时，在数据时代的背景下，我们也正在将长寿社区打造为智慧型长寿社区。泰康的申园二期、燕园三期和其他即将开业的园区将落地一系列智慧科技服务，全方位融入安防、健康、生活等方面。安全方面，从无线报警定位、活动轨迹监测、体征雷达以及离床报警到人脸识别等各个系统，将有效预防老人的跌倒及走失风险；生活方面，交互大屏、服务机器人等的运用，将为老人带来更多便捷和乐趣；健康方面，通过智慧科技，居民可以享受到健康档案、慢病管理、远程问诊等服务，获得定制化的健康管理计划，这些已成为泰康智慧医养融合的新名片。我们通过科技的应用打造更多适老化设施，通过挖掘数字技术为社区居民带来更多便捷、生机与活力，将泰康的长寿社区逐步打造为面向数据时代和长寿时代、给居民集中赋能的长寿经济试验田。

让美国的养老社区模式在中国落地生根，用更低的成本为客户提供优质服务，这对泰康之家来讲是一个值得记录的里程碑。然而就像前文所说，仅仅把老年人定义为消费者是不够的，以消费为主导的长寿经济在人口老化的大背景下必然缺乏活力，只有真正做到为老年人继续参与社会生产、创造财富提供可能，才能催生出长寿经济下全新的供给模式，这也是未来泰康之家与泰康居民的共同使命。

泰康居民的价值再创造

今天的老年人比历史上任何时代的同龄人都更健康、更富有活力，而且他们在这样的状态下生存的时间将会越来越长。美国学者约瑟夫·库格林曾指出，长寿经济的未来很大程度上取决于老年人在其中的行动，这也是燕园与申园秉持的理念。燕申两园居民的平均年龄超过 80 岁，其中 90 岁以上的高龄老人有 380 位之多，最年长者已经 103 岁，长寿社区"实至名归"。他们是新中国的第一代和第二代建设者、奋斗者，包含 20 余位校长和院士，是为国家和社会发展做出巨大贡献的一批人。他们大多精神矍铄、思维清晰，拥有丰富的经验阅历和人生哲思，既有像钱理群教授这样退而不休、笔耕不辍、不断为社会创造价值的学术大家，又有各行各业实践经验丰富的专业人士。毋庸置疑，他们是我们这个社会的巨大宝藏。

泰康居民的丰富成果

居民们在泰康之家拥有丰富生活的同时，也开启了人生的新阶段，与更多的人分享他们的智慧和经验，实现着价值的再创造，成为长寿经济供给端的推动力量。同时，燕园和申园工作人员的重要工作内容也包括激励居民尝试新事物，推动居民通过更灵活的方式参与价值再创造、对内或对外传授知识技能和经验，甚至切身参与社区管理，创造属于他们自己的"第三次人口红利"。

在燕园和申园，截至2021年5月，共有350余位居民担任过讲师、俱乐部牵头人、活动支持人员等志愿服务者，他们为本社区甚至其他社区的居民讲授乐泰学院课程累计超过3400课时，包括钱理群教授在内的燕申二园居民在社区生活过程中共出版各类著作近30部，让燕园、申园成了名副其实的"价值创造中心"。为了营造这种文化传承传播的气氛与平台，社区特意打造了"与大家为邻"的IP（知识产权），在此IP下组织以居民为主导的涉及各行各业的一系列讲座，充满智慧火花的讨论每一天都在燕园、申园上演着。

社区居民的创作成果不仅成为丰富社区文化生活的重要载体，也成为老年人和社会重新建立联系、创造价值的渠道，这是升级版的长寿经济的重要特征。我们有理由相信，在数据时代的新技术加持下，泰康居民创作的各类丰富内容的影响范围将不仅仅局限于社区，还将通过短视频、直播、公众号等方式获得更广泛的传播。

申园中，冯先生把自己在申园四年的生活写成了一本叫《申园印象》的书，他还和喻教授发起、策划了《笑谈人生》节目，把上海独有的海派文化带到了申园。冯先生的夫人徐女士重新拾起年少时喜欢的钢琴，常常与社区的姐妹们一起穿上旗袍，展示海派女性独有的魅力，参与排练的节目时常在泰康各地活动中进行演出。还有桥牌俱乐部总教练陆老师，他作为业余的电影评论家和电影收藏家，在入住长寿社区后，办起了电影放映室，放映自己收藏的经典电影，同时还主动制作电影介绍、观影评论等内容，颇受欢迎。燕园中，包括陈女士、赵先生在内的多位居民在社区内办起了个人艺术展，展出期间好评如潮，观众十分踊跃。作为清华大学和北京大学教授的葛教授来到燕园后依然伫立讲台，为居民们讲授量子物理，他的专业见解得到了居民们的阵阵掌声。从国家队退休的总教练侯老师，曾经作为国家队的游泳运动员出国参加比赛，退休后一眼相中了燕园的游泳池，在他的指导下，一些年逾八旬的居民学会了蛙泳、自由泳，甚至还能游几下蝶泳，这令毕生从事体育事业的他感到无比自豪。这些充满活力的故事，此刻还在燕园和申园的广阔试验田上演着……

与泰康居民共建长寿社区

由于泰康居民一生的智慧和经验积累是宝贵的财富，我们还倡导建立议事组织"乐泰理事会"，发挥居民自己的才智以提升社区的管理水平。理事会能够对居民共同关心的具有综合性、全局性、前瞻性的问题，深入开展调查研究，并提出解决问题的合理化建议，承担着成为居民与运营者沟通桥梁的重要作用。这些建议中有很多是非常具有启发性的，有个令我印象非常深刻的建议是一位申园居民提出的。他说上海在20世纪发展出的"海派文化"曾经引领了一种生活方式，今天我们完全可以在申园创造一种"海派活力养老"的新风尚。这是多么富有创意和价值的建议，从那时起，打造海派养老风尚就融入了申园的经营建设。

实际上在2014年底，我们的乐泰理事会就已经成立了。那时距离燕园开业还有半年的时间，管理层用了将近3天的时间跟燕园未来的居民进行探讨交流，燕园在我们的客户眼中应当是什么模样的。除了乐泰理事会及其专业委员会，社区中的共建组织还有许多形式。截至2021年5月，燕园第一党支部已经有42位居民加入，他们无一例外都是终生艰苦奋斗的老党员。这里也是各大高校的校友会聚集地，其中燕园的北大校友会有100余人，清华校友会有60余人，这些高校校友会都是社区中的活跃组织，已经成为居民们的精神港湾。

我们深知，长寿经济中新需求的真正主导者、新供给的真正创造者，应当是这群睿智又包容的老年人，而企业能做的则是在这个过程中顺应需求、催生需求和搭建平台。与老年人平等对话，尽可能避免代为决策，给予真诚的倾听、理解和尊重，这种理念是社会中普遍缺乏的，但目前已经被贯彻到了泰康之家所有园区的经营之中。这也赢得了居民的认同感和归属感，越来越多的居民愿意骄傲地向外界宣布自己"泰康居民"的身份。老人们对"泰康居民"这一身份的认同说明，长寿社区已真正承接起了"家"的功能。相信"泰康居民"这个遍布全国的老年群体将逐渐被社会认识，并在长寿经济的创造中发挥出独特的作用。

乐泰理事会目前已经拥有健全的章程制度和运作流程，如第二届燕园乐泰理事会自2019年5月成立，截至2021年4月已经组织了14次理事会议。预计在2021年，我们将正式成立乐泰理事会全国总会，期望燕园、申园和各个社区的理事们再上一步，以泰康之家全国连锁养老机构平台的视角，为这场浩荡而来的养老革新贡献力量。

"时间银行"在长寿社区落地

在进一步倡导居民再创造的过程中，燕园和申园还引入了"时间银行"机制，以此激励居民相互帮助，积极投入自身管理与社区管理，共同加强外界与社区的联结。"时间银行"起源于日本，发展于美国，最初是指一群志愿者组织的具有互帮互助性质的公益项目，志愿者将参与公益服务的时间存进时间银行，自己遭遇困难时就可以从中支取"被服务时间"。而今我们将这种模式结合了中国社会和泰康长寿社区的实际情况，特别打造出泰康之家版时间银行的相关流程与系统。居民们通过积极参与社区共建、支援社区活动、自我健康管理，甚至运用自身经历帮助园区引进社会资源等不同方式，在自己的"时间银行账户"中积累乐泰币。这些丰富的积分项目涉及上文提到的长寿经济新供给中的所有方面（见表5–5）。

需要时居民可以支取乐泰币，用来支付日常生活中的消耗品、餐饮用品以及健康服务。居民们利用这种方式充分发挥自身的能力，发光发热，释放活力，许多居民感慨在社区中体会到了"老有所用、老有所学、老有所乐"的真正含义。

表 5-5 燕申二园的时间银行积分项目

积分项目	具体内容
社会服务类	课程讲授，在乐泰学院担任志愿讲师
	活动支持，在社区举办的各类活动现场提供支持
	特定志愿服务项目，如陪伴阿尔茨海默病患者、失独群体等
	俱乐部负责人，负责俱乐部筹建、日常活动组织等
	理事会工作，担任乐泰理事会总会、分会或专业委员会的成员
	居民共建，担任居住楼层的楼层长/楼长，协助开展各项楼层活动
	引进资源，如活动及授课资源等
生活方式类	活力养老类：参加各类小组活动、俱乐部，运动打卡及计步，参加园区课程赛事等
	健康养老类：完成营养任务、康复任务、血糖血压和血脂的自我监测任务，购买有偿照护等
	文化养老类：举办展览、出版著作、举办主题活动等
	我爱我家类：亲友探访、与亲友共同参与活动、亲友为居民在社区充值消费等

这一机制于 2019 年在燕园和申园正式推出，整套流程的闭环管理需要泰康"1+N"团队和全体居民的共同参与配合，截至 2021 年 5 月，申园的时间银行中已经有 73 位居民建立了账户，积累了超过 4000 小时的服务时间。这种全新形式的尝试独具意义。时间银行令老年人成为供给方，他们为社区运营方创造价值和提供服务，并以"乐泰币"这种形式进行存储，以此兑换未来的服务。这样就模糊了长寿社区中消费者与供给者的绝对身份，提高了价值交换的效率，令长寿社区成为一个更加有机的社群集体。

我们通过鼓励居民再创造、社区共建和引入时间银行等方式，为长寿经济提供了一种新的思路，这也是我们认为燕园和申园比美国活力养老社区更为先进的地方。想要打造属于老年群体的有效市场供给方式，我们需要把工业社会中传统的"读书—工作—退休"模式进行重构，将它模糊化、分散化、点状化，确保老年人可以在终身学习、医疗养老、价值再创造之间灵活转换。社会企业应当为老年群体创造更多灵活的、定制的、零工式的价值创造方式，这也是缓解长寿时代社会问题的重要方式之一。

泰康的长寿社区正在不断孵化出长寿经济下为老年群体量身打造的新供给和新需求，我相信以燕园和申园为代表的泰康长寿社区作为长寿经济试验田进行的创新尝试，只是长寿经济整片疆土中一个小小的样本，但这或许也是最亮眼的一抹色彩。而具有全新理念的泰康之家长寿社区，在泰康深耕寿险产业链和大健康生态体系的布局中也是重要的一环。正是长寿社区的养老服务，激发了泰康创新的保险产品"幸福有约"，激发了面向未来人们健康财富管理需求的崭新职业"健康财富规划师"，三者共同形成了泰康全新的商业模式。在这个商业模式之下，泰康得以将虚拟的保险和实体的医养服务打通，为客户提供全生命周期的服务，创造了长寿时代从筹资到服务的整体解决方案，我相信这将成为长寿经济中一种最主流的经济形式。希望这套方案能够推向行业、走向社会，成为启发消费市场、资本市场、服务市场变革的一束火炬，让我们得以看清长寿经济的广袤天地。

第六章

面向长寿时代的企业创新之路

泰康决定进军养老产业，是源自长期以来对中国人口和社会发展趋势的洞察。当中国快速进入人口老化的轨道，迎来长寿时代，我有一种直觉，泰康作为一家寿险公司，应当在这个时代中有所作为、承担责任。

从 2007 年决定进军养老服务市场开始，我们调研国内养老市场，进行过数次尝试，同时组织大规模出国考察，学习美国的 CCRC 模式。到后来成立泰康之家，在国内选址设计、施工建设，经过 10 多年的研究、消化和本土化落地，我们终于让这种独具魅力的养老方式在中国落地生根。10 余年求索之路，我和我的初创团队可以说是从零开始，克服重重困难，始终没有丝毫迟疑。泰康进入养老产业的选择暗含着必然性，因为它源于泰康一脉相承的商业理想。泰康在中国改革开放的浪潮中诞生，在中国市场经济的繁荣中发展壮大，因此也会坚定不移地投身于中国社会的发展进程之中，通过持续深耕寿险产业链，满足人们全生命周期的需求，让泰康成为人们幸福生活的一部分，让人们更长寿、更健康、更富足。

希望泰康的创业之路，能够引发更多企业家的思考，成为中国企业主动创新变革、积极拥抱长寿时代的有益样本。当这样的企业家一波接一波，浩浩荡荡、汇成浪潮时，中国定将在长寿时代引领世界发展的新潮流。

商业理想主义和企业家精神引领变革

商业的本质是通过价值交换提升社会福祉和效率，由此推动人类社会的发展和文明的进步。交换活动带来新的分工，并在这个过程中产生了商业，由此又诞生了商人这个群体。但人性的弱点是在利益面前容易短视，在商业上就体现为商业机会主义。我认为做企业要有"商业理想主义"，要站到一万米的高空看这个世界，身处一百年的时空观察这个世界，这样才能有远见与坚持。面对即将到来的长寿时代，我们要站得更高、看得更远。

在长寿时代，寿命延长和老龄人口数量剧增，带来健康、养老需求扩张和供给压力，需要政府、企业和个人及家庭三个层面合力面对。企业家与现代企业制度共生，是生产要素的直接配置者，他们按照市场规律去寻求最优配置，通过企业创新形成关于社会问题的商业解决方案，至少可以在三方面产生作用：一是创造财富，做大支付基础；二是扩大供给，振兴产业；三是创新商业模式，提高资源配置效率，甚至创造新需求。

企业家应时代而生，与时代相互成就。美国的"石油大王"洛克菲勒、"钢铁大王"卡耐基、"汽车大王"福特是工业时代最典型的例子。他们均在19世纪末敏锐把握到时代的脉搏、发动行业变革，使美国得以迅速进入机械化、工业化、现代化社会，进而创造了第一强国的发展奇迹。当企业家预测到未来社会的发展趋势，形成自己的前瞻性预判，就会主动寻找新的商业机会，从而更好地迎接社会挑战，抓住时代机遇。

福特和苹果这两家伟大的企业就是最典型的例子，是商业理想主义和企业家精神的代表，它们让理想照进现实，改变了世界。福特先生当年的梦想，就是让他的工人也能开上他们自己生产的汽车，让天下的人都能够坐上福特车。他提出："我会打造一款大批量生产的汽车，它有最简单实用的设计，低廉的价格让每个普通家庭都负担得起，购买它的人都可以与家人一起享受汽车带来的乐趣。"因为这个理想，他在工业时代初期就引领标准化革命，改进了流水线的生产模式，大大地提升了生产效率，降低了生产成本，让汽车进入普通中产家庭，让他的商业理想成为现实。

乔布斯于1997年回归苹果公司，挽救苹果于危难之际。和所有白手起家于硅谷的新技术英雄一样，梦想是那个时代最灿烂的商业阳光。而乔布斯与众多硅谷英雄不一样的地方，则在于他对商业理想近乎教徒般的执着与疯狂——"活着就是为了改变世界"。他对产业方向有着天才般的嗅觉，而对产品和技术细节又有着近乎魔鬼般的苛求。他创造了新的市场格局和消费需求。在个人电脑和互联网席卷世界的大潮后，乔布斯引领了移动互联的时代，成为改变世界的重要力量。

如果说，福特的汽车代表的是工业时代，是通过技术的革新让商业理想成为现实。那么，乔布斯的苹果代表的就是后工业时代和信息时代，将科技和艺术结合，让商业理想主义发挥出无与伦比的力量，让消费者为之惊喜，让世界为之精彩。苹果与福特也代表了商业引发社会变革的两个最重要的方面，一个是改变人们的生活方式，一个是通过创新降低成本，让更多人享受到更好的生活。

把握历史的机遇就是顺势而为。长寿时代将构成下一个庞大的世界观，长寿经济也将成为人类社会发展的新趋势，世界需要更多充满商业理想主义的企业引领；企业家要不断实践，创新商业模式，为人类社会即将面临的最大挑战提供切实可行的商业解决方案。我坚定地认为，中国有着数量最多的长寿人口，这样的企业必然会诞生在中国，他们也必将在这片广袤的大地上发起一场养老革命。

在中国，企业家们正在引领变革。回望改革开放 40 年，中国企业家发展的历史波澜壮阔——从"84 派""92 派""海归网络派"到今天创业的所有企业家。其中"92 派"是我提出的概念，也就是指与我同期下海的这一批企业家。我们这批人身上拥有非常鲜明的时代特点：第一，这是国家主流精英下海经商的一个大潮流；第二，这批人是真正理解市场化现代企业制度的创业者，是中国现代企业的试水者。40 年来，中国的企业家群体不断成熟，一个高素质的、具有模范力量的积极企业家群体正在形成。但凡能够走得长、走得稳、走得坚实，能够被大家敬佩、模仿和学习的企业家，一定是坚持商业理想主义的践行者。随着长寿时代的来临，我相信会有一批中国企业家成为长寿经济的探路人。

这些年来，泰康始终将"让保险更安心、更便捷、更实惠，让人们更长寿、更健康、更富足"作为自己的使命，在寿险产业链这块"田地"上精耕细作，因此，我与我的团队持续关注着中国人口结构的发展，以及在这种人口发展趋势中人们需求的变化，而这也成为泰康进入医养和大健康领域的契机。我感受到长寿时代正在呼唤企业家主动担当，正在期盼全新的商业模式造福社会、造福人民。泰康将保险与医养融合的开拓路程，就是企业家自觉向时代脉搏靠拢、推动商业创新和社会进步的过程，就是商业理想主义照进现实的过程。我曾经在 60 岁时编了一个画册，把我人生前 60 年的辉煌与风雨都扔到一个盒子里，从此开启一个全新的征程。而这个征程只有一个终点，那就是做长寿时代的大民生核心骨干企业，用市场经济的方式方法，全心全意地为人民服务。

泰康的初心与创新

人类社会的一切活动，都是从人出发，最终又回到人本身，商业也不例外。从选择人寿保险这个赛道，创办人寿保险公司服务于社会，到发现生命的意义，再到萌生发起养老革命的初心，我带领泰康发扬的一直都是"尊重生命""为人民服务"的价值观。这一价值观也引导着泰康从一家传统的人寿保险公司进入医养领域，并逐步构建大健康产业生态体系。

作为泰康保险集团的前身，泰康人寿于1996年在北京成立。在开业庆典的致辞中，我作为公司创始人旗帜鲜明地提出"泰康人寿来源于社会，立志全心全意报效社会"。泰康司徽、司训中就蕴含"以人为本""奉献社会"的理念。

泰康人寿的成立也有商业理想主义蕴含其中。1983年我离开武汉大学校园走向社会前，在珞珈山上雕刻下一个"始"字，意为"千里之行，始于足下"。这是一个年轻人开启新的人生阶段时对自己人生的期许，立志不枉此生，要为社会、为国家、为人民，甚至为人类做一番事业。20世纪80年代初，改革开放刚开始，最重要的是把一个落后封闭的中国发展起来，赶上西方国家，让中国成为一个开放的、发展的社会。那时还没有"企业家""企业家精神"这类词，我也没有想过自己能够成为企业家，只想投身到中国改革开放的大潮中。后来我去了政府研究部门工作，希望作为学者或者说智囊团成员参与中国改革开放的进程，贡献自己的专业知识。

1988年，我在国务院发展研究中心的《管理世界》杂志当副总编。那时候大家都在学习国外经验，我就借鉴《财富》杂志评选世界500大企业[①]的方式策划了"中国100大企业评价"，第二年又评出了中国500家大企业，引起轰动。那时大家在讨论，中国要富强，是要实行科学兴国、教育兴国，还是实业兴国？所有人都认为是科

---

① 美国《财富》杂志每年按照营业收入评选全球最大500家公司，过去称为"世界500大"，目前称"世界500强"已成习惯。

学兴国、教育兴国，可我研究世界500大企业发现，一个国家拥有的世界500大企业数量和它的经济总量完全呈正比。这个认识让我坚信实业兴国是根本，促使我最终放弃了研究工作，下海经商。当年毛主席说，中华民族要"自立于世界民族之林"，我认为要自立于世界民族之林，没有一批世界500大企业是做不到的。从那时候开始，我就萌生了"下海"真正去创立一家世界500大企业的想法。

1990年，在随中国青年代表团去日本访问时，我发现东京最繁华地段的摩天大楼居然都挂着广告牌"某某生命""某某火灾"，经询问才知道其中"生命"指的是寿险公司，"火灾"指的是财产险公司。正好当时我还看了一本关于日本经济的书，写保险公司在日本经济起飞的过程中发挥了重要作用，我受到很大的启发。人寿保险不仅可以做大，而且是推动社会经济发展不可或缺的力量。从日本回来，我就坚定了要创办一家人寿保险公司的初心，选择了人寿保险这个赛道。

有了初心，还要有坚守。1992年，我成为第一个到中国人民银行申办人寿保险公司经营牌照的人。当时所有人都没有看到人寿保险的重要性，都在追逐证券公司、信托公司、城市信用合作社，只有我一个人在申办人寿保险公司，这一等就是整整4年，中间遇到诸多困难阻碍，我始终没有放弃。1996年，当国家开始开启保险公司牌照审批的时候，许多人蜂拥而至，而只有我在这4年间孜孜不倦地追求。那时泰康筹开的股东结构完善，而且我已经把嘉德国际拍卖这家现代企业做得很成熟，这些都获得了央行的认可。终于，1996年8月22日，我们拿到了中国人民银行的正式批文，每年的这一天也被定为我们的司庆日。

泰康人寿于1996年正式诞生。在迈出第一步时，新生的泰康面临的一个最大问题就是：人寿保险在国际上已发展了300年，是一个很成熟的大产业，在世界500大企业里，人寿保险公司一度占了五六十家,那么在中国做人寿保险,该如何做好?如何创新?

自主创新是一件很难的事。我们想到,中国是一个后发国家,要创新就要率先找到最好的目标去模仿,抢占先机,这样才有可能成为中国之最。在我创办泰康的初期,多次率领泰康的高管、员工到台湾地区,以及日本、美国、欧洲考察访问,对当时全世界20多家一流保险公司的方方面面进行深入学习,特别是公司治理、信息技术、核保核赔等。我把这样的学习总结为"照世界上最好的葫芦来画瓢"。后来,"创新就是率先模仿"被总结为泰康的第一波创新。这奠定了泰康"专业化、规范化、国际化"的基础,泰康从诞生伊始就是一家高起点、对标国际标准的公司。

2001年,我留意到中国社会的人口年龄结构正在从金字塔形向柱状转变,中间的过渡形态呈橄榄形,日益成长的中产阶层将成为消费和理财的主力,谁赢得了中产阶层,谁就是市场的赢家。为此,泰康人寿率先提出了"买车、买房、买保险"现代生活三大件的"新生活"理念主张,随即"一张保单保全家"的爱家之约计划面世。爱家之约计划可以说是一种保险组合,它以"家庭"为投保单位,在一张保单中满足不同家庭成员对健康、养老、教育、理财等的需求,是国内推出的首个家庭保障计划。这波"新生活浪潮"可以说是泰康的第二波创新。在这一波创新中,我们开始跟中国的实际结合,自发地伴随着中产阶层的成长去提供保险服务。

在这两段创新之路上,泰康走过了第一个10年,我们一直坚守人寿保险的初心,深耕寿险产业链,不断发掘和升华生命的意义,泰康的生命价值观也在这期间得到了一次升华。在2003年"非典"暴发时期,北京通州医院一位抗击"非典"的放射科医生因感染"非典",牺牲在岗位上。由于泰康第一时间为北京市所有医护人员赠送了保险,我把赔款送到了他夫人和儿子手上。家里的顶梁柱突然不在了,有一份保险就能让生者多一分安慰。从这时起,"家庭"这个概念在泰康的发展过程中就拥有了特别的含义,我们形成并发扬了"为爱尽责、让家无忧"的理念。

泰康的另一次价值观升华是在2008年汶川地震发生后。当年数万生命在一瞬间消失,留下了多少悲哀与遗憾。我们当时预测泰康会在汶川地震中赔付3亿元,已做好了赔付准备。可惜的是,那时人们的保障意识还很弱,受灾家庭少有买保险的,即使购买也是三五千元保额的企业团体保险,最后泰康只赔付了500万元。当时泰康最大的一笔赔款是12万元,是一个花季少女留给已离异父母的,那笔赔款由我亲自送到这位少女的父母手里。在灾区现场,我拉着他们的手,凝视远方,这时候从我的骨头缝里,从我的血脉里,迸发出来一个强烈的声音,"买保险就是尊重生命"。我也从此坚信,人寿保险关乎人的生老病死,是对生命的尊重。

从珞珈山上的"始"字,到"为爱尽责、让家无忧""买保险就是尊重生命",泰康一直坚守"尊重生命、关爱生命、礼赞生命"的价值观,这也成为我们立足于社会的初心。初心,指的就是企业和企业家最原始、最核心的理想和理念。回顾泰康的发展历史,泰康在坚守初心的道路上做对了很多事,可以用"因时而生、因市而兴、因势而变"来总结:一是成立早,抢占先机,成为《保险法》颁布后首批成立的五家市场化股份制保险公司之一;二是抓住中国改革开放与经济转型的机会,实现快速发展,如在中国2001年加入世贸组织后用3年时间完成全国机构网络的战略布局,在资本市场兴起时实现规模和利润的快速积累;三是持续创新,积极引入先进经验,并逐步探索出适应国情的发展策略。其核心在于抓住每一个战略机遇期,在快速发展的同时保持稳健,在稳健经营的同时持续创新。我曾经这样总结企业的发展历程:一个企业,3年决定生死,5年打下基础,8年站稳脚跟,10年小有品牌,20年才能成为参天大树。从20世纪90年代初到21世纪的第一个10年,新生的泰康专注于人寿保险，10年坚守初心，由小变大，由弱变强，与时代和客户共成长，打下了寿险公司持续稳健发展的坚实基础。

在泰康创业20年后，泰康保险集团于2016年正式成立，这标志着泰康从一家传统的寿险公司发展成为一家涵盖保险、资管、医养三大核心业务体系的大型保险金融服务集团。这时候我们旗下拥有了泰康人寿、泰康资产、泰康养老、泰康在线、泰康健投及旗下的泰康之家等多家子公司。这为泰康投身大民生工程提供了更加广阔的发展空间。2018年，泰康第一次进入世界500强企业榜单，从评中国500大企业到创世界500强，书写了商业理想与传奇。

进军养老的缘起与求索

多年来，泰康在做大做强寿险主业的同时，也一直在观察和思考人寿保险未来的发展方向。在传统的人寿保险之外怎么扩展寿险产业链，是泰康在发展中必须回答的问题。其中一种是金融宽带的道路，扩大在金融行业内的业务经营范围。但是泰康没有选择这条路，一方面我认为市场越成熟，专业化就越重要。我们研究发现世界上金融企业走多元化道路少有成功的案例，比如1998年花旗银行和旅行者保险集团合并成立花旗集团，仅在短短4年后，花旗银行与旅行者保险又分拆成独立子公司运营，最后旅行者保险被打包出售。另一方面，所有寿险公司都会面临的一个问题是，由于人寿保险聚集了大量的长期资金，而市场上缺少足够的长期投资标的，就存在资产负债匹配的问题。泰康一直在寻求更弱的周期性和更多的长期投资机会来配置资本。尽管2006年监管放开投资选择限制，扩大了资产配置选择的范围，从而提高了保险公司的赢利能力，但由于市场上可以与保险资金匹配的长期投资标的较少，泰康在长期资产配置方面仍然有一定缺口。我们一直在寻找适合长期投资、收益稳定的标的。

除此之外，我也一直关注中国人口变化的趋势。这主要是由于过去从事宏观经济研究的经历，所以我对于人口变化趋势，对于长寿时代的到来一直很敏感。我还记得泰康成立没多久的时候，我们就曾经邀请发改委的专家给我们介绍人口老龄化、养老金，在向国外一流险企学习的过程中，我也特别注意退休金和老年市场产品，这些使我们对长寿时代的认识不断加深。

我一直认为人寿保险关乎人的生老病死，但保险作为一种支付方式如何切入中国人口变迁的问题，如何走入人们的生活，这层窗户纸一直捅不破。我和我的团队也一直在思考，除了个人年金、企事业单位养老金这些支付端的产品，保险公司还有没有其他方式可以参与到养老这个大民生工程当中。2007年我参加了一场员工的婚礼，这场婚礼成为泰康从人寿保险业正式踏入养老事业的契机。

那时养老院资源稀缺，人们普遍认为养老院或者敬老院的管理服务不够好，可不可以通过提供有品质的养老服务来解决保险客户的后顾之忧呢？如果我们去创造这种供给，去孵化这种养老产业，从长期来讲，对我们的客户，对国家和社会都有重要意义。那场婚礼举办的时候，如家连锁酒店在美国上市，他们把全国各地闲置厂房和办公楼做一些简易的装修整合后就可以开业，业务蒸蒸日上，于是我们在婚礼的间隙热烈地讨论起这件事情。婚礼结束后，我把团队留下来，讨论可不可以借鉴如家的方式，托管一些经营不理想的养老院，用轻资产托管的方式进行全国连锁，以此进入这个行业，进军实体经济，从养老的资金供给方变为养老的实体服务方。

这个想法令我们很兴奋，随后泰康内部快速组建了一个由我带头的创业团队。此时我们尚不清楚如何迈出第一步，于是就先从市场调研开始。为了做市场调研，我们把北京100多家养老院都跑遍了，还请了咨询公司去解读养老市场。调研一圈下来，我们发现那时人们普遍不愿意花钱去养老，经营不佳的养老院也并不具备改造托管的条件，"如家模式"这条路走不通。在这次调研中，我们看到了许多传统养老院里令人心酸的场景，这也引发了一个思考，到底为老年人创造什么样的生活方式，才算得上是真正意义上的高品质养老？

因为不清楚该怎么做，我们又去研究国家政策，当时国家提出"9073"的概念，90%的老年人居家养老，我们就想先试试这个最大的市场。2008年1月，我们在北京的望京进行轻资产的养老会所试验，为住宅小区内的老年人提供居家养老服务，不过试验很快就失败了。失败的原因很多：有选址的问题，因为望京是个年轻人聚集的地方，老年人少；还有商业模式不清晰的问题，那时候采用轻资产模式，房子是租的，初始面积和床位有限，配备的人力又不能少，所以成本高，经营难以持续。那时客户称赞我们把服务人员培训得特别好，但在免费体验结束后愿意为此付费的客户却非常少，后来有的服务人员还直接跳过我们，变成了客户的私家保姆。最重要的问题是，轻资产的业务对保险公司具有的长期资本来说没有协同效应，也不能为我们的主业赋能，大家都不看好。

我们没有放弃，仍然在坚持寻找保险与养老结合的商业模式。后来我们决定将"创新就是率先模仿"的方法论运用到养老领域，去那些养老行业最发达的国家学习考察。自2007年开始，我率队开启了对全球养老事业的探索，这是泰康历史上的又一轮"西天取经"，我们再次前往台湾地区，以及日本、新加坡、美国、欧洲去学习考察（见表6-1）。

在日本，我们发现它的养老社区规模都比较小，很多都是用废旧的菜市场、厂房以及学校改造的，主要面向不太能自理的高龄老人。追根溯源，日本于2000年4月正式实施的《介护保险法》明确规定，40岁以上的国民必须加入介护保险，65岁后可以在申请通过认定后享受居家介护服务或设施介护服务。相当于每一个40岁以上的日本国民都被强制买这种照护保险,用于老了以后雇用保姆,政府为这种服务提供高比例补贴,所以日本的小型养老服务机构像雨后春笋般蓬勃发展。我们在望京养老会所的实践经历证明,这种小型分散式的养老模式在那时很难移植到国内。

2008年2月,我们去了美国。那段时间我们从美国西海岸出发,一路开车看过去,可以说把美国主要的养老社区都看过了。给我留下深刻印象的有北卡罗来纳州夏洛特市的晨曦(Sunrise)养老社区,虽然这是一个只有四五百户居民的中型连锁社区,但它一流的环境与设施,还有老人们怡然自得的状态,给了我巨大的冲击。进去半个小时,我就被震撼了,它彻底颠覆了我对养老的看法。这个养老社区有餐厅、活动中心、健身中心,我看到95岁的老先生在跑步机上锻炼,一群老太太在练站姿、跳芭蕾,他们衣着整洁、打扮时尚,有的西装革履、打着领带,就像是要去赴一场盛宴。这不就是我们所追求的美好理想、美好未来吗?

那次我还去了宾夕法尼亚州的万柳(Willow Valley),这是一个有800多户居民,可以容纳2000多人,有从公寓到别墅不同业态的持续照料养老社区。它配备了高端的健身与体育中心,甚至老年人还有自己的董事会办公室,活脱脱一个开放式的社区养老大学。规模更大的是马里兰州里德伍德市的埃里克森老年生活社区。它的创始人约翰·埃里克森先生陪着我们参观,社区的老人远远看到他就跟他打招呼,对他表示感谢,双方脸上都洋溢着那种发自内心的喜悦和幸福,这让我非常感动。只要给人们带来欢乐和幸福,人们对你的尊敬和感谢就会让你很充实,我觉得这就是我追求的人生。中国许多传统的老人从来不为自己而活,他们的老年是苍白的、孤独的、没有色彩的。我当时就下定决心,一定要把这个商业模式带回中国,改变中国老年人对生命的态度,改变他们的生活方式。

在这一系列考察过程中，我们也把美国养老社区的商业模式了解清楚了。美国的养老社区颠覆了中国传统的"家庭式"养老模式，其商业模式的核心就是建立一个新型的开放式社会，或者叫社区，在社区中通过销售不动产，或者通过提供养老设施与服务并收取会费的方式赢利。那也是我们第一次接触持续照料养老社区，第一次见到那么大规模的养老社区。在美国，投资建设这种养老社区的大都是房地产公司、慈善机构。但在中国，我们认为保险公司最适合做这件事情，于是就坚定地开始推进。

美国考察之旅结束后，泰康人寿正式向中国保监会提交寿险资金投资养老社区的可行性报告和试点申请。那个时候监管部门还没有完全放开让保险资金投资不动产，而养老社区又属于不动产的范畴，我们就自己带着投影仪和音箱去跟监管部门申请，把从美国拍回来的视频和用真实照片做成的幻灯片播放给监管部门的主要负责人，以展示这样一种生活方式。我们的核心理由是，这种现代化的养老社区一定能够颠覆中国传统的养老院，共享使用权的模式能够降低成本，让更多的人负担得起。最重要的是，养老社区这种长期资产不受经济周期波动的影响，长期收益稳定，是人寿保险资金最佳的投资方向。

表 6-1　泰康考察养老社区部分历程表

时间	考察国家/地区	考察机构
2007 年 10 月	中国台湾	长庚养生文化村、润福养老社区
2007 年 12 月	日本	松下、和民（Watami）旗下养老机构
2008 年 2 月	美国	埃里克森、奥尔德斯盖特（Aldersgate）、晨曦、万柳养老社区
2008 年 4 月	美国	夏威夷养老社区
2009 年 10 月	美国	埃里克森、万柳养老社区
2010 年 4 月	美国	太阳城养老社区
2016 年 6 月	英国	保柏（Bupa House）总部

续表

时间	考察国家/地区	考察机构
2016年6月	法国	欧葆庭（Orpea）养老院
2016年10月	德国	Kaiserswerther Diakonie 医疗集团旗下养老院
2017年4月	美国	佛罗里达州群村退休小镇

  2008年4月到2009年11月期间，我们的养老社区筹备团队同时展开了全面的市场调研、投资可行性研究、商业模式研究和产品标准研究，并在北京考察了多个备选地块。2009年11月19日，中国保监会终于正式批准了我们提出的养老社区股权投资计划，泰康成为中国保险业第一家获得养老社区投资试点的企业。允许保险资金投资养老社区，是中国保监会落实国务院关于金融服务民生指示的政策创新。之前的2008年底，国务院办公厅发布《国务院办公厅关于当前金融促进经济发展的若干意见》，在提及发挥保险保障和融资功能、促进经济社会稳定运行时明确指出"支持相关保险机构投资医疗机构和养老实体"。在获得正式批复后，2010年3月，中国保险行业首个养老社区投资实体——泰康之家正式成立。我们用了两年时间，终于将泰康养老社区计划推进到实施阶段。为什么要取名"泰康之家"呢？因为我们深深希望，泰康的养老社区能够为老年人营造一种家庭化、人性化的环境。

  在推动养老社区建设的过程中，到底选择什么样的规模在泰康内部也有过争论。在美国，我们看到了三种设施型养老社区：一种是类似华盛顿郊区的埃里克森大型养老社区，总共能容纳2000多户，400多户一个组团，每个组团配备一个会所；一种是宾夕法尼亚州的万柳模式，有800多户，走高端路线；还有一种是源自荷兰的小型社区，只有100多户，更注重社交。回来之后，围绕产品定位，我们内部有过一番争论。有一种观点觉得应该选择400~500户的社区规模，无论从投资收益率，还是从销售风险的角度看，这种规模的产品都是最佳选择。但我坚决认为在中国市场必须做大型社区，2000户起步，并且要先走中高端路线，尽快形成品牌效应和影响力。

由于保险公司直接投资养老社区、长期持有并运营的模式在国内是首例，在国际上也比较罕见，一开始提出这个战略方向的时候，泰康的董事和高管们对这个模式不是很坚定，甚至认为是"跨界"。吸取之前我们个别战略执行走样的教训，我就反反复复带领大家形成共识。主要做法有两个：一是召开大量研讨会，拉着大家不断讨论；二是走出去、请进来，不仅请专家来分享国外养老模式，还把泰康的董事和高管分批次带去美国实地走访，眼见为实。

2010年4月，在获得监管部门批复后，为了推动养老战略形成共识，我决定把董事会开到美国去。为此，我率领泰康董事会成员和全体监事赴美进行了为期10天的考察，最重要的安排就是让泰康的董事、监事们全面考察美国的养老社区。其间，董事、监事们共同领略了这种养老商业模式的魅力，走一圈下来，泰康养老社区发展战略就得到了董事会的高度认同和支持。

董事会这次赴美国考察，去了亚利桑那州凤凰城的太阳城养老社区。太阳城算是美国的第一个养老社区，始建于1959年，经过50年的发展，已成为世界上最著名的退休社区，居住老人超过10万人。这次董事会之旅，也留下了泰康历史上一张有名的照片。我们到社区参观的时候，正好这里有个老人家刚过100岁生日，我猜想她二战的时候应是个护士，因为她戴着印有红十字的护士帽。她健康开朗、满面笑容，我握着她的手，感觉她的手非常有力。那是我人生中第一次见到100岁的老人，而且她这么有活力。泰康的长寿社区建立起来后，也入住了不少百岁老人，我也会去为他们庆祝。如今回忆起当时的场景，一切仍历历在目。在回国的飞机上，当时公司的董事、北京大学的孙祁祥教授写下《让我们快乐、优雅地老去》一文，发出感慨："尊重生命必须尊重生命的全过程。生命的每一个过程都是美好的：儿童的纯真、少年的狂野、中年的潇洒、老年的神闲……对老人最大的善待是让他们能够享受快乐感、具备安全感、消除孤独感。"

除了决策层和高管之外，我还在 2008 年亲自带队，带着当时泰康人寿的所有总经理去夏威夷的养老社区走访考察，同时向一线最优秀的业务人员宣传这种思想，直到上上下下充分形成共识。

自此，泰康保险集团的养老战略坚定成形，就是一定要掀起一场养老革命，改变中国老年人对生命的态度，创造一种崭新的、独属于中国老年人的生活方式。这也是泰康价值观的第三次升华。从我开始创办泰康人寿到现在，我从来没有忘记泰康的商业理想——成为一家伟大的企业，改变人们的生活，改变这个社会。面对长寿时代的挑战，我希望我还有一个甲子，剩下的时间就只做一件事——把医养进行到底，用市场经济的方式方法，全心全意为人民服务。一个企业家能够跟客户的一生结缘，能够一生为之服务，还有比这更美好的事业吗？

养老革命的中国实践

泰康在确定进军养老产业这项战略时，非常清楚即将面临挑战和困难。在养老社区的投资、建设和运营方面，我们都缺乏经验。但是我和泰康的管理层带着团队，在持续研究、摸索之后，还是形成了非常坚定、非常清晰的共识和战略思路。由于准备充分，我们在得到试点批准后，整套工作就迅速、全面地铺开了。

在我心中，最伟大的商业模式符合两个条件，一个是它应当足以改变人们的生活方式，另一个是它在技术、模式上的创新应该能够让更多人用更低的成本享受到更好的生活，就像福特和乔布斯所做的那样。我想要推动的养老革命亦是如此。想要创造出革命性的商业模式，引入美国 CCRC 模式只是第一步，还需要产品、销售、服务甚至理论体系等方面一系列的自主创新去形成支撑。虽然前路坎坷，但我们还是坚定不移地出发了。在泰康，我们常讲一句话：目标纯正，心无旁骛，做正确的事，时间就是答案。

泰康之家长寿社区在中国落地生根

泰康养老革命一开始最大的挑战之一是拿地。自 2009 年起，泰康获批成为保险业养老投资首家试点单位，拿到了正式进军养老产业的许可证之后，泰康的团队就开始在北京寻找建设首个养老社区的地块。

当时我们团队初建，成员大都是做研究出身的，没有任何房地产开发经验，只好采用笨办法，整天开车绕着北京城转，前前后后看了 200 多块地，但一直没有找到合适的机会。眼看着迟迟拿不到地，产品没法落地，我们就先将位于东三环的泰康金融大厦拿出一层楼专门改造成体验馆，把美国的养老社区模式搬过来做成了样板间，先对团队和潜在客户进行培育。这种方式被我们传承下来，现在泰康的每个社区落地前，我们都会先行修建体验馆，甚至把体验馆修到分公司里面。除了到处考察地块，我们拿地的另一个笨办法就是天天盯着北京国土局的网站看土地出让挂牌信息。

机会终于来了。2011 年国家加强房地产调控，同时大力推动保险资金服务养老、医疗产业，我们之前心仪的昌平区小汤山附近的一块地被挂了出来，我们第一时间拍板定了下来，以住宅用地的方式获得了泰康的首个养老社区建设用地，这就是今天泰康长寿社区旗舰店——泰康之家·燕园之所在。

2012年，泰康之家旗舰社区燕园的奠基仪式在北京昌平新城东区隆重举行，燕园正式动工建设；同年，泰康之家生活体验馆正式开馆，全方位展示长寿社区的建设规划和功能设计。我们没有经验，就抱着精益求精的工匠精神去试，既要将呕心沥血求取的"真经"全部倾注到燕园身上，又不能生搬硬套，落实的过程必须要适应国内的现实情况。建设一期工程，我们历经万难，设计变更了1860次，燕园终于在这种精心打磨中逐渐成形。2015年，泰康之家·燕园终于投入运营，破茧化蝶。从2007年萌生初心到2015年燕园绽放，真正是"十年磨一剑"。

在推动燕园建设的同时，我们就确立了全国化的战略，并且有着清晰的路线图，先布局北上广和成都武汉，完成东西南北中布局，再进一步深耕长三角、大湾区和京津冀版块，同时平衡好快速发展、稳健经营、创新引领这三个因素。2012年底，我们成功竞得上海松江地块，顺利开启长三角地区的战略布局；2013年，我们在广州及三亚海棠湾竞得地块，长寿社区落地大湾区；2014年，泰康之家吴园落户苏州阳澄湖半岛地块；2015年，蜀园与楚园相继落户成都、武汉，我们的养老板块延伸至内地新一线城市；2016年，我们顺利竞得杭州西湖区大清谷地块，长三角布局不断完善。

在推进全国布局的过程中，我们也遇到了很多困难，由于当时国内没有这种养老模式，各地政府部门难以理解它与传统养老院的区别，土地部门也不信任我们会对土地长期持有、自行开发运营，来自同业、媒体、社会的质疑声更是此起彼伏。我和管理层一直在勉励团队，目标纯正，做正确的事，不要去争论。

在加速全国布局的同时，我们结合中国的实际情况，形成了一整套从拿地、设计、建设到运营的模式创造。规模方面，我们的社区基本上都在1000户以上。选址方面，我们认为城郊区会是未来城市发展的方向，并且交通便利，距离最近的三甲医院应在半小时车程内。配套方面,除了贯彻医养结合的理念,配套建立康复医院,最重要的一个原则是社区建筑应当围绕着 1 万平方米左右的活力中心建成。例如建筑规模最大的燕园,三期建设完成后预计全区活力中心将达到 3.8 万平方米,两个超大活力中心连接成一条公共活动轴,对整个建筑群起到带动作用,便于居住区的每户居民快速到达,加强了居民对社交中心的可及性。

设计方面,我们尽可能邀请世界著名的设计师操刀。"上有天堂,下有苏杭",我们的吴园与大清谷两个社区坐落在阳澄湖畔、林谷之间,这里山清水秀,风景如画。苏州吴园由贝聿铭的弟子莫平先生亲自操刀打造,以新苏式风格营造出"虽由人作,宛自天开"的意境,社区规划设计委托美国顶级养老设计机构 THW 完成,低密度的养老建筑群落、亭台楼榭式的会所别具一格。杭州大清谷更可谓泰康长寿社区中的一颗明珠,我们想到南宋的都城就在杭州,而宋朝也是中国文化与美学的高峰,因此我们将大清谷的主题定为"回到宋朝",力邀日本著名建筑师隈研吾操刀设计,园区的景观水系也由日本为皇家设计园林的景观团队打造,力求将宋代建筑韵味、现代舒适居住要求和自然人文环境融为一体。

泰康的实践让拥有国际标准的"持续照料、候鸟连锁、医养结合"的长寿社区在中国落地生根,一种崭新的机构养老方式在中国正式开启。这种养老方式以"活力养老、文化养老、医养结合、科技养老"为经营理念,满足老人们"社交、运动、美食、文化、健康、财务管理和心灵的归属"七大核心需求,为居民们提供"温馨的家、高品质医疗保健中心、开放的大学、优雅的活力中心、长辈心灵和精神的家园"五位一体的生活方式。不少居民不仅早就把泰康之家当成自己的家,还要在一年中安排几个月的时间像候鸟一样飞到北京、武汉、苏州、成都等地的泰康之家去体验当地特色,泰康居民"夏有凉风、冬有暖阳"的候鸟养老梦想开始照进现实。

在泰康之家，为满足居民的生活和护理需求，我们为每位入住社区的居民提供专属的管家服务，并以居民的专属管家为核心，组建了"1+N"服务团队。由于对老年人来讲，医疗与养老密不可分，我们在长寿社区旁边建设康复医院，开创了"一个社区、一家医院"的医养结合模式，为居民构建起"急救—慢病管理—康复"三重防线，提供全方位、持续性的医疗健康服务。除了提供专业化医养照护的环境，泰康还致力于满足居民的文化和精神诉求，实现文化养老。每个园区都拥有"一个实现年轻时候所有未尽梦想的开放大学"，组建各类居民俱乐部，还在各类节日举办主题活动，满足和丰富广大居民的文化和精神诉求。

实际上，专业化的机构养老可以实现对老年人的解放，让老年的生命流光溢彩。老人最大的担忧和刚需主要有三方面：一是心灵上的，不能脱离生活，需要排解孤独，孤独感是居家养老最大的问题；二是身体上的，需要从自己做饭、自己买菜的日常生活琐事中解放出来；再就是担心生病得不到及时治疗，需要有好的医疗条件。而解决这些问题，正是机构养老的强项。我相信，拥有一定经济条件的老年人选择高品质的社区养老，将成为未来社会的必然趋势。

截至2021年1月，北京、上海、广州、成都、苏州、武汉和大清谷7个社区已经投入运营，在泰康之家安享晚年的老人达到4400余人，展现出勃勃生机。2021年，泰康长寿社区的第一个网络化布局落子上海，形成一城两社区的新格局，未来3~5年，泰康还将在全国开业25~30家长寿社区，提供4万~5万个养老单元，配建近2000张康复医院医疗床位，实现全国连锁化布局，在发达市场推进网络化建设。在全球范围内，欧洲和美国都有大型的养老企业，2020年排在第一位的欧葆庭有10万张床位，第二位克里安（Korian）床位数为8万张，第三位布鲁克代尔（Brookdale）床位数为7万张。未来，泰康布局的长寿社区全部投入运营后将达到6.2万张床位，位居国内首位，也无疑将跻身世界养老企业龙头的行列。

与此同时，由于泰康的养老模式越来越多地受到外界关注，甚至还在2018年登上了《华尔街日报》，我们也开始反思总结泰康的实践经验。在2020年我将长寿时代的概念系统性地提出后，我们开始将养老社区称为"长寿社区"，希望借此传递一种观念，即人们应当将原来消极被动的养老方式，发展成一种积极享老，并与长寿经济相结合的新型养老形态。

养老事业是真真切切的伟大事业，因为有了医养融合的长寿社区，我有很多同学都将他们的父母亲、岳父岳母，包括姐妹兄弟托付过来。最令我感到骄傲的是，我的老校长、武汉大学的刘道玉校长也入住了泰康之家。那时他在武汉大学开展了一系列的教育改革，我就受益于此，今天的这套思想体系止是基于当时受到的很好的学术训练，这也算是我替无数同学回报了我们的老校长。实际上，目前入住泰康长寿社区的居民，很多都是共和国的第一代建设者，他们之中有学术界的泰山北斗、10余所著名高校的老校长和院士、新中国成立初期下乡消灭血吸虫病的医疗队同志、倾注毕生精力于体育事业的国家运动员、在开国大典上承担志愿工作的长辈，乃至参与抗日战争及解放战争的老战士。如今，他们正在泰康的长寿社区安度晚年，我们得以替社会照顾这些为国家奋斗终生的长者，这也是长寿时代的商业企业为人民服务的缩影。

泰康的商业理想就是服务于大众的幸福生活，我们奋斗的目标就是让高品质养老服务辐射更大的人群，让新的养老方式进入寻常百姓家，就像当年福特先生所做的那样。在泰康超前布局养老产业的探索过程中，我们为社会和行业积累了宝贵的实践经验，一方面通过创新商业模式，用市场经济的方式解决社会面临的养老问题，另一方面也充分体现社会担当，将泰康数十年打磨出的养老服务经验及大健康产业链和供应链推向社会，赋能地方公办、民办养老机构和一个个家庭。泰康在 2018 年成立的泰康溢彩公益基金会，现在已经成了助老这个细分领域里"精准帮扶""专业赋能"的代名词，通过"溢彩千家"项目，截至 2020 年底我们已在全国资助养老机构 100 多家，惠及老人 4 万名。在进行"输血式"资助资金设备、改善硬件设施的基础上，我们也在尝试向"造血式"公益迈进，在"三区三州"等贫困地区开展养老服务培训，已培训各地养老从业人员超过 1.5 万人次。此外，我们也帮助养老机构建立信息管理系统，提供科技赋能，以此提高各类养老机构的管理能力，更好地为低收入老人这一群体提供照顾。这些聚焦于养老行业的公益实践拥有巨大的价值，我也呼吁未来大健康领域的有为企业共同担当，只有这样才能推动社会的整体养老环境得到实质性改善。

幸福有约产品创新面世

泰康进军养老产业其实就是深耕寿险产业链。长寿社区向上衔接医疗保险、护理保险和养老保险等产品，可以推动保险产品的创新，向下可以带动下游的老年医学、护理服务、老年科技产品等产业，实现投资、产品、服务三个方面的延伸，极大地延伸和扩展寿险产业链。保险解决的是与人的生老病死相关的问题，是最具人文关怀属性的金融产业，长寿社区提供的服务代表着一种对生命的呵护和陪伴。既然如此，那是不是也能通过一个寿险保单，把养老服务和主业保险结合起来呢？在推动实体社区建设的同时，我们也一直在思考这个问题，还成立了专门的项目组推动这个创新产品的研发。

关键的节点出现在 2011 年底。当时，其他险企也对类似产品跃跃欲试，我要求我们的产品研发加快进度，必须率先推出来。产品团队之前一直在攻关，挑战在于如果将养老服务写进保险合同，偿付能力、准备金如何计算，都没有先例。我就想到一个方法，就是"化整为零",用签署一个独立的"确认函"的方式将这个问题解决了。简单地说,客户购买一个特定的年金产品,一边签订保险合同,一边签订长寿社区的"确认函",在储备未来养老费用的同时获得未来入住长寿社区的资格。这个新产品被命名为"幸福有约",与当年我们首创推出聚焦于家庭并形成品牌影响力的主打产品"爱家之约"相呼应。

2012年,行业首个对接长寿社区的保险产品"幸福有约"正式上市。这款创新的产品通过一个"确认函"将虚拟的保险产品与实体长寿社区结合,为客户提供涵盖养老财务规划和养老生活安排的一揽子解决方案,实现了保险客户与养老服务的连接。客户在年轻时通过购买养老保险,获得保险公司专业、长期的投资理财服务,年老时可以入住泰康长寿社区,使用保险金支付自己的养老生活费用。

令我们感到欣慰的是,幸福有约甫一面世就获得了市场的强烈反响,仅2013年一年就销售了3000多件,这款保险产品直接带动了泰康高客群体的发展。在幸福有约问世前,泰康保险产品的件均保费不到5000元,经过17年自然积累的高客也不到6000人。那时保险市场上都还没有明确的高客概念,幸福有约的购买人群成为一个标尺,他们代表了中国日益增多的中高净值人群。在幸福有约产品推出后的9年里,泰康的高客数增长越来越快,截至2021年5月已突破11万人,而幸福有约的累计销售件数也突破了12万件。

泰康的首位幸福有约客户、著名经济学家曹远征先生曾分享自己对于幸福有约的理解:"在社会化大生产的现代社会中,养老模式不断由依靠家庭转向依靠社会,社会化的养老设施也开始发展。泰康'幸福有约'这款产品的出现并非偶然,而是经济社会现代化发展、家庭及人口结构变化所推动的,具有必然性。展望未来,中国养老模式正在发生历史性转变,老有所养、老有所依都需要依靠社会,社会化养老是趋势所在。泰康是一个典型案例,泰康提供的养老依托，使个人和家庭在面对未来不确定性时有了一个新的确定性选择。"

随后，在幸福有约的基础上，我们逐步丰富和构建了"活力养老、高端医疗、卓越理财、终极关怀"四位一体的产品与服务体系。幸福有约的问世，让"活力养老"这种生活方式走进了中产阶层，满足了人们的终极保障需求，体现了保险的人文关怀。幸福有约的热销，也让我们关注到人们的刚需已经从衣食住行转向了娱教医养。除了活力养老，对高品质医疗服务的需求也正在成为中产阶层的刚需。为此，建设长寿社区的同时，我们推出"高端医疗"保险产品，结合自建和共建的医疗资源服务网络，为客户提供个性化的高端诊疗服务，满足客户全生命周期的健康管理和健康医疗需求。同时，我们还关注到中产阶层有专业化、多元化的财富管理需求，借助长期形成的保险、基金、资产管理等丰富的财富管理产品体系和全球配置资产的能力，打造"卓越理财"产品，对客户资金投入进行专业管理，使之发挥复利效应，让财富增值。

如果说活力养老、高端医疗、卓越理财的推出，还与我们既往的产品研发直接相关，那"终极关怀"的提出则是在泰康生命价值观指引下，暗含着必然性的一次延伸。当时，我正好阅读了《最好的告别》这本书，书中的理念和我们正在积极推动的养老生活方式的改变不谋而合。这是一本思考父辈生活方式的著作，也是一本探究生命最后时光如何抉择的著作，在这本书中，我感受到了医疗的局限以及人生最后的尊严，启发了我对人生最后阶段真正重要和有意义事情的思考。我们不仅仅要通过打造长寿社区改变国人的养老观念和养老生活方式，也希望通过提供纪念园和安宁疗护服务重塑国人的生死观，改变人们对生命的态度。截至 2021 年 1 月，我们已经在全国建立了 4 个纪念园，尝试从文旅结合的角度切入这一主题。这些纪念园依山傍水，独具风格的禅修院、竹茶园、湿地园、纪念林分别继承和挖掘了岭南禅文化、书院文化、荆楚文化以及红色英雄文化，用各地特有的文化咏叹生命之美，引导人们将对个体生命的纪念汇入悠远的文化与自然之中。人们在竹茶园回到宋朝品茶，体验茶农的传统生活；在罗浮山学习禅修、品读经文，带着孩子在纪念园陪着已逝的长辈度过一天。竟还有年轻人把婚礼安排在这里举办，我想这就是人们生命观念改变的最佳例证。同时，我们的医养团队也开始尝试提供安宁疗护服务，在燕园设立了安宁疗护病房，给生命末期的患者提供更健全的临终关怀和终极关怀连续服务，令生者安宁，令逝者安息。

与泰康的长寿社区类似，这也是我们将金融与实体相结合的全新尝试，"活力养老"延续了我们发起养老革命的初衷，就是要改变老年人的生活观念和生活方式，而"终极关怀"则是致力于改变人们的生命观念、生死观念，未来将成为泰康全生命链服务中又一引领文化潮流的品牌。"终极关怀"的产品因此也成为我们"四位一体"产品与服务体系的最后一环，泰康真正打造了"从摇篮到天堂"的产品体系。

2020年我们对面向成年客户的幸福有约产品进行了进一步的创新升级。我们希望通过拉长复利效应积累时间的方式，降低总体保费额度，让更多有长远规划意识的客户可以享受到我们倡导的崭新生活方式。由此我们聚焦18岁以下的青少年群体推出幸福有约青少版，整体保费比起幸福有约成人版大幅降低至一半。幸福有约产品的这次创新，一方面让该类产品覆盖的客群可以适当地下沉，拓展了客户面；另一方面引导未来的父母为孩子提前安排养老，将资金交给专业的保险公司来投资。过去中国的传统观念是"养儿防老"，这也是养老问题成为家庭负担的主要原因，我们通过推出幸福有约产品，引导人们提前为自己规划养老，甚至提前为自己的后代规划养老，用真实可见的全新养老生活方式，推动人们将养老储蓄行为充分前置，这是一个全新的尝试与理念创新。2020 年泰康售出青少版幸福有约 4000 单，体现了市场对这种思路的充分认可。这些保单的保障受益人平均 10 岁，在一定程度上他们提前 60~70 年为养老做好了资金储备；同时，缴纳的保费在这么长时间的投资中产生复利，可以预期等到这些儿童老去的时候，他们将拥有充沛的资金支付养老、医疗方面的费用。未来我们还将持续创新，不断丰富保险产品在长寿时代的内涵，为不同类型的客户量身定制，从以满足养老需求为主拓展到覆盖更多健康需求，真正做到用一揽子产品满足客户在长寿、健康、财富三个方面的需求。

幸福有约是泰康全新商业模式的根基，也是泰康将保险与医养服务结合的最主要尝试，在此之上，我们创造出了一种新的销售模式"体验式营销"和一种新的职业"健康财富规划师"，将保险与医养结合得更加紧密。体验式营销是指将客户带到医养实体机构参观体验并推介，这看似是一个简单的动作，但对于保险这个虚拟的金融行业来讲，它蕴含着无可比拟的意义。体验式营销打通了前端的保险和后端的服务，帮助客户对未来可以获得的服务和生活方式建立更清晰的概念，让虚无缥缈的未来走进现实。泰康的体验式营销诞生于 2011 年，我们把体验馆修在了市中心的办公楼里，让客户得以近距离参观美国先进积极的养老生活方式。从那开始，泰康的体验式营销越做越大，逐渐从生命体验馆扩展到我们的长寿社区、实体医院、口腔诊所甚至纪念园实体。到 2021 年，泰康的体验式营销模式日臻完善，上半年接待的体验人数达到了月均数万人次的规模，真正成了客户理解泰康的商业理念和商业模式的前沿窗口。

全新职业健康财富规划师亮相

我经常用"金三角"方法论来分析市场，包括客户、产品和销售三个方面。只有客户定位清楚，才会创造伟大的产品，是客户的需求催生了伟大的产品，而团队或者说销售就是一个媒介。当客户有需求，产品也有供给时，如果没有销售，客户永远是潜在客户，不会成为真实的客户，产品永远是产品，不会成为一个落地的商业模式。只有通过销售这个媒介，让客户和产品黏合在一起，才会产生巨大的社会效应。这就是我讲的金三角，客户、产品、队伍或者销售。

在探索保险跟医养结合方式的过程中，我们打造出两个拳头产品，一个是高品质的连锁长寿社区，另一个是面对个人客户及其家庭的幸福有约系列产品，这两个产品可以为日益增长的中产阶层服务，帮助他们应对即将到来的长寿时代。怎样将这两款产品更好地传递给客户，应该打造一支什么样的队伍，建立一个什么样的销售体系来连接产品和客户，也成为我和我的团队思考的问题。

当我们有了四位一体的幸福有约系列产品，有了引领养老生活方式的泰康之家，我们面对的客户不再仅仅是传统的寿险客户，将会面对越来越多类似私人银行客户的高客。在幸福有约问世后，短短一年多时间销售量就突破了 3000 单，这样的增长速度说明泰康提供的这套产品服务体系正好契合了中国中高净值人群的需求。要服务这些高客，没有专业、没有气质、没有涵养是不会成功的。我对专业化一直有一种宗教般的膜拜感，我们也一直在探索打造这样一支队伍的机制与体制。

为了打造一支可以把幸福有约和泰康之家长寿社区与客户连接起来的顶尖队伍，2013 年 7 月，我们在公司举行了一个短暂而简洁的颁证仪式，正式成立了 F1 俱乐部。"F1" 的寓意很美好，既代表未来（future），又代表财富（fortune）。我一直很关注这支队伍的建设，希望他们成为一支专业化、职业化的队伍。泰康作为一个大平台，应当支持这些人才借用泰康的机制和舞台打造自己的团队，自己当老板，自己当企业家，成为泰康的大健康事业合伙人。在探索的过程中，我们更加明确了这支队伍的定位和运营模式，这支队伍就是服务中高净值人群全生命周期、全财富周期的专家，他们需要提供个性化的、持续性的服务和咨询；他们要超越传统的保险营销员，向中高净值客户的健康和财富管理规划者转变；为了达到这样的要求，他们必须能够终身学习，终身服务，成为陪伴人们一生的专业顾问。

最终，我们于2017年在F1俱乐部的基础上推出了一个新型职业——健康财富规划师（HWP），他们的定位是成为服务中高净值人群全生命周期、全财富周期的专家，进一步帮助人们应对长寿时代的挑战。这一崭新职业响应长寿时代的号召和客户的迫切需求，是泰康一站式健康财富管理综合解决方案的推广者。这是满足泰康商业模式的需要，将绩优保险代理人、初级全科医生和高级理财顾问这三个角色结合形成的新职业，致力于为长寿时代的个体量身定制长寿时代的全方位解决方案。为了让这支队伍拥有最高的专业水准和丰富的知识储备，我们联合武汉大学共同组织培训，要求他们全面掌握适应长寿时代的医养、健康、财富管理等多领域学科的知识体系，终身学习、终身服务、终身执业，坚定地做长期主义者，做时间的朋友。2020年1月，这一职业正式获批教育部职业资质，填补了健康财富管理专业化培训与认证的空白，在为人才成长提供优质环境的同时，也让他们的每次选择都成为一次超越。

自2018年以来，这支队伍逐渐成熟，到2021年第一季度我们持证的健康财富规划师已接近5000人，未来几年将发展为一支万人队伍。我印象里有很多成功转型成为健康财富规划师的事例，这些年轻人是来自银行、保险、医药、医疗等各个领域的国内外精英，他们被健康财富规划师的理念和模式吸引，在这个全新的舞台上成就自己的职业理想和事业理想。

我记得有位女士曾任世界500强外资药企高级销售经理，她在医药行业遇冷、事业陷入瓶颈时坚定转型，跨界到保险这个朝阳行业，在选择泰康后她再次超越自我，连续三年入围MDRT（全球寿险精英的最高盛会百万圆桌会议），于2019年成为健康财富规划师。她曾在HWP专项培训中自豪地分享道："健康财富规划师是在用自己的专业为无数家庭构建风险管控系统，这是一个体面、光荣、有未来的职业。"还有一位来自港资财富管理公司的财富管理经理，他的某个客户的母亲确诊患有阿尔茨海默病，辗转国外疗养机构和国内多家养老院，却依然无法找到合适的疗养机构。老人离世时，他懊恼于自己的专业经验和客户的充足财富都无法应对家庭的养老困境。成为健康财富规划师后，他致力于解决家庭最重要的医疗和养老资源问题，在奉献社会的同时成就了自我。我还记得一个从自主创业者和全职太太转型的女士，她在成为健康财富规划师的同年入围MDRT，成功从个人创业者转型为平台创业者，她对健康财富规划师的形容让我印象深刻。她说自己也是一个平台，在泰康的这次创业能够让她跟中国的中高净值人群连接、跟万亿规模的医养市场连接、跟一群有梦想且不断超越自我的优秀同伴连接，"平台之上，万物生长"。

可以说，健康财富规划师是面向未来长寿时代的崭新职业，它跨越保险、医养、资管三大领域，为客户提供长寿、健康、富足三大解决方案，搭建了泰康方案和客户之间的纽带和桥梁，为更多客户提供全新的生活方式，更好地满足客户对美好生活的需求，成为呵护客户生命的使者。健康财富规划师的职业操守就是诚信经营、生命至上，这是真正能代表长寿时代、代表未来的职业，未来会成为和律师、会计师一样崇高、受人尊重、被年轻人追逐的职业，是泰康方案这一崭新商业模式的文化使者、价值观使者和践行者。

从医养到大健康

在养老革命付诸实践的过程中，新的商业模式迸发出巨大的生命力，在保险加养老之外，我也在继续思考泰康的下一条增长曲线。在进军养老产业的过程中，我们逐渐认识到保险业和养老、医疗产业均存在强大的协同效应，医疗领域很自然地进入了我的视野。在国外，医疗和养老往往是分开的，但是，我认为医养分不开。既然养老保险能够对接养老服务，那么健康保险也应当能够对接医疗和健康服务。但是人寿保险公司同时涉足养老和医疗，这在中国没有先例，在西方也没有先例，所以如果做成了，这将成为泰康的另一次自主创新。

因此，继 2007 年进军养老产业后，我们又于 2013 年开始探索医疗实体道路。我还记得 2014 年我带着团队频繁到美国考察，既去了养老院，又走访了很多知名的医院和医学院。我发现尽管美国的医院都是非营利性的，但是一家顶级医院一年的收入可以达到 100 亿美元左右，甚至能成为一个小城市的支柱产业。这说明随着经济水平的提升，医疗产业将有非常广阔的前景，因为提升健康水平符合人们的需求。

当时，我们走遍了美国波士顿地区、休斯敦地区和加州这三大代表性医学机构聚集地区，将医院经营所有的流程都考察了一遍，包括住院制度、医院的建设、医院的预算、医院的管理、护理学校的建设、招生过程等，可谓收获颇丰。我至今还清晰记得第一次访问约翰·霍普金斯医学院时的经历，我见到了医学院院长和医院首席执行官，还拜访了他们的首席科学家。他们的董事会会议室中悬挂着历任院长画像，其中包括现代医学的开拓者和奠基人韦尔奇先生的画像，他参与了北京协和医院的筹建。他们告诉我约翰·霍普金斯医学院在过去 138 年里出了 36 位诺贝尔生理学或医学奖获得者，这给我带来了很大的触动，这时我就萌生了建立"东方约翰·霍普金斯"的想法。2016年3月我们在香港召开董事会，对进军医疗产业的战略进行深入探讨论证，进一步达成共识。

在2016年泰康的20周年司庆上，我们正式提出了打造"三大闭环"战略，力图形成寿险与养老服务结合的长寿闭环、健康险与医疗服务结合的健康闭环、客户端资金与资管端服务结合的财富闭环，通过三个闭环内支付方与服务方的联动机制，形成涵盖客户全生命周期、"活力养老、高端医疗、卓越理财、终极关怀"四位一体的产品与服务体系。在此基础上，2017年泰康的半年工作会议中，我们又将战略进一步升华，提出要把五个子公司捏成一个拳头，建立"虚拟保险支付+实体医养康宁服务"的大健康产业生态体系的全新战略。

做大健康支付

为了落实大健康战略，泰康首先需要在保险支付端积极开拓创新，只有做大健康支付，才能与实体医疗服务产生协同，整合优化医疗健康的上下游产业，实现整体效率的提升。我们通过线上线下的方式全面切入政府、企业、个人三大渠道，逐渐发展为业内最大的健康支付方之一，更成为业内健康支付创新模式的引领者。

在政府端，我们积极参与国家的医保改革，从2015年起开始着力发展大病、长护、按病种付费等政府医保业务，在全国大病保险规模和长期护理保险累计服务项目数上处于行业领先地位；在企业端，我们为广大雇主和雇员提供团体及个人健康保险等一揽子福利医养解决方案，市场规模已经进入行业第一梯队，并且在稳步扩张；在个人端，我们线上线下全面布局，持续为个人客户提供全方位健康保障。同时我们的健康险产品不仅品类齐全，而且重视创新，我们多次在市场上推出爆款产品，引领行业健康险创新方向，比如在2016年率先推出了在代理人渠道销售的中端百万医疗保险，在2018年率先推出了个人特药保险。此外，我们还率先与互联网头部渠道展开合作，提供与医疗健康生态深度融合、与互联网生态完全贴合的健康险产品，深入各类场景平台，发挥科技驱动的优势，开启了互联网健康险的新时代。截至2020年底，泰康在健康支付方面，正在为全国28个省119个地市的地方政府提供服务，同时有效企业客户也已达到42万家，当年有效保单覆盖的客户接近4000万人。

布局实体医疗服务

在实体医疗领域，我们以自建为核心，通过投资、合作等多种方式打造医养服务生态体系，探索保险与服务协同创新模式，实现整体效率和服务水平的提升。

在医疗实体的布局方面，我在美国考察时，给我留下很深印象的就是一定要有一家旗舰医院做支撑，通过这家医院辐射中等规模的十几家社区医院，再下面可能还会有50~100家诊所，典型的如美国西奈山医院就是这种模式。这些医疗机构网络构成了一个大健康体系，是一个完整的生态，泰康的目标就是要形成这样一个大健康生态。我们的做法就是，在长寿社区旁配建康复医院，同时通过自建、投资和合作等方式，打造多维度医疗服务网络，将业务扩展到综合医院和专科医院，逐步形成"区域性医学中心+齿科、康复专科连锁+医院合作网络+大健康生态投资"的多层次医疗战略布局。截至2020年底，我们已经基本完成东西南北中五大医学中心的布局，总床位超过5000张，其中两家医院已经正式运营。

2015年，我们完成了对南京鼓楼医院集团旗下的南京仙林鼓楼医院的战略投资，并且在次年10月全面接手后将其更名为泰康仙林鼓楼医院，除了已经开业的一期医院，二期的肿瘤专科医院也正在规划。2020年2月，我们与华中科技大学同济医学院附属同济医院合作，成立了第二家综合医院——泰康同济（武汉）医院。这家英雄的医院为抗击疫情，于武汉封城的最胶着阶段主动请战，火线开业，在经过"拆家式"改造后，经中央批准成为参照火神山医院运行的新冠肺炎救治定点医院，由军队支援，承担确诊患者医疗救治任务。在58天的艰苦奋战中，医院累计投入200张轻症和860张重症床位，累计收治患者2060人，在两个月间谱写了一曲军地民三方合奏的凯歌。武汉解封后，我们在医院门诊大厅挂起了一副名为《用生命书写的希波克拉底誓言》的巨幅壁画，由1900名在泰康同济（武汉）医院参加过抗疫的医护人员共同绘制，同年9月，泰康同济（武汉）医院荣获"全国抗击新冠肺炎疫情先进集体"的荣誉称号，泰康因此成为金融行业唯一获得国家抗疫表彰的集体。

　　截至2021年1月，我们还拥有三家已经破土动工的按三甲标准建设的医院，即位于成都的泰康西南医学中心（筹）、宁波泰康医院（筹），以及深圳前海泰康国际医院（筹），初步完成综合医院的东西南北中布局。泰康始终坚持围绕保险让人"更长寿、更健康"的本质，秉承专业化属性，明确引入涵盖人才、技术、设备软硬件等在内的国际专业医疗资源和先进的医疗管理能力，建设符合国际水准的现代医疗体系。根据我们的医疗网络布局，南京仙林鼓楼医院和宁波泰康医院（筹）与美国西奈山医院充分开展合作，全面引入西奈山医院的运营体系，比如质量控制、医疗流程、标准化服务等。同时，我们将坐落于新兴国际化城市的深圳前海泰康国际医院（筹）纳入美国西达赛奈医疗中心的合作网络，共同打造一家全球顶级的国际化医院。

　　在我们的长寿社区、康复医院、综合医院和纪念园一家接一家开业的过程中,我也逐渐意识到,这些医养康宁实体对当地经济、文化、社会生活具有十分重要的意义。随着城市化进程的推进,城市也在不断发生变迁,一个城市的基础设施建设会影响城市的内在发展动力,一个城市的公共空间品质会影响城市的文明程度。

从长寿时代的社会需求来看,一个城市不但要有培养青少年的重点小学、重点中学,要有吸引和留住人才的知名大学与企业,更要有高品质的养老机构和与之配套的医疗、康复、安宁实体,让为城市奋斗奉献一辈子的贡献者、建设者有一个安享健康幸福晚年的地方。它们是长寿时代的现代服务业基础设施,能够帮助完善城市的功能,聚集长寿经济的动能,成为一个城市的名片。从2020年起,我们开始将这种以城市为维度的区域化布局称为"城市名片"计划。城市是为人而建设的,城市的文明水平也很大程度上体现在其对待老年人的态度上。城市中最美的名片一定不是冷冰冰的建筑本身,而应是人们在城市中安居乐业、共享美好生活、度过翩翩黄金岁月的图景。在这个民生至上的时代,泰康的战略就是在中国的主要城市投资建设保险与医养康宁实体结合的机构群,从而将这种新的商业模式引入城市,为一代代建设者们提供全生命周期的服务,将泰康的商业创新与实践融入城市未来的大民生工程。

扩展大健康产业生态体系

在建设大健康产业生态体系的过程中,我们也在积极布局专科体系网络。受到跨国保险公司保柏在西班牙成功运营牙科连锁机构的启发,我们首先聚焦到这个专科领域。2018年,我们获得了拜博口腔集团(后更名为泰康拜博口腔)的控股权,该集团在中国50多个城市运营着200多家口腔医院和诊所。人们对口腔健康的重视程度是与物质生活水平同步提高的,"保护牙齿从娃娃抓起"

这句话也越来越多地受到客户的认可。我们通过与拜博口腔这样的专科连锁医院建立战略投资关系，不断强化自身在大健康生态中的整合能力。正如在医养领域一样，我们在医疗服务和保险产品之间也在不断摸索全新的商业模式，创造协同增效效应。例如2019年，泰康通过泰康拜博口腔为企业客户推出了团体口腔保险计划，2020年泰康拜博与保险销售联动的"爱牙大使"计划推出，附属在健康闭环下的齿险闭环初见雏形。

另外，我们也在康复专科领域不断探索。早在布局长寿社区的时候，我们就已明确要配建康复医院，专注于社区老年人群、慢病人群的康复需求和健康管理需求，真正实现"养康"一体。加强康复的学科和品牌建设，探索自有体系和外部收购结合的连锁化、体系化布局，也将成为我们未来建设大健康生态体系的重点方向之一。除口腔、康复两大专科体系外，我们还投资了一系列脑科、心血管等专科头部企业，通过生态投资的形式，参与到更多专科领域，打造合作共赢的大健康生态体系。

在向大健康生态体系转型的过程中，我们也在大力整合自有网络联结外部合作伙伴，加强和顶级医疗资源合作，并通过"健保通"理赔服务形成了包括700多家体检中心、2000多家公立医院、30多家私立医院和10000多名资深医生的合作网络，共同建立大健康生态合作圈，在此基础上提供线上线下的医疗健康管理解决方案。为确保客户便捷地利用泰康的健康管理服务，我们在自建的"泰生活"及"泰康医生"手机端App上接入了一系列健康管理功能，人们可以随时进行医疗预约，便捷地获得体检、癌症筛查、疫苗服务、基因检测、口腔保健、医疗咨询等服务。未来泰康将吸收更多新兴技术，将数字医疗、人工智能、物联网等应用到医疗、健康与养老服务中，通过科技手段降低服务成本，提升服务水平，让"更安心、更便捷、更实惠"的承诺深入泰康大健康版图中的每一个环节。

10余年深耕大健康产业链，到2020年初，我们已经初步建立了医疗体系的产业布局、专业团队以及资源整合能力，这些令泰康在2020年全国抗击新冠肺炎疫情的战役中发挥了巨大作用。在疫情初期，泰康提前数年布局的大健康供应链令我们得以最大限度地协调抗疫物资，同时我们得以将自建的泰康同济（武汉）医院在短短几周内改造为新冠肺炎救治定点医院。作为医养大健康领域的头部企业，泰康在物资紧缺的情况下向全国约1300家养老机构捐赠了防疫物资，而长期研究人口、养老、医疗问题的背景又令泰康敏感注意到开展公共卫生研究的重要性，迅速建立了公共卫生基金，专项资助基础卫生体系建设和流行病的防治体系建设，并资助武汉大学病毒学国家重点实验室开展研究。这一切充分体现了泰康作为长寿时代大健康头部企业的社会责任与担当。这场疫情更让我们认识到健康支付的巨大潜力、大健康产业的巨大机遇，以及泰康在其中能够扮演的重要角色，这更坚定了我们从医养进入大健康领域，做大健康支付，为社会做出更大贡献的决心。大健康产业的前景是空前的，医疗与健康服务行业将成为未来重要的产业，我们相信泰康打造的"支付+服务"模式将在这场社会变革的浪潮中释放出更大的潜力。泰康的初心一脉相承，就是对事业的追求、对商业的洞察、对生命的尊重与呵护。虽然理念不断变化，但是初心永远不改，一次次理想的变化，也是一次次认知的升华，其实也是泰康商业模式的一次次更迭。

创新永续

我于2019年12月底在《经济日报》发表的署名文章中说过："创新是永恒的主题。技术的创新、服务的创新、商业模式的创新都会带来新的机会。中国民营企业经过40余年的发展和积累，已经从模仿创新走向自主创新阶段。"泰康从 1996 年成立至今经历了三波大的创新，如今仍走在新一波创新的路上，我们对这种创新的演进过程有非常深刻的体会。

泰康人寿创立时，我们向国外学习成熟经验，接受启发后在中国落地转化，"创新就是率先模仿"，这被总结为泰康的第一波创新；2001 年为抓住中产阶层不断壮大的机遇，泰康率先提出了"买车、买房、买保险"和"一张保单保全家"，这种"新生活浪潮"理念被称为泰康的第二波创新，我们与中国的实际结合，在理念和观念上引领潮流；进入养老产业后的一系列创新是我们的第三波创新，泰康把虚拟的保险和实体的医养结合，看起来是非常简单的事情，坚持做下去就产生了全新的商业模式。从泰康之家落地，泰康居民诞生，到幸福有约的开发，再到健康财富规划师横空出世，形成崭新职业，泰康走出了一条从模仿创新到自主创新的道路。

创新从来不是断崖式的、颠覆性的，尤其是推动带有时代性和革命性创新的时候，一定是经过长期积累，才会感到豁然开朗的。我对自主创新的体会非常深刻，尤其是泰康进入养老产业后的一系列创新，层层演进、互为依托，共同构成了泰康在长寿时代的一整套崭新商业模式，是泰康用 10 多年实践换来的成果。泰康的三波探索创新，是源自对自身发展模式的持续反思和突破，源自对新增长点、新利润点的内在冲动，更源自以人为本的理念和进一步满足客户需求的强烈愿望。

泰康的创新历程在节奏上也有很强的逻辑性，坚持长期主义，避免盲目出击。商学院在教授与创新相关的课程时有一个经典的理论，叫作"第二曲线"，如果企业能在第一曲线（也可以理解为主营业务）到达巅峰之前，找到带领企业二次腾飞的"第二曲线"，并且第二曲线在第一曲线达到顶点前开始增长，弥补第二曲线投入初期的资源消耗，那么企业永续增长的愿景就能实现。比尔·盖茨针对这种理论，有一个异曲同工的说法，叫作"不断寻找第二利润池"。史蒂夫·乔布斯极其精通第二曲线理论，在苹果推出 Mac 电脑大获成功时，乔布斯已经着手推出音乐播放器 iPod 并进入商业音乐领域，当 iPod 占领市场时，乔布斯又开始设计 iPhone 手机，在那之后是平板电脑 iPad。他的新曲线总是源自旧曲线，却又拥有截然不同的侧重点。

泰康的创新经历也与此类似，从传统寿险到健康险、养老金、互联网保险、资产管理等保险各领域，再到养老、医疗健康产业，看似散乱，实则错落有致，都是对寿险产业链的深耕与拓展。泰康的每一条新增长曲线均是围绕人在全生命周期的长寿、健康、财富需求展开，丰富的产品和服务体系对接着政府端、企业端与个人端，形成强大的协同效应。建设大健康产业体系的复杂程度远高于进入养老服务行业本身，大健康领域细分行业众多，对企业的整合能力、网络协同和成本控制提出了更高的要求。为实现这一目标，泰康将再次背上行囊，向世界级大健康头部企业学习。创新是企业发展的永恒动力，是企业成长的第一性原理，是洞见未来发展趋势后付诸正确的行动，并持续不断地坚持。

泰康方案的商业逻辑除了体现在模式创新方面，还体现在效率提升方面。在商业模式创新的基础上，只有通过集约化、科技赋能的方式不断降低成本、提升效率，才能够让更多人享受到模式创新带来的全新生活方式。一方面我们通过构建连锁运营的顶级品牌长寿社区，形成规模效应，以集约化管理和提高运营效率的方式不断降低成本，提高服务的可及性；另一方面，在数据时代的背景下，泰康也正在尝试将长寿社区打造为智慧型长寿社区，通过 5G、传感、机器人、人工智能等技术来降低成本，让更多人能够享受到这样高品质的生活。同时我们还充分发挥保险支付的杠杆效应，整合资源投入大民生工程，为社会创造价值。随着越来越多的企业效仿泰康的做法，商业竞争也将点燃更多创新与变革，缓解长寿社会的健康和财富压力，带来整体成本的下降和社会整体福利的提升。

一家拥有商业理想的企业，创新永续应该渗透在它的文化和血脉中。2018年，泰康首次进入《财富》世界500强企业榜单，我不禁又回想起近30年前我在国务院发展研究中心时仿照该榜单评"中国500家最大企业"的经历。泰康的漫漫求索之路上每一个脚印都清晰可见，映照出我们始终如一的商业理想。

泰康在自主创新的路上也常遇波折，依稀记得泰康进军养老产业时，同业和外界都有很多不理解甚至误解的声音，他们认为这个领域的特点是重资产、长周期、慢回报，很难看到商业模式，泰康却依然独自坚持。在这个艰辛探索的过程中，泰康坚定地深耕寿险专业化道路，成功将虚拟的保险和实体的医养服务有机结合，逐渐创造了泰康之家、幸福有约、健康财富规划师三位一体的全新商业模式，实现了对传统寿险业的重构。今天，中国的寿险同业又纷纷返回来进军养老和医疗行业，这是对泰康过去10余年探索的最大肯定。此时此刻，由险资主导的新型养老社区遍地开花，在中国呈现出前所未有的繁荣景象，泰康还依旧是那个怀抱着最初赤子之心的少年，力争继续通过自主创新引领中国大健康领域的潮流，真正走出一条面向长寿时代的企业创新之路。

第七章

泰康方案让长寿时代更美好

泰康起步于寿险，但从2007年进入养老产业开始，就踏上了一条过去没有人走过的创新之路。在持续探索创新的过程中，我们对长寿时代的认知也在不断加深。站在企业家的视角看待长寿时代，我们认为长寿时代的一个主要痛点是，超预期的寿命延长将对个人的养老、健康和财富管理提出更高要求，然而目前社会缺少化解这种压力的理想方法。从市场供需的角度分析，社会需要提供更有效率的健康和养老服务，同时还要帮助人们积累、扩大各时期的财富，以匹配和满足这种养老和健康的需求。面对时代的机遇，我们需要提前洞察，更需要顺势而为。泰康从保险到医养，再从医养到大健康，找到并坚定地把握住了将保险与医养紧密融合的方向，正是基于对这种时代趋势的洞察。

在创办和经营泰康的过程中，我也在观察全球保险业的发展脉络。寿险业是拥有300年发展历史的成熟行业，在世界500强企业中也一直占比较高，近几十年来却显露出颓势。美国寿险业是典型例子之一，其在退休金和健康险领域的市场份额不断被基金公司与健康险公司等蚕食。反思背后原因，我认为是由于美国寿险公司没有预见到人们在养老、健康与财富管理方面与日俱增的需求，没有把握住潜在规模庞大的退休金和健康险市场，因此错失了在长寿时代成为主流企业的机会。

新时代的到来必然伴随着产业的更替。当长寿时代来临，每个行业都需要主动去应对人们需求的变化，只有通过持续不断的制度、技术、商业模式的创新，才能够将挑战转化为机遇，甚至引领时代新风，为人类社会做出贡献。泰康历经多年实践探索形成的商业模式对于寿险行业应对长寿时代具有一定的参考价值，它通过打通虚拟的保险与实体的医养，重构了传统寿险公司的资产负债表，拓展了寿险产业链的上下游，从而更好地满足了客户全生命周期对于长寿、健康、财富的需求。我们由此总结出泰康方案，为应对长寿时代提供了从筹资到服务的整套思路，为人们带来了新的养老生活方式，同时我们也会持续创新，提高这种全新生活方式的可及性。

泰康方案是企业面对长寿时代主动实践的产物，我们希望这一方案的价值能够超越商业本身，为人类迈入长寿时代提供解决方案。我们也希望该方案能够引发其他企业对长寿时代的思考与探索，激发社会各界共同探索长寿经济的无限潜能与无穷魅力。在本章中，我们总结了泰康方案的要点，并分享给读者。

从摇篮到天堂：一个幸福人生的故事

泰康自成立以来，一直从实践中学习、在探索中成长，致力于把"从摇篮到天堂"的理念逐步变成现实的商业模式。我们的目标是泰康能够做到从一个人出生开始，就为他提供相应的保险金融产品和医养康宁全方位服务，无论是保障、理财，还是医疗、养老，这些全方位、高品质的产品和服务将陪伴客户一生。正是在这种理念的指引下，我们陪伴着泰康的每一位客户不断成长和改变，最终成为他们追寻幸福人生的伙伴。通往幸福的路上熙熙攘攘，每个人都有自己的人生故事。此时的聚光灯下，我们这个故事的主人公小张与泰康结下了不解之缘。他三十而立，风华正茂，与妻子在北京生活打拼，父母亲在老家武汉的一所大学教书，这是一个幸福的小家庭。

这一天阳光明媚，武汉的泰康同济医院里一家人在产房外焦急等待。随着一个小婴儿的呱呱坠地，小张当爸爸了，他的人生开启了新的征程。因为妻子在泰康同济医院住院期间享受了医护人员贴心、专业的照顾，夫妻俩决定继续在泰康为孩子增加一份保障。同时他们也开始关注自身的保障，认为全家健康是幸福的前提，通过配齐重疾险和医疗险，一家人实现了医疗健康的保险保障，"一张保单保全家"。

自步入职场成为职业经理人以来，小张与妻子不仅在工作上勤勤恳恳，而且还精打细算，每个月都会将一部分工资定投到泰康的投连险账户中，不仅增加了储蓄，也实现了财富增值。因为小宝宝的到来，小张取出账户里面积累的部分资金购买了人生的第一辆车，同时也登录了泰康在线的公众号，为爱车投保了一份车险，使一家三口的出行更加便捷与安心。

时光荏苒，他们的孩子茁壮成长，开启了幼儿园的快乐生活。有一天，园中出现了一辆"爱牙车"，原来是泰康拜博口腔来幼儿园免费为孩子们进行口腔健康检查。在排队做检查的时候，家长们还领到了一本"牙牙护照"，里面不仅可以"打卡"各种牙科基础检查，还有很多保护牙齿的小知识。爱牙从娃娃抓起，了解了相关服务后，小张的妻子意识到了预防口腔疾病的重要性，又为孩子增加了一份泰康拜博的儿童齿科医疗保险，定期进行检查和洁牙，从此孩子的口腔健康有了稳稳的呵护。

一个偶然的机会，小张和妻子受邀去参加了泰康长寿社区的参观体验之旅。在泰康之家·燕园参观体验的过程中，他看到了老年人应该有的"享老"状态，这也让他不禁想到自己父母一生的操劳、节俭与付出。恰好，泰康在武汉也有一所长寿社区——泰康之家·楚园。他作为家里的独子，帮助父母预约了楚园的入住体验，希望父母也去看看泰康的长寿社区，体验退休后的另一种生活。

时光飞逝，小张的孩子迎来了10岁生日。爷爷奶奶提前咨询了泰康的健康财富规划师，决定为孙子配置一份青少版幸福有约计划作为生日礼物，让爷爷奶奶的爱伴随孩子终身。不仅如此，两位老人作为投保人还享有了泰康长寿社区的优先入住权，原来在二老邂逅了泰康之家·楚园后，他们就被里面幸福优雅的生活吸引，决定将自己的老年生活托付给泰康。

每一个天真幼稚的孩子都会在爱的陪伴下慢慢长大，小张的孩子已经成为一个阳光少年。准备开启大学生活的他在幸福有约计划中领取到了充足的教育金作为大学生活费。好事成双，同一年爷爷奶奶也顺利地入住了心仪的社区。由于高铁的便利，每到假期，小张和妻子都会抽空到楚园看望父母。两位老人曾经都是大学的教授，现在在社区生活悠然自得之余，还可以继续潜心进行学术研究，使人生的后半场更有价值。

有一天小张正在出差的途中，一阵急促的电话铃声打破了原本的平静，他从楚园管家那里得知自己的母亲在房间跌倒发生骨折。不过庆幸的是父亲及时触发了房间里的紧急报警设备，管家、医护人员和保安人员不到3分钟就赶到房间，并将母亲送去楚园里面的康复医院进行检查救治。听到这里，小张悬着的心终于放下一半。处理完工作后他第一时间赶去楚园，发现母亲正在楚园康复医院做康复治疗。母亲让他放心，楚园康复医院的医生、护士都很专业，在康复过程中把一切都安排得很妥当。

光阴托着长长的牵挂走过岁月的枝头，年过半百的小张也开始规划自己的退休生活。看到父母亲在楚园得到了很好的照顾，享受着精彩的生活，小张也决定配置一份幸福有约计划，让自己和妻子退休后也可以入住长寿社区享受悠闲的老年生活。

小张的父母年岁渐高，他们身边的一些老朋友都陆续离世，这勾起了二老的无限感慨。在一次饭后散步时，父母和小张聊起了人生终点的话题，二老不仅希望能够在临终时选择有尊严的安宁疗护，不经受病痛的折磨，并且提出想去看看泰康在武汉的仙鹤湖纪念园，提前规划身后事，为子女省心省力。仙鹤湖空气清新、景色宜人，湖边芦苇清香诱人、满目绿色，尤其是"梦中山水、归隐本来"的设计理念深深地打动了两位老人，他们决定在这里拥抱宁静。

人生漫漫，岁月匆匆。多年后的清明，小张一家三口带着白菊花漫步在仙鹤湖，他们一起祝福在天堂的两位老人安息幸福。小张和妻子不禁感慨，是泰康让孩子有稳稳的陪伴，让父母优雅地老去，也让他们在奋斗路上减少了后顾之忧。而现在，泰康又承载了一家人对老人的思恋。

每个人都有自己的人生故事，虽然各有酸甜，但就像小张一样，人们追求的都是幸福美好的未来。与一个个独特的个体和家庭相遇相识，陪伴他们走过时光的长河，呵护绚烂的生命旅程，这是我们最大的荣幸。

泰康方案：长寿时代的企业解决方案

上面的案例是我们在长寿时代为客户提供全生命周期解决方案的生动写照。企业家都是务实行动派，我们认为企业的终极价值就是解决人类社会的重大问题。在今天的中国，作为一家商业企业，泰康看到了人类社会即将进入长寿时代、长寿社会的趋势，率先实践，总结提出了长寿时代的企业解决方案，即泰康方案——将虚拟的保险支付体系和实体的医养康宁服务体系相结合，打造覆盖全生命周期的产品和服务，满足长寿时代人们对长寿、健康、富足的需求。

其中，虚拟的保险支付体系，包括我们为客户提供的各种类型的保险产品，涵盖寿险、健康险、意外险等，也包括各种退休金、企业/职业年金，以及各种理财产品。这个支付体系基本涵盖了医疗、养老的三支柱，为人们未来使用各类养老和医疗的服务提供了高效的筹资方式。而实体的医养康宁服务体系，指的是我们布局全国的长寿社区及其配套康复医院，东西南北中布局的综合医院，覆盖50余城的泰康拜博口腔医院和诊所，独具文化风格的纪念园，以及以此为核心的医养康宁服务网络。我们的布局版图还在扩大，为更多客户提供高品质的养老、医疗服务。同时，支付体系和服务体系的协同可以形成闭环。将支付体系的资金投资于医养不动产实体，既可以为实体的服务体系建设提供足够的资金支持，又可以获得长期、持续、稳定的投资收益以支持客户资金的复利积累；反过来，实体的服务体系所提供的有品质的服务，又为支付体系扩大了有益的价值，支撑了支付端的产品开拓与客户维护。

概括而言，长寿时代的泰康方案致力为人们提供长寿、健康、财富的服务平台，通过打造三大闭环，构建"活力养老、高端医疗、卓越理财、终极关怀"四位一体的价值链条，建设大健康产业生态体系，由此形成一整套全新的商业模式。

围绕长寿、健康、财富打造三大闭环

我们所说的长寿、健康、财富三大闭环，其本质是保险支付与医养服务的结合，在这个结合过程中，我们重新发现了筹资体系和养老、医疗行业的价值。简单地说，客户在泰康获得寿险和年金保障，并在这里养老；在泰康获得健康保险保障，并在这里得到医疗与健康服务；在泰康定制资金与财富管理计划，从而为长寿人生的养老和医疗需求储备资金（见图7-1）。

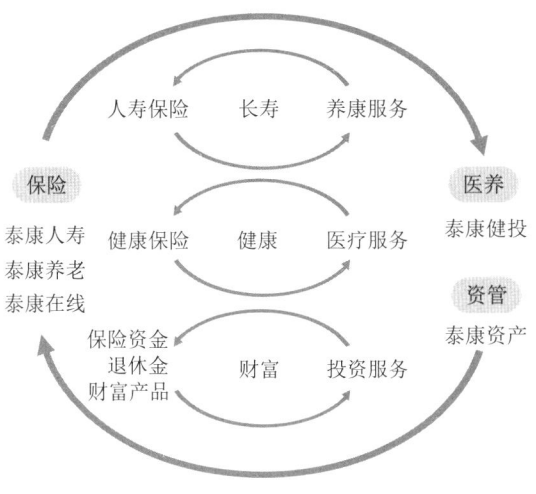

图 7-1　泰康企业方案示意图

长寿闭环，发起一场养老革命

　　长寿闭环是指人寿保险与养康宁服务构成的闭环，客户享受泰康提供的寿险和年金保险保障，老了以后在长寿社区里安享晚年。长寿时代，百岁人生来临，人们都要尽早规划自己的长寿人生，为老年生活积累充足的资源。为此，在长寿闭环的支付端，我们为个人客户提供全面的寿险和年金产品，对客户的资金进行专业、长期的投资，通过长期沉淀积累复利效应，让客户资产保值增值。在长寿闭环的服务端，我们已经布局了全国连锁、候鸟式长寿社区并建立了运营体系，在社区配套了康复医院，着力于满足客户在长寿时代健康养老的需求，让他们享受到有品质的养老生活。除了养老的产品和服务外，在长寿闭环中，我们还为客户提供各类与养老密切相关的产品和服务，如长期护理、安宁疗护、终极关怀等，全面服务老年生命链，在改变老年人生活态度的同时，也改变他们的生命观。

　　在养老社区十分发达的美国，养老住房市场主要是由房地产开发商和轻资产运营机构主导，保险公司投资的目的是获得长期、稳定的收益。在人口老龄化程度最高的日本,虽然也有头部保险公司投资设立养老院,但是规模较小,养老院客户与保险客户之间并没有必然关联,属于多元化经营范畴。与美国、日本不同,在 2008 年《国务院办公厅关于当前金融促进经济发展的若干意见》的指引下,我们率先将保险资金投资到养老产业,将养老、护理与保险深度融合,改变了传统年金保险只是单纯支付方的模式,让保险业进军医养实体,这无疑是对保险业商业模式的一个突破性创新。更为重要的是,我们的长寿闭环正在发起一场养老革命:一方面加快养康宁实体布局的全国化和网络化,通过连锁化的运营、集约化的管理和科技赋能的方式不断降低成本、提升效率;另一方面通过创新性的理念和对应的产品鼓励人们提前为长寿时代做准备,从而降低进入门槛,让越来越多奋斗者可以享受到有品质的美好生活。

健康闭环,维护健康与寻找价值

健康闭环是指健康保险与医疗服务构成的闭环,客户享受泰康提供的健康保险保障,同时在泰康构建的医疗服务网络内享受全生命周期的健康服务。长寿时代,人人带病长期生存。随着疾病谱的改变,人们对健康的关注也将从患病后对疾病治疗、术后恢复等的关注,转移到对健康管理和疾病预防的关注。在健康闭环的支付端,我们全面参与了多层次医疗保障体系的建设,面向政府、企业和个人提供配置灵活的健康保险产品与服务,业务范围覆盖全国各省市。其中,医疗费用支付的主力是政府医保,为此我们在养老金子公司专门建立了政府医保经办和承办的业务线。在健康闭环的服务端,我们在京津冀、长三角和珠三角密集布局,不仅有自建的综合医学中心,还有投资和合作的医疗服务主体,涵盖了综合、专科、公立、民营等不同类型的机构;同时我们积极布局大健康产业链,形成了从线上到线下、从预防到康复的全生命周期全流程健康服务，满足未来长寿时代的健康管理需求，尤其是慢病管理需求，让人们在长寿时代可以拥有更好的健康状态和生活质量。

泰康的健康闭环也是一种有别于其他公司的商业模式，可以用于比较的是前文提到的凯撒医疗集团。凯撒医疗集团是一家美国的健康险公司，它通过建立支付方和医生集团的二元结构组织，在其一体化的闭环内提供排他性医疗服务并进行支付，实现了保险、医院和医生的整合型服务，从而降低了整体成本，使得其保费定价在部分区域可比其他健康保险公司低 10%~15%。但这种模式也有一定的局限，凯撒医疗作为一家封闭式的健康维护组织，其在网络运营和市场竞争中缺少灵活性，而且该模式需要一定规模的用户数量来实现盈利，因此很难进行业务扩张和模式复制。凯撒构建了支付端和服务端，也形成了两者间的闭环，相较而言，我们的健康闭环更具开放性。我们凭借东西南北中布局的区域医疗中心，令医疗体系可以覆盖的区域更广，也为保险客户以外的更多人群提供服务。更为重要的是，我们认为养老和医疗密不可分，正在推动养老和医疗的融合。我们不仅将康复医院与长寿社区融为一体，还在长寿社区内为我们的居民提供医疗照护服务，包括医疗性服务、康复性服务等，将老年人的短期医疗与长期照护结合起来，使高龄老人能够更长时间地在社区中生活。目前，我们也正在有条件的地区将综合、专科医疗机构与养老、护理设施整合在一起，打造一种全新的医养康一体化园区，以老年慢病的治疗和管理为核心，进一步推动医养融合，也就是长寿闭环和健康闭环的融合。

财富闭环，为长寿和健康进行筹资

财富闭环与前面两个闭环息息相关，发挥着基石作用。它是指面向客户的资金与财富管理计划和专业的机构投资能力构成的闭环，客户持有泰康提供的年金、退休金、财富管理产品等，通过机构长期、稳定投资，实现财富的保值增值，积累充裕的资金支付长寿人生的养老和健康费用。在财富闭环的产品端，我们积极为个人客户提供年金、投连险、公募、私募等一系列保险和理财产品，同时也为政府和企业提供职业年金和企业年金等产品，助力社会保障三支柱体系的筹资建设。在财富闭环的投资端，我们依托泰康资产卓越的投资能力，长期保持了稳健优异的投资业绩，为客户提供丰富的可选配置策略，实现长期可持续的投资回报。财富闭环力求做时间的朋友，通过长期投资实现复利效应。在财富闭环中，我们的个人客户可以优化筹资方案来应对长寿时代的挑战，尤其当客户进入老年时，他们不仅可以用长期积累的保险和财富产品的资金来支付老年生活开支，剩余的资产还可以继续投资生息，实现财富价值的最大化，未来可能还可以将财富传承给后代。

泰康的财富闭环可以对比巴菲特模式。巴菲特是公认的投资大师，他拥有的伯克希尔－哈撒韦集团旗下包括10余家保险公司和60多家非保险公司，通过股权收购形成了一个综合性产业投资集团。虽然伯克希尔－哈撒韦的保险规模位居美国市场前列，但它也可被看作一家投资公司，开展保险业务的主要目的是获取更多用于投资的浮存金。伯克希尔－哈撒韦通过投资和收购多家企业以扩大营收和利润，我们很难看到其保险业务与其他业务之间有协同关系；而且该公司的投资业绩更多回馈到公司股东，并没有真正地让客户分享到投资红利。而我们则是以帮助客户进行长寿和健康的长期筹资为目的，将投资管理贯穿在客户的全生命周期当中，使客户的资金和财富规模不断累积，充分享受复利效应，满足养老、健康的全方位需求，实现个人筹资能力的提升。

长寿、健康、财富三个闭环构成了泰康方案的基础，也可以理解为三个闭环循环联动形成了保险支付和医养康宁服务无缝对接的大闭环，为客户提供了长寿、健康、财富的服务平台，构建出"保险+服务+实体"这一不同于传统保险业的全新维度。当然,要真正落地这些闭环战略,还需要具体的实施路径,这也是我们企业方案的重要组成部分,我们通过做大支付、布局服务、科技驱动、建设生态、打造软实力五大路径来落地战略。在泰康方案内,支付主要指保险。泰康保险集团旗下泰康人寿、泰康养老和泰康在线肩负着做大支付的责任,意味着它们需要尽可能多地发展新客户并服务好现有的客户,着力扩大支付体系的规模,以更好地撬动服务端的资源。布局服务则由泰康自建、投资和合作的医养康宁体系提供,包括泰康之家长寿社区康养体系、医疗体系和终极关怀板块,主要由子公司泰康健投负责,其核心战略是实现医养康宁全国化、重点城市网络化布局。科技驱动的核心是通过各类新科技、新技术的应用,构建大健康产业互联网,提升效率,降低成本,实现便捷、实惠。建设生态是通过投资与合作构建生态伙伴圈,共建大健康产业体系。我们也正在通过教育、公益、研发和品牌等体系的建设打造软实力,为泰康方案赋能。

重构传统保险公司的资产负债表

人寿保险的底层逻辑是一张资产负债表,客户缴纳的保费形成了公司的负债,公司运用保险资金进行投资形成了资产。传统意义上,保险公司是一个以销售保险为主的负债经营型企业,通过运用保险资金进行资产投资,在资产的安全性、流动性和收益性间进行平衡,保证企业实现偿付承诺,保险资金投资更多是一个保持财务稳定性的必要工具。从保险公司资产负债表的角度看,负债端即销售端,而资产端即投资端。传统保险公司只有负债端与客户有联系,资产端并没有直接为客户提供服务,而是将重点放在了提高保险资金投资效率上面。因此,传统的保险业资产负债表并没有强调资产和负债的相互作用，同时由于可以用于长期投资的资产品类和标的有限，呈现出"短资产、长负债"的特点。

我们提出的方案通过打造长寿、健康、财富三大闭环，在满足客户需求的同时，重构了传统寿险行业的资产端和负债端，践行了长坡理论。回顾这一方案，一切创新的起点是将保险资金投资到长寿社区，创新的方式是幸福有约年金产品加长寿社区确认函，通过把保险变成一种生活方式，让资产端和客户产生联系，从而升级了传统的资产负债结构，实现了保险底层逻辑的创新突破（见图7-2）。

在传统保险公司，保险资金被投资于股票、债券以及不动产等领域。其中，不动产投资如购置写字楼、购置商场，像美国的保险公司甚至会买球场、游乐园。不动产成为有收益的固定资产，虽然收益不高，但持续、稳定，符合保险公司的资金性质。而在我们的企业方案中，保险资金的一小部分能够用于长寿社区、综合医院等医养实体的投资与长期持有，为我们自己的客户提供实体的、高品质的医养服务。不动产投资的这种改变就带来了一个高品质的连锁长寿社区——泰康之家。

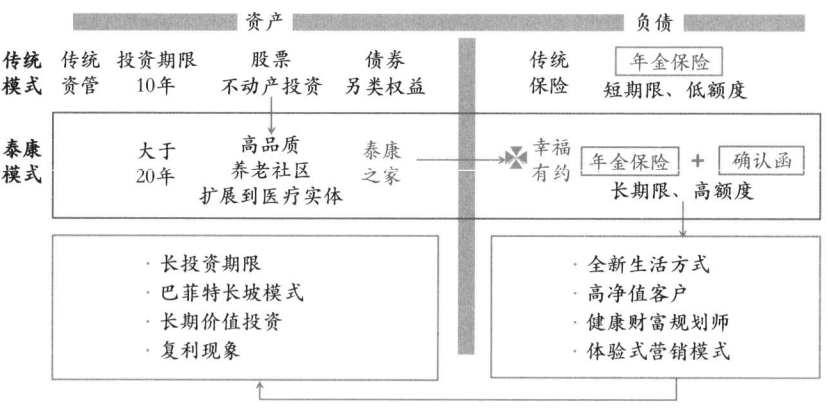

图7-2 泰康企业方案改变传统寿险的资产负债表

有了泰康之家长寿社区，为了将其与负债端相结合，我们研发了幸福有约，由此将负债端的年金产品与长寿社区的"确认函"相结合。这张"确认函"不仅是入住泰康长寿社区的资格，更代表了未来的一种生活方式。传统保险产品只是一纸合同，客户去哪里养老和看病跟保险公司没有关系，而我们的幸福有约将保险和服务整合在一起，让保险产品实体化，扩展了保险产品的外延和内涵。从此，保险从"冷产品"变成了"热服务"，保险公司与客户从看不见、摸不着的合同关系，变成了可接触、可体验和可感知的服务关系。所以，我们的客户配置幸福有约产品实际上是选择了一种未来的生活方式，选择了一种对长寿生活的美好向往，这已不仅仅是一种投资。这样一来，保险公司传统的负债端就实现了升级。过去一张传统寿险保单，最长期限可能只有20年，保单到期之后，保险公司与客户的联结就结束了；而我们的客户在配置幸福有约后，我们可能将陪伴他们终老。

　　由于这个产品的诞生，我们也开创了保险业成规模获取中高净值客户的新局面。举例来说，过去每张寿险保单大概一年缴纳几千元保费，总共缴纳几万元，而我们的幸福有约从客户高品质养老生活的资金需求出发，累计缴纳金额达到了上百万元，从而拉升了保险客户的圈层。以前保险业内也有大额保单的存在，但都是零星的。在幸福有约这种产品问世以前，中国保险业还没有像银行那样，建立专门服务中高净值客户的完整体系，而且中高净值客户经营体系过去也只是私人银行、证券理财公司独有的。如今我们借助幸福有约产品、高品质的长寿社区和四位一体的产品与服务体系，在中高净值客户市场形成了独特竞争力，逐步建立了批量获取高客的经营体系，慢慢积累形成了现在的高客群体。从2012年幸福有约产品推出到现在已经9年，我们积累的高客数量已达十余万，而且依然保持着较高的增速。这是客户对我们的信任，也是我们坚定发展的信心与动力。

有了幸福有约产品，又有了接受新生活方式的高客群体，保险销售领域的新职业就呼之欲出了。保险产品与医疗养老服务对接，实际上对代理人的专业能力提出了更高的要求，顺应这个要求，我们面向全行业推出了通过教育部认证的"健康财富规划师"这一崭新职业，以"高级理财顾问加全科医生"作为他们的基本职业素养。同时，我们为这一全新职业的从业者提供从养老、健康到财富管理的多学科、全方位的知识培训和实战训练，鼓励他们终身学习，更加专业化、职业化，成为客户长寿、健康、财富需求的规划者和终身服务者，成为长寿时代的保险企业家和大健康事业合伙人。

一个新职业诞生了，新的销售方式也随之产生。传统的寿险业营销体系，过去是单兵作战，不乏陌生拜访，甚至"扫楼""敲门"。随着城市化的进程加快，这种营销方式效率越来越低，被内外勤联动的团队作战取代。到了现在，因为我们有了社区，有了医院，有了纪念园，有了各种实体，就构建了一个现实的体验式销售场景，我们就创造了保险业一种新的销售模式——体验式营销模式。客户可以事先参观实体社区，感受我们带到国内的全新的养老生活方式，甚至入住体验后再决定是否购买对应的产品。眼见为实，这就改变了传统保险销售的模式。

在负债端，我们创造了新的产品，这个产品又带来了新的客户群体、新的职业变化、新的销售方式，整个负债端进行了重组，形成一个全新的经营体系。

负债端改变的同时，资产端也随之改变。过去的资产端的资金期限多的在 10 到 20 年之间，现在资金期限远远超过 20 年，成为更长期的资金。这虽然会给传统投资策略带来不少挑战，但换一个角度看，我们可以在资产端进行更灵活的资产配置和更长期的投资，投资结构也会相应发生变化，权益投资的比例可以有效提升，这也就践行了巴菲特所倡导的长期价值投资理念，长坡理论、复利效应得到更加充分的展示。特别是2020年，我们推出的青少版幸福有约，基本都是父母为孩子投保或者爷爷辈为孙辈投保，产品期限被进一步拉长。我们不妨展开想象，未来，可能不再一味是年轻一代向年长一代提供资金支持，而是会越来越多地出现上一代为下一代安排养老资金的现象。如此一来，个人、家庭和家族的财富会不断地进行积累和传承，复利效应会在代与代之间持续显现，也会在一定程度上缓和或改变养老问题的代际方向。

总体而言，泰康企业方案对传统寿险资产负债表的重构是顺应长寿时代的一种创新，使得整个经营体系的效率更高，让客户可以更便捷、更实惠地获得从筹资到服务的一揽子长寿人生的规划与服务。资产负债表的重构是泰康方案创新的精华。有时候创新就隔着一张纸，但要把这张纸捅破是很难的。没有这么多年的思考和积累，这张纸是捅不破的。捅破这张纸需要一生的精力，是积千钧之力，以集体智慧捅破的。

覆盖支付和服务的全生命周期

在生命的时间轴上，有收入和支出两条曲线交织。一般而言，支出曲线贯穿人的一生，在考虑各种转移支付后，其由于早期的教育和老年期的养老医疗支出而呈现为两端翘起的形态。但收入曲线的高峰则出现在20岁到65岁期间，这是收入的积累期。这期间人们的收入，除了日常生活花费，要么买车买房，要么就花在孩子的教育和老人的赡养上。另外，进入后工业时代后，娱教医养的消费需求不可避免地超过了衣食住行的消费需求。

以收支两条曲线的交点为界，可以大致将人生划分为不同阶段。在奋斗期，收入和支出相比通常是一个净收入为正的阶段，形成足够的资金积累从而产生资产配置的需求，考虑为未来做储备。在步入养老期后，养老、医疗健康支出不断攀升，支出开始超过收入。直至离开人世前，还有可能产生终极关怀支出和遗产继承需求。

　　人们对长寿、健康、财富的需求是贯穿整个生命周期的，当支付能力与消费需求不匹配，就会产生筹资问题。长寿时代，筹资问题将变得更为明显。泰康企业方案的独特性在于，通过长寿、健康、财富三大闭环为客户提供一个涵盖其全生命周期的产品和服务体系，不仅有保险产品，也包括医养康宁的实体服务和各类健康服务、投资服务。如图7-3所示，我们一方面为客户提供长期的人寿保险和年金产品，对接我们的实体社区服务；另一方面为客户提供健康保险产品和各类健康服务，包括妇幼保健、健康管理、医疗服务、齿科服务、慢病管理、康复护理等；同时我们还为客户提供从教育金、公募理财、私募理财到退休金的投资服务，在传统意义上的收入开始下滑后，为客户提供收入补充，拉长客户收入曲线的时长，延缓资产衰竭。

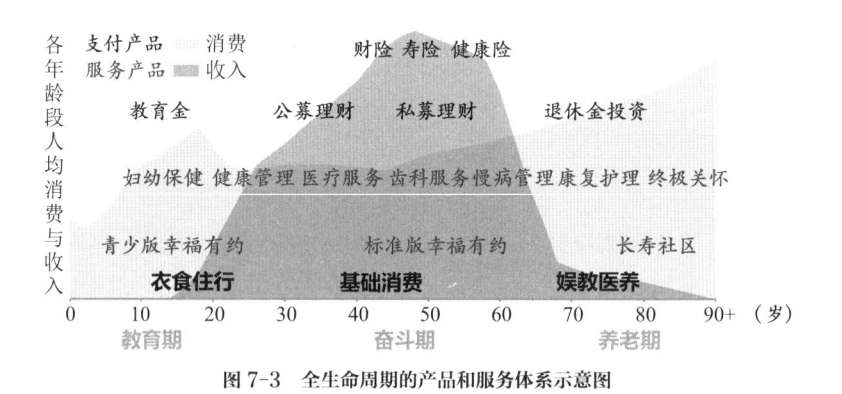

图 7-3　全生命周期的产品和服务体系示意图

　　从产业链拓展的角度来看，泰康企业方案实际上是寿险产业链在纵向和横向扩展，以纵向深耕为主，以横向扩展为辅。纵向扩展是深耕寿险产业链，从保险到医养，又从医养到大健康，通过长寿、健康、财富三大闭环纵向的垂直整合，打造全方位的产品体系。横向扩展，一方面是在站在单个客户的角度横跨其整个人生的教育期、奋斗期、养老期，为其提供全生命周期的产品和服务。图7-3中还隐含着另一层含义，那就是在客户拓展的维度，泰康得以从服务一个人，扩展到服务一个家庭，甚至是服务一个家族。

我经常用一个生动的说法来解读泰康企业方案所折射出来的商业模式，即"长长的坡、宽宽的道、厚厚的雪，滚世界上最大的雪球"。长长的坡是指人的生命周期，"从摇篮到天堂"，服务人们一辈子；宽宽的道是我们"活力养老、高端医疗、卓越理财、终极关怀"的四位一体产品与服务体系，服务生命价值链；厚厚的雪是指我们的优质客户。我们用全生命周期的产品和服务与客户一生的需求紧密贴合，从某种意义上是在向各个阶段的人生致敬。这是对全生命周期产品与服务体系的最佳注解。

实践长寿与健康的最优筹资模式

我们认为，泰康方案是企业为长寿时代的个人及其家庭提供的一种全新的筹资模式，可以为他们未来享受美好的长寿人生提供有力的财务支撑和服务支撑。泰康方案将长寿闭环和财富闭环结合，将引领新时代的生活观和生命观。在第三章中我们呈现了一个理想的长寿人生筹资模型，在实践这个模型的过程中，我们也总结出了泰康企业方案的四个特点。

一是我们作为专业机构可以更好地帮助人们实践长期价值投资。对于个人，想要实现长坡理论和复利效应的理想结果，需要满足的条件主要包括初始投资金额充足、投资期限足够长、投资收益持续稳定等。面对纷繁复杂的投资环境,在长寿时代,专业机构相比个人,更具备实现长期投资和稳定收益的能力。从某种意义上来说,泰康就是这样一个具备长期优质投资能力的专业机构。通过将虚拟的保险与实体的医养康宁服务结合,我们有效地拉长了投资期限,践行了长坡理论,实现了复利效应,可以帮助人们最大程度地实现长寿人生的理想筹资模型。

二是我们在某种程度上优化了代际抚养关系。我们鼓励和吸引老年人到专业养老机构来享老,适度减少了家庭中年轻一代在赡养和扶持老人方面的时间和精力投入,优化了代际关系,也让老年人得到最大限度的关照和呵护,可以更好地为自己而活。同时,我们鼓励家庭中的每个人提前开展养老和健康储备,改变了传统家庭中"养儿防老"的观念习俗;甚至通过青少版幸福有约,我们正在激活家庭里的父母为子女、老人为孙辈提前安排养老资金的意愿。过去是年轻一代为老年一代承担养老负担,未来可能会转变为代际互惠,甚至出现有能力的上一代为下一代做养老准备。

三是我们可以改善老年支出的替代率。我们倡导积极践行长坡理论,着力提升人们养老期开始时的资金储备。如果此时的资金储备足够,老人们用当期的投资收益就可以涵盖相当比例的实际花费,这就有效提升了老年支出的替代率,在这个基础上,老年人可以真正尽情享老。同时,剩下的资金储备还可以持续投资,财富就有可能跨代传承。

四是我们倡导的是一种全新的生活观和生命观,以此激发了人们储蓄养老金、健康金的意愿。客户配置我们的产品和服务,是被我们所倡导的生活理念吸引,是基于对专业机构长期价值投资和品质服务的信任,他们购买的是一种生活方式。换个角度来看,像幸福有约这样的产品,不需要特别的额外激励手段,通过生活方式的引导就能够激发客户为长寿、健康提前筹资的意愿,可以认为它是一种广义上的养老金第三支柱产品。

概括而言,我们的企业方案通过专业机构长期、专业的管理和服务能力为客户赋能,提供全生命周期的养老、健康与财富的规划、管理和服务,实践了长坡理论,发挥了复利效应,优化了养老的代际关系,改善了老年支出替代率,激发了养老金、健康金储蓄意愿,改变了人们的养老生活观和生命观,因此我们可以认为,泰康方案是长寿时代的企业以市场化方式为个人与家庭提供的基于最优筹资模式的解决方案。

延伸企业方案的价值

我们认为一个成功的商业模式不仅仅要让股东的利益最大化,也要有益于客户,有益于所在的行业,甚至有益于整个社会的进步。为此,我们在这个框架下对泰康企业方案这一独特的商业模式进行了重新审视。从客户的视角看,我们正在推动生活观和生命观的改变,为人们应对长寿时代的挑战提供全方位、全生命周期的解决方案;从行业的视角看,我们改变了传统寿险业的发展模式,引领寿险业变革;从社会的视角看,我们正在通过创新积极推动更多的企业参与到长寿时代这一时代命题的应对和解决当中。

改变中国老年人的生活观和生命观

传统的观念认为,养老是被动接受,"养"就意味着"需要照顾",甚至认为所有的老人都是弱势群体。这种思想观念导致社会并没有充分考虑老年人的需求,生活中为老人提供的适老化设计和贴心服务十分罕见,比如市内游泳池常常不向70岁以上的老人开放,许多旅行社要求70岁以上的老人报团必须由家属陪同等。老年市场提供的产品服务通常仅能满足基本的衣食住行需求，一些功能性的产品甚至是以伤害老年人的尊严为代价的。比如美国《长寿经济》一书就曾分析，美国企业推出的老年人罐头无人问津，设计笨拙的助听器始终不被市场接受，因为这些产品被设计得让人一眼看上去就知道是老年人专属的，老年人为了避免在公共场合的尴尬和羞辱反而会拒绝使用它们；与之相反，同样拥有适老功能的老花镜因为其设计得与一般近视镜相同，因而被老年群体普遍接受。实际上，今天的老年人比历史上任何时代的同龄人都更健康，更富有活力，而且他们在这种状态下生存的时间将越来越长。对于许多老人来讲，六七十岁绝对是人生的黄金时代，这个时期，个人的财富、资源、智慧、自由都达到顶峰，他们值得重新拥有梦想，创造价值，获得精神满足。

泰康提倡的享老是一种生活态度，是主动选择和主观能动性的表达。享老应该是每一个人的目标，让自己成为自己生活的主宰，而不是假手于人。今天，在泰康的长寿社区，泰康居民分享人生经历，重新定义幸福维度，发挥银发智力，为社会创造新的价值。

今天，泰康居民追求的不再是养老，而是享老，是要以一种崭新的生活方式去面对老年生活，让生命的每一段旅程都流光溢彩。与普通社区不同的是，我们的长寿社区为居民们提供了一个适老的小型社会，每一位居民都是泰康之家里的"新家庭成员"，在维持原有家庭关系的基础上，与新的"家人"一起活动、交流，享受老年生活，创造更加美好长寿的生命价值。可以说，泰康的长寿社区创造了"泰康居民"这个新群体，而长寿社区也在泰康居民的努力下，被逐渐打造成为长寿经济的试验田，居民与社区互相赋能、互相激发，进而让整个社会重新认识老年人的需求与价值。

现在，让我们到泰康已经开业的 7 家长寿社区，看一下泰康居民们在泰康之家一天的惬意生活。清晨，蜀园的吴叔叔如往常一样来到社区的餐饮中心享受巴适的川味茶点后,又跟三两好友一起泡上一碗大碗茶,摆摆龙门阵。楚园的赵叔叔早上也来要了一碗热干面和热腾腾的豆皮,过过早。上午,大清谷里的陈阿姨跟一群姐妹一起来到山谷中的茶山,当了一次"茶山姑娘",这还是她人生中的第一次采茶体验呢。吴园的林阿姨来到社区的健身房接受运动指导师的持续训练,从入园时需要拄拐杖到指导居民跳交谊舞,她只用了大概一个月的时间。而下午午憩后,各地社区的活动如火如荼地开展:燕园的胡阿姨穿上洁白的芭蕾舞服,在训练室里翩翩起舞;申园的杨阿姨穿上优雅的旗袍走在T台上展示独特魅力;粤园的周叔叔为居民们专门开设"数独秘籍"讲堂,讲授他独创的一套更易懂的数独解题法则并整理成书。而到了晚上,在所有园区的四季花厅,大家聚在一起,喜爱唱歌的来上一首时代的旋律,喜爱舞蹈的献上欢乐的舞蹈,其他居民静静地欣赏与鼓掌,优雅自得,其乐融融。

我们的泰康居民来自全国各地、不同专业领域,或热情或文雅,或高朋满座或二三座谈,总能找到新朋友、新乐趣。我时常听到泰康居民这样总结自己:"70岁是少年,80岁是中年,90岁是正当年。"泰康居民们追求一种最潮的享老生活方式,包罗万象的"潮"标签里闪耀着他们个性享老的态度和独特的生命光彩。在这里,他们设立专属的年度梦想清单,参加追梦计划,在长寿社区勇敢实现梦想。在这里,他们终身学习,在更长的健康人生中时时跟上社会发展节奏。在这里,他们抛弃了老年人对社会无用的自我认识,生命之火常明,欣喜地迎来人生的全新阶段。在这里,他们能够享受我们提供的安宁疗护与终极关怀服务,与家人共同面对人生最后的旅程,潜移默化地为社会带来一种积极的生命观念。

预计10年之后,我们的泰康居民群体将达到5万~10万人的规模。届时,我们将与泰康居民共同开发出更多有质量的长寿生命体验，并通过建立时间银行、组织研讨会、构建学习坊、提供远程教学、协助运营自媒体账号、搭建专家平台等方式，让居民们利用长期积累的知识和经验继续指导生产，为社会持续创造财富，激发以老年人为主角的"第三次人口红利"，实践长寿经济，探索和丰富生命的价值。

开创新模式，引领全球寿险业变革

每个行业都有其生命周期。从国际保险业发展经验来看，西方成熟市场的寿险业发展早已遭遇瓶颈。今天我们研究美国保险业的发展历史可以看到，在美国寿险业发展早期，客户的主要需求是对死亡造成的财务风险寻求保障，寿险公司凭借传统寿险产品，主要是终身寿险，维持了近一个世纪的自然增长。到了20世纪中叶前后，人口寿命延长、替代性产品蓬勃发展等对传统寿险产生不利影响的趋势开始显现。美国寿险公司减少了对中产阶层传统寿险需求的关注，转而向富裕人群销售年金，但没能把握后续客户需求的变化趋势，丢掉了健康险市场。同时资产管理公司及共同基金等的兴起，又抢走了寿险业引以立足的中产阶层的储蓄市场，寿险行业的地位一落千丈。

在美国寿险业，2020年传统寿险产品保费收入超过1700亿美元，占比从20世纪50年代的约76%降低到2020年的不足3成，而年金和意健险保费规模则一路走高，2020年保费占比分别达到了43%和31%，成为寿险业内的主要险种（见图7-4）。但需要注意的是，和整个意健险市场相比，寿险公司的意健险业务占比很小，绝大多数市场份额被专业健康险公司占据；在退休金市场上，寿险公司的表现同样如此，已经无法撼动共同基金公司等专业机构的地位。总之，美国寿险公司在传统的寿险业务走向没落的同时，失去

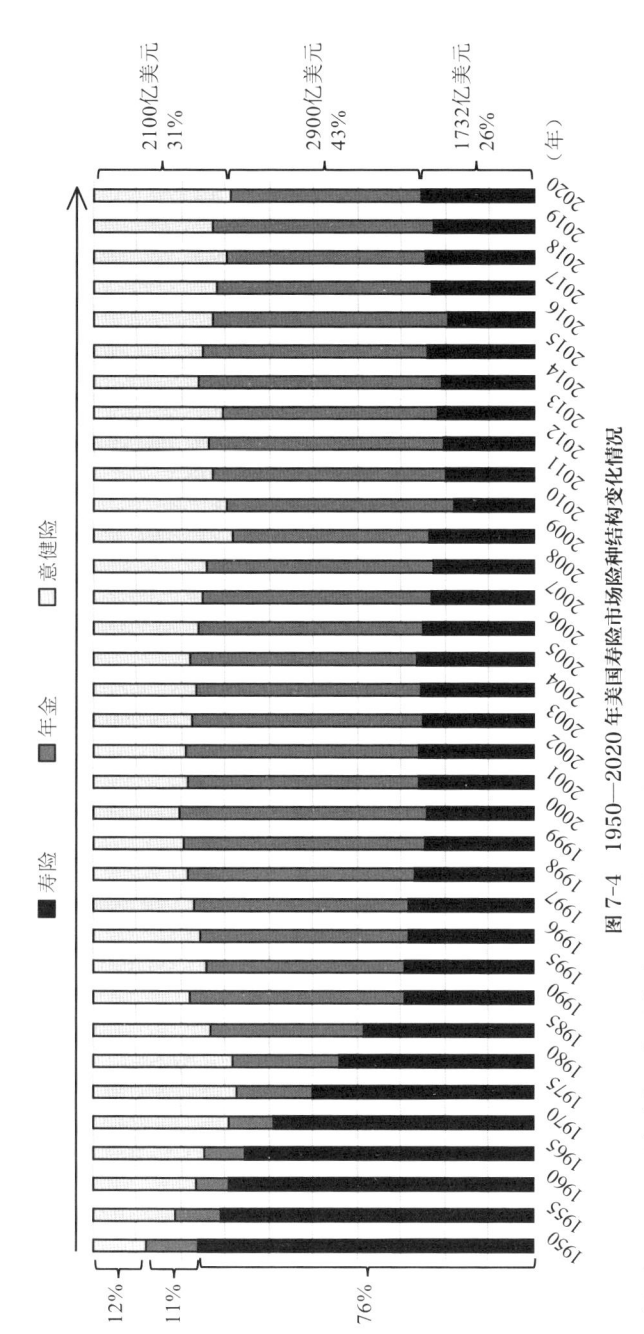

图 7-4 1950—2020 年美国寿险市场险种结构变化情况

资料来源：美国人寿保险协会《人寿保险公司概况报告 2020》（Life Insurers Fact Book 2020），作者整理。

了在健康险和退休金市场中的竞争地位，这从美国传统寿险公司的代表大都会人寿与美国健康险头部企业联合健康持续分化的市值走势上就可以看出来。目前美国消费者的人寿保障需求相对较低，美国的寿险公司更多服务于较高收入的家庭，但寿险产品也只能提供财富传承、退休收入额外增补等次要需求，未能完全抓住健康、退休储蓄等主流需求，这是美国寿险业走向衰败的主要原因，也是其他国家寿险业可以吸取的经验教训。

近年来，我国传统寿险产品的增长停滞，健康保险产品带动寿险业的增长也已趋缓。借鉴美国寿险业的经验教训，牢牢抓住中产阶层在养老和健康方面的需求变化，提前布局实体医养产业，整合保险保障需求和实体健康医养服务，是寿险公司未雨绸缪的关键举措。而且当前，以80后、90后为代表的新生代人群正在成为保险的主力购买群，新生代人群的消费习惯和消费行为也表现出了明显的不同。但是消费者的核心需求没有变，人们通过保险管理风险和规划未来生活的出发点没有变，更为核心的是，消费者现实的医疗和养老需求最终还是需要在医养实体里得到满足。

在传统的观念里，金融是相对于实体经济的特定行业。现代保险具有经济补偿、资金融通和社会管理三大功能，近年来保险业在我国的金融属性不断强化，在社会融资、居民财富管理等领域中日渐发挥重要的作用，成为实体经济发展中长期资金的重要来源。但在我们看来，传统寿险业可以与实体经济更好融合。在我们创新的企业方案中，保险公司投资和运营医养实体，实际上已经从实体经济的支持者变成了实体经济本身。自建、持有并运营大规模、高品质的养老、康复和医疗机构需要大量资金。得益于保险资金长期稳定的特征，一方面，作为一项不动产投资，支付端能够向服务端提供资金，并且为其市场开拓及稳定运营提供坚实的后盾，解决了资金短缺和融资成本高的后顾之忧，同时从国际经验看，资产端拉长对稳定金融市场发挥着积极作用；另一方面，服务端通过稳定的经营和赢利能力，向支付端提供长期稳定的投资回报，支持支付端持续发展。此外，在服务端医养实体的投资周期更长，很好地满足了支付端长期资产负债匹配的需求。这也是为什么我经常说，保险公司和医养行业是"天作之合"。寿险公司"脱虚向实"，从虚拟保险向实体医养服务延伸，就能够牢牢把握住消费者更基本、更终极的需求，成为我们这个行业应对未来长寿时代挑战的可行途径。

相较于其他企业，商业保险公司在参与构建长寿时代的产业体系方面也具有独特优势。保险属于金融服务业，更属于民生产业，保险行业是最希望人们健康长寿、主动规划、趋利避害的行业，它与养老、健康产业有着天然的交集。长寿时代商业保险公司可以是个人和家庭积累医养资金的产品提供者，是政府社会保障体系三支柱筹资的主要参与者，是企业一揽子福利医养解决方案的提供者，更可以成为医疗、养老、健康服务产业创新发展的有力促进者。长寿时代，当一家企业自觉融入国家发展、社会进步的进程，服务于大民生工程，用自己的产品和服务满足社会需求，就可以在更为广大的发展空间中探索企业发展的全新空间。

经过在寿险业的长期坚守和不断实践探索，我们的企业方案不仅实现了产品端、客户端、队伍端、销售端的创新，实现了产业链的突破，还实现了商业模式的创新。我们希望通过我们的努力，给未来全球保险业的发展带来新的思考。令人欣喜的是，目前国内寿险业已经牢牢抓住了不同年龄段客户在养老、健康方面的需求变化，越来越多的公司主体开始布局实体医养产业，整合保险保障需求和健康、医养服务。我认为这既可以让中国寿险业在自身发展过程中实现转型突破，避免重蹈美国的覆辙，也可以更好地集合中国寿险业的力量，让这种创新的企业解决方案在长寿时代发挥更大的作用。

向人类应对长寿时代贡献企业方案

长寿时代是关系人类未来发展的重大问题，长寿时代和随之而来的健康时代、财富时代，影响的不仅仅是老年人群体，更涉及每一个人全生命周期的人生规划安排。如何更好地应对长寿时代的挑战，是个人、政府和企业都需要考虑的问题。在传统的观念里，商业围绕利润运转，很少有人把商业当成解决社会问题的方案。但作为一个企业家，我对此有不同理解。从本质上讲，解决社会问题的关键在于如何尽可能地调动社会财富，如何更有效地匹配资源，而商业企业正是社会财富的创造者之一，商业企业追求的是以市场化的方式实现资源的最优配置，一个有正确价值观的企业天然地承担着解决社会问题的责任。

商业模式解决社会问题的例子屡见不鲜，其中最引人瞩目的是孟加拉国的小额贷款模式。尤努斯把理论和实践结合，建立了以开展团体担保小微贷款模式为主的格莱珉银行（Grameen），并在政府帮助下逐步扩展到孟加拉国的其他地区，帮助无数家庭减轻了贫困，尤努斯也因此荣膺 2006 年诺贝尔和平奖。

中国的养老市场是一种多元化的养老体系，主要以居家养老为主，虽然社区养老与机构养老目前只占据很小的一部分市场，然而我们通过自建养老实体、与保险结合的方式提供高品质的养老服务，并鼓励和引导老年人不断发挥价值，让人们摆脱了对传统老年生活、传统养老院模式的认知，其所包含的社会价值和创新意义是长寿经济最为鲜活的注脚，意义深远。

我认为，泰康的企业方案是为满足人们在长寿时代全生命周期的养老和健康需求，以市场化的手段，给客户提供的一种更优化的筹资方式和服务方式。其中，更优化的筹资方式是说，客户借助我们这样的专业机构可以提前开展全生命周期的财富规划和管理，通过长期价值投资释放复利效应，同时选择专业、权威的机构托付终身，享有各类高品质医养服务，可以尽量规避前述老人财富流失、失去尊严等本可以避免的风险，收获安心与放心。更优化的服务方式是指我们创造的大健康生态体系，实现了医养康宁的综合实体布局，全面服务客户从摇篮到天堂的全方位需求；医养康宁四个产业的组合在我们的服务体系里协同融合，加上打通了支付与服务之间的隔阂，全方位地降低了成本，实现了便捷、实惠。这是泰康方案的魅力所在，更是我们对人类应对长寿时代做出的突出贡献。通过这种更优化的筹资和服务方式，我们真正做到了老有所养、老有所医、老有所乐、老有所为，实现了用市场经济的方式全心全意为人民服务的理想。

泰康方案的实质是发起一场养老革命，改变人们的生活态度和生活方式。目前，泰康的高品质连锁长寿社区品牌已经树立起了养老行业的新标杆，未来我们也将持续通过模式创新和效率创新，令越来越多的家庭和人群都能享受到我们倡导的这种生活方式。为此，在经营层面，我们正在积极推进轻资产运营模式，尝试与更多社会机构合作输出泰康成熟的经营模式，为它们赋能，共同解决时代问题。在公益层面，在为长寿时代提供企业解决方案的同时，我们也通过社会公益行为聚焦养老领域，开展精准帮扶与专业赋能，在充分体现企业的社会责任与担当的同时，呼吁全社会、全行业共同行动，积极参与到养老环境的改善当中。

长寿时代的种种考验犹如灰犀牛，是社会面临的挑战，更是企业进行商业模式创新的机遇。只有以解决社会问题为愿景的企业，才会尽可能地调动资源并不断创新，找到解决社会问题的最优方案。经过长时间的实践探索，我们形成的泰康方案贡献了长寿时代的"中国样本"，为长寿时代来临这个全人类的共同挑战提供了企业解决方案，以企业力量助力社会和政府应对长寿时代的挑战。

古往今来，不管东方文明还是西方文明，人类都在追求长寿、健康、富足。人们也一直在思考，人类社会的终极目标是什么？我认为是社会的和谐、家庭的幸福和自身的健康。泰康的事业与人的生命紧密相关，因此泰康坚定不移地从保险进入医养，从医养进入大健康，总结形成了长寿时代的泰康方案，成为中国养老革命的先行者，这些都源自一脉相承的向生命致敬的情怀，都是为了进一步满足人们对美好生活的向往。未来，长寿经济必将成为主流经济之一，我们相信泰康这样的企业也必将成为长寿时代最活跃的主流企业。愿泰康方案能够成为企业探索长寿时代市场化解决方案的起点，在未来引领和启发更多富有价值的创新实践，与各行各业的有识之士共同激发长寿经济，共同建设和谐美好的长寿社会。

第八章

构建和谐的长寿社会

在本书中，我将长寿时代视为人类即将步入的一个新常态，长寿时代启动健康时代和财富时代。为满足人类寿命延长而产生的健康和财富需要，将使大健康产业和财富管理迎来极大的发展。同时，长寿时代与数据时代相互交叠，生产要素发生变革，带来新的生产组织方式，助力长寿经济的发展。长寿经济的爆发将给未来老年人的生活带来无限可能，老年人生命的价值将被充分发掘，人生的第二条曲线将展现无穷的魅力，老年生活也将流光溢彩。

长寿时代的美好未来固然令人振奋，但是现实和理想之间充满了不确定性。这就像当年的航海家憧憬着新大陆，但眼前的大海却神秘莫测。正如本书之前章节所述，寿命的增加并不单单意味着每个人生存时间的延长，同样也意味着长寿风险的加剧，家庭和社会的抚养成本攀升，养老和医疗筹资吃紧，经济增长的动力亟待转换。试问个人与家庭若不提早做好准备，那将如何面对沉重的负担呢？试问政府若不事前部署，那将如何面临捉襟见肘的困局呢？试问企业若不及时应变，那将如何保持并增长核心竞争力与价值呢？因此，在未来的长寿社会，个人与家庭、政府、企业都将面临一场大考。

理想和现实之间的冲突往往是激励人类不断奋进创新的加速器。随着长寿时代的脚步越来越近，我们越发强烈地渴望拥有长寿、健康、富足。朝着这美好愿景，拥抱长寿时代是所有社会参与者——个人与家庭、政府、企业的必然选择。面对各种挑战，我们整装待发，在转变工业时代人口老龄化思维理念的同时，用长寿时代的视角、长寿经济的思维，迎接未来长寿社会每个参与者的新角色和新使命。随着长寿经济的试验田不断迭代翻新、扩容延展，我们将共同见证个人健康、家庭幸福、社会和谐的长寿时代。

站在长寿时代的十字路口

长寿时代的灰犀牛

"灰犀牛"往往指的是那些大概率发生的潜在危机，即便知道其存在，人们仍然难以察觉。长寿时代的种种挑战，无论是存在于个人和家庭，还是存在于政府或企业，目前看来都好像"灰犀牛"一样容易被忽视。因此，我们唯有早识别、早防范，才能主动化解这些潜在危机。

个人和家庭面临的挑战

长寿时代，个人和家庭面临的首要挑战就是财富储备不足。2018年日本NHK电视台特别节目录制组推出了一部纪录片《老后破产》，美国的泰德·菲什曼（Ted C. Fishman）也撰写过名为《当世界又老又穷》的书，两者都在描述老年人未能富足、优雅地老去，反而陷入"老年贫困"的窘境，并引发对居住、生活、医疗、人际关系等的影响。诚然，"老后破产""又老又穷"这些词看上去似乎是危言耸听，但却潜在威胁着每个家庭及个人。

在老龄化程度最高的日本，"老后破产""又老又穷"的故事屡见不鲜，而且这种现象正在逐渐蔓延。过去几十年间，日本的人口年龄结构持续向"倒金字塔"形态演变，劳动与消费人口占比的此消彼长导致养老金收支的失衡，老年人的养老金收入持续降低。尽管日本政府提供全民医疗保险制度和介护保险制度等措施，但那些依靠养老金维持生活的老年人，是经不起过多"风吹草动"的。生病、受伤等事件都有可能引发连锁反应，导致收不抵支，甚至破产。

在老龄化程度相对较轻的美国，"老后破产"的现象也不足为奇。近些年来，美国的医疗费用持续快速增长，老年人面临的医疗自付费用也不断攀升，有些老年人甚至会因支付巨额医疗费用而陷入贫困，进入低收入者医保的保护范围。除了医疗费用高涨外，造成有些美国老年人"又老又穷"的另一个重要原因是美国人口的储蓄率相对较低，年轻时财富储备准备不足加剧了年老时的困境。

随着人口老化程度的加剧，中国的老年人也面临着"又老又穷"的巨大威胁。与日本、美国等发达国家具备较为完善的老年人保障体系不同，我国由于社会和经济发展阶段的差异，老年人的保障体系仍较为薄弱。尽管目前我国的医疗费用水平相对较低，与发达国家有一定的差距，但医疗保障不足导致的因病致贫、因病返贫现象时有发生。此外，家庭规模小型化、微型化也是中国老年人遭受"又老又穷"威胁的重要原因。2021年公布的第七次全国人口普查数据显示，我国平均每户家庭只有2.62人，比10年前下降了约1/6。家庭规模的缩小使得"养儿防老"模式不再是主流，老年人能够借助的家庭内部资源变得稀少，社区养老和机构养老从备选项变成必选项。目前我国养老事业的规划呈"9073"服务格局，其中90%左右的老年人居家养老，7%左右的老年人依托社区支持养老，3%左右的老年人入住机构养老。无疑，最新的人口普查数据给我们敲响了警钟，而"9073"的养老模式也有可能发生转变。因此，提早做好养老方式和财务规划的准备，避免陷入"又老又穷"的陷阱显得刻不容缓。

除了防范进入老年后的财务风险外，健康风险也是人们在长寿时代面临的巨大挑战。与人生财富积累的轨迹类似，健康也需要长线管理。在人生的每一个阶段，每个人都在投资健康，增加健康资本，不过健康会随着年龄的增加而折损。年轻时不健康的生活方式，从长期来看，将会带来不可逆的临床后果。这其中最为常见的就是吸烟、过量饮酒、缺乏锻炼、饮食不规律等行为。这些行为对健康造成的影响往往具有很强的"潜伏性"，年轻时健康水平总体较好，不良生活行为带来的危害并不会明显地表现出来。然而随着年龄的增长，这些行为带来的损伤将对身体造成严重且不可逆的伤害，导致人们在年老时的健康水平相对较差。

如果前期准备不足，长寿时代给个人和家庭带来的健康和财富冲击是非常巨大的。而且这种冲击可能还会在不同世代间持续产生影响，导致社会阶层固化。这个原因是显而易见的，当家庭的老人进入"又老又穷""又老又病"的状态时，家庭中的下一代需要花费更多的时间、精力和金钱去赡养老人，从而影响下一代在年轻时进行财务、健康资本的积累，最终产生恶性循环，使贫穷、疾病等造成的不平等在代与代之间传递下去。

特别需要注意的是，在长寿时代，不同家庭的处境将有很大不同，其中教育水平的差异起到了非常关键的作用。在教育－财富－健康的"黄金三角"（见图8-1）中，教育是决定健康和收入最重要的因素。首先，健康经济学研究显示，教育程度越高的个体，其健康生产的效率更高，使用同样的时间和资源能够达到更好的健康水平。其次，更好的教育水平意味着人们能够选择更好的职业，从而获得更高的收入。

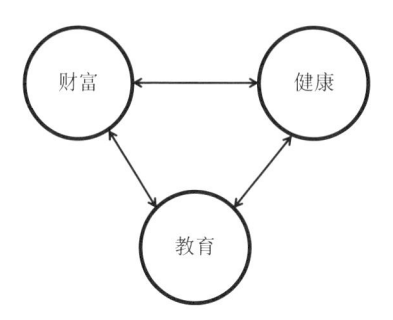

图 8-1　教育-财富-健康之间相互影响

教育水平存在的差异将导致每个人在老年时具有不同的健康和财富水平，产生的个人负担与家庭负担也千差万别。在同一代的老年人之间，那些教育水平较高的老年人过去长期从事人力资本回报率较高的工作，有着更加健康的生活方式，因此仍能保持较高的财富水平和较好的身体健康。此外，在长寿经济的催动下，这些老年人退休后仍能以各种形式参加生产劳动，持续获得收入，而他们身上各种衰老等退行性变化的发生也相应推迟，通常需要很长一段时间才需要家人和子女的照料。然而那些教育水平较低的老年人，他们在年轻的时候往往只能参加比较繁重的体力劳动，从事风险性较高的职业，等他们老年时，身体状况会相对较差，对照料、医疗、养老的需求也相对较早。同时，由于教育水平相对较低，他们所从事的职业给他们带去的收入也相对有限，等到退休时，他们的储蓄也相对较少。健康和财富双重储备不足使得他们严重依赖子女们的支持，也给家庭带来了沉重的赡养负担。为了满足老年人所必需的照料，年轻人不得不花费更多的精力和资源照料父母，用于受教育和积累工作经验的资源和时间被挤占，从而影响未来的财富，未来等他们变成老年人时，他们的子女又会和他们年轻时一样，背负沉重的家庭负担。

综上所述，我们看到，对于个人和家庭而言，从财富储备不足到"又老又穷",从健康风险失控到"又老又病",从教育水平差异到社会阶层固化,这些如同进入长寿时代的关卡,正挑战着我们每个人、每个家庭。对此我们需要提前准备,才能从容面对,在长寿时代的康庄大道上稳步前行。

政府面临的挑战

长寿时代在冲击许多家庭与个人健康和财富的同时,也会给公共财政的可持续性带来严峻的挑战。在社会的组织结构中,政府很大程度上扮演着财富再分配者的角色,从最具有生产性的部门征税获得财政收入,用以支持教育、医疗、养老等公共服务事业。在工业时代,人口呈现金字塔形态,大量的人口集中在生产部门,仅有少部分人口需要教育和医疗的支出。在这一时期,政府有充足的财政收入和较少的财政支出压力,因而有足够的资源投入教育和医疗事业。进入长寿时代,人口逐渐从生产部门转入消费部门,能够提供税收的人口比例大幅减少,而需要政府提供财政支出的人口比例逐渐增加,财政平衡面临很大压力。从日本养老金发放收紧的案例可以看到这一问题凸显。我国在21世纪初也进入了"广覆盖、低保障"的全民医保时代。2018—2020年,尽管医保基金的收入总额仍大于支出总额,但收入增幅已明显低于支出的增幅。据艾昆纬(IQVIA)估算,到2030年前后,医保基金当年收入将低于当年支出。而我国的城镇职工基本养老保险基金在某些省份已出现了当期入不敷出的情形。

老年人口占比增加使政府用于医疗和养老的财政支出比重越来越大,势必会相应地减少其他公共事业的财政支出比例,尤其是教育等能够产生未来生产力的公共支出。美国是一个典型的例子。2016年,美国联邦预算花费在教育、职业培训上的支出为1160亿美元,而花费在老人医保上的预算高达6410亿美元。由于老年人的医疗和护理支出增长趋势并没有被明显抑制,年轻人获得的支持越来越少,引起了社会的普遍不满,这也是导致 2016 年反建制派政治人物特朗普当选美国总统的原因之一。

长寿时代不仅给公共财政带来失衡风险,挤占了教育等投资性公共支出,牺牲了长期经济增长的潜力,也对政府的公信力造成了很大威胁。希腊政府信用破产的事值得世人警醒。希腊曾是发放养老金最为慷慨的国家,2009 年底,希腊政府公布财政赤字,引发希腊债务危机,曾经的高额养老金不复存在,老人们纷纷去银行挤兑领取养老金,还有的老年人因取不到养老金而坐地痛哭。为解决债务危机,希腊政府计划削减开支,首先是削减养老金领取额度和提高领取门槛,这引起了老年人的游行抗议。同时,由于政府公信力不足,年轻人也对未来的养老金失去信心,没有动力参与政府的养老金计划,这令养老金的运转雪上加霜。

对于政策制定者和公共管理者来讲,财政压力、信用受损是较为严重的风险因素,因此我们有必要吸取其他国家的经验,未雨绸缪,避免未来因准备不足带来的冲击。

企业面临的挑战

在未来的长寿社会中,人口变化将会对企业的一系列经营行为造成重大影响。人口浪潮塑造劳动力和购买力浪潮,而长寿时代的到来意味着过去的人口红利将逐渐消失,企业如果对即将到来的人口变化熟视无睹,会很快走向衰败。

房地产是典型的对人口年龄结构敏感的行业之一。我们在第五章提及了日本房地产泡沫的例子,一系列人口因素导致日本房地产价格一路走低,虽然过程中偶有波动,但供过于求的状况并没有得到根本转变,每次市场复苏往往都是昙花一现。劳动密集型产业是另一个对人口红利敏感的行业,在中国我们已经看到东南沿海地区那些加工业曾经繁荣一时的地区,现在面临招工难的困境。

长寿时代到来引起生产要素、消费需求和产业结构等的变化，企业需要对此做出洞察，而面对从工业时代起就形成的庞大组织和文化，企业往往也需积极调整以应对这些环境变化。我们在前文曾经讨论，面对移动互联网这样的新兴浪潮，日本的工匠精神和保守特性导致它错失了许多商业机遇。而当长寿时代来临时，如果企业不进行自我变革，那么经营惯性将可能导致企业不断僵化，最终成为"长寿时代的恐龙"。

保险业在这个过程中最为典型。从日本和欧美的情况来看，随着人口结构问题的出现，利率和国债收益率长时间处于非常低的水平。如日本货币市场利率自1995年就跌到零附近，2015年变为负利率，甚至连长期国债收益率也跌到零以下。而利率下行会给包括保险公司在内的金融企业带来严峻的市场环境。就保险公司而言，长期低利率将导致利差损风险。但日本的保险公司为了保持市场占有率，直到经济泡沫破裂后仍然向市场投放了大规模高预定利率产品，使得20世纪90年代之后的日本保险业经历了严重的利差损事件，直接导致1997—2001年期间就有7家寿险公司、2家产险公司相继倒闭。目前日本的大多数保险企业仍然固守着传统的经营模式，没有系统性地突破原有商业领域，没有在保险产品与养老健康需求结合的过程中形成规模。如今在日本市值居前十的大企业中，已经难觅保险企业的踪影，这和我30年前到日本看到的景象形成鲜明的对比。

由此可见，工业时代的红利消失，企业的自我变革步履蹒跚，这些都挑战着企业的生存与发展，同时也督促着企业，以创新的姿态迈入长寿时代。

长寿时代的新机遇

长寿时代已经开启，这或许会成为人类社会面临的终极挑战。

但挑战总是与机遇并存,抓住这些机遇,我们或可将"灰犀牛"点化为"独角兽"。

长寿时代来临,大健康等产业迎来变革风口。长寿时代老年人口占比将不断上升,单单从需求端的角度来看,老年人在经济活动中的话语权越发增大,老年消费将是社会整体消费的重要部分。一个显而易见的例子是,无论是日本、美国还是中国,近年来成人纸尿裤的年均销售量增幅都高于婴儿纸尿裤,长寿时代的趋势正在这些消费品中体现。

中国经济正从工业化向后工业化迈进。工业化时代解决的是衣食住行的需求,后工业化主要是服务业的发展,解决的是娱教医养的需求,这也是中国下一轮经济增长的核心动力。在庞大的健康需求下,大健康是未来的一个巨大产业,贯穿人生的整个过程,为人们提供全生命周期的健康生活解决方案,蕴含巨大的商机,将会成为发展最快的产业之一。我们看到苹果、谷歌这些科技巨头也纷纷进入健康产业,为未来布局。大健康产业赛道众多,成为细分赛道的龙头是抓住这轮机遇的关键。

与此同时,科技与数据时代到来,第三次人口红利释放。从互联网到物联网再到人工智能,这些科技进步一定程度上延展了人体器官的功能,使我们能看到更多内容,听到更多语言,拥有更精准的感知以及更有深度的认知。当这些科技与长寿时代相遇时,我们看到了科技向善,新一代技术可有效缓解老年人生产力衰弱的问题,为老年群体注入新活力。以人工智能和小型机器人为例,养老服务机器人从物理辅助上帮老人们举重若轻,从社交辅助上为老人们排忧解难。"智慧养老"也逐渐走进人们的视野,通过智能化的硬件和软件,提供及时预警、按时提醒、随时互动等 7×24 小时的全方位数字化服务,确保老人们的生活环境更安全、更优质。这些科技的适老化应用已经得到了国家层面的重视，让老年人能用、会用、敢用、想用。2020年国务院办公厅印发《关于切实解决老年人运用智能技术困难的实施方案》，2021年4月，工信部发布了互联网网站和移动互联网应用的适老化通用设计规范。由此可见，科技进步与长寿时代相向而行。

在互联网、物联网、人工智能这些科技的背后暗涌着海量数据，数据时代成为我们这个时代的又一代名词。数据时代为长寿社会创造巨大的商业机会。大数据从广度和深度上更能解读老人的需求，老人也因数据带来的洞察力而被精准赋能。未来的社会发展可能将基于数据时代和长寿时代这两种形态的叠加，经济要素的供给结构会随之改变，而新的生活方式和生产方式也会随之而来。未来的商业机会可能将超越我们现有的认知和规范界限，比如创造新的消费模式，出现新的产业结构，未来智慧城市的建设也将改造现有的基础设施，使之更加适应长寿社会的需求。

在长寿时代和数据时代的交相辉映下，第三次人口红利有望继第一次和第二次人口红利之后再次带来经济的发展。第三次人口红利发展将以老龄人口的人力资本为核心。老年人价值再创造是长寿经济的本质。我们在第五章中指出，长寿经济中老年人不仅是重点的消费者，同时也是重要的生产者和创新者。数据时代为老年人的价值再创造提供了工具和平台，老年人可以同时从供给和需求两端来推动长寿经济向着更有活力的方向去发展。我们可以看到长寿社区作为长寿经济的试验田正在开花结果，这是一片希望的田野。

在政策和制度层面，政府为了应对长寿时代释放了政策窗口，提供了创新机遇。多国政府在不断出台政策，推动科技、医养产业的进步与发展。面对长寿时代，各国应对挑战的政策丰富繁多，归结起来可分为三类。一类是人口政策，主要通过鼓励生育和移民等政策，改善人口年龄结构；第二类政策着重强调应对老龄化带来的社会、个人财富不足问题，主要包含养老金改革、鼓励就业等政策措施；第三类政策着重强调应对老龄化带来的医疗、照料需求增加，社会、个人应对不足的问题，主要包含医疗健康改革、医养结合等方向的政策。

日本是全世界最早进入老龄化的国家。面对日益加剧的老龄化问题，日本政府采取了一系列改革措施，包括发展护理事业，增加医护培养数量，建立护理医疗等。同时，日本政府一方面积极鼓励利用科技改善老年人生活质量，尝试将科技融入老龄社会的整体解决方案，另一方面也积极鼓励企业开发适合老年人的科技产品，将物联网技术等先进手段融入老年人生活，利用机器人解决简单照护需求，利用远程医疗解决看病困难等，打造科技适老化的生活环境，满足老年人个性化、多元化、多层次的需求。

欧洲各国政府的应对政策主要偏重社会政策层面。改革退休制度，提高养老金领取门槛是许多欧洲国家共同采取的行动。同时，许多欧洲国家也积极调整政策，鼓励老年人就业，包括出台法律政策禁止歧视老年人就业，组织培训项目提升老年人就业能力，设计阶梯式养老金领取机制鼓励老年人延长工作年限等。此外，许多欧洲国家也通过增加公共财政投入，改善基础设施，提升老年人的生活环境等，鼓励老年人以各种形式积极地融入社会。

我国政府早已意识到这种冲击带来的挑战，在《"健康中国2030"规划纲要》中，促进老年健康是重要内容，2021年3月发布的《第十四个五年规划和2035年远景目标纲要》中也明确提出完善养老服务体系，加强老年健康服务，深入推进医养康养结合。对于人口老龄化的积极应对已经上升至国家战略层面。"健康中国"和"积极应对人口老龄化"这两个国家战略将支撑起全方位的政策支持体系，其力度前所未有。

长寿时代下的个人、政府、企业方案

当前，我们站在一个前人未曾到过的十字路口，前方或充满荆棘，也可能鲜花遍布。但是历史的车轮不会就此停驻，人类社会也会积极地寻找出路。古人云，凡事预则立，不预则废。在本书的第七章，我们介绍了泰康面对长寿时代所提出的企业方案。但从一个更宏观的框架讲，我们需要个人与家庭、政府和企业都提出解决方案，最大限度发挥各自的优势，相互协同，以体系化的方法论来迎接机遇与挑战，最终共同建设个人健康、家庭幸福、社会和谐的长寿社会。在这样的愿景下，我们不妨畅想下，长寿社会各个参与方的方案都要具备哪些要点。

个人和家庭：做好健康和财富的双重准备

正如英国学者琳达·格拉顿在《百岁人生》一书中所描绘的那样，在长寿时代，每个人都将拥有多段式人生。这种人生将带给我们不一样的生活方式，每个人都需要重新认识、定位和发掘自己在每个阶段的价值，并调整自己的人生策略，应对这种生命历程的改变。

首先，对于个人和家庭而言，健康和财富的积累值得加倍关注，可以考虑寻求专业机构的帮助。长寿时代带来健康时代和财富时代，如何让生命有质量地延长，如何储备充足的资金来维持人生各阶段财务的稳定，这将成为个人和家庭面临的最直接的挑战。一方面，个人将更加重视自身的健康，让健康状态尽可能地延长，在这个领域，未来生命科学的发展和医疗模式的转型将有助于人们更好地改善自身健康。另一方面，为了应对医疗和养老支出的增加，个人和家庭将更加关注财富的积累和管理，更有动机增加财富总量、延长财富寿命,财富管理的方式也将更加多元化。同时,越来越多的个人和家庭会去专业机构寻求健康和财富等全方位的管理服务。

其次,长寿时代和数据时代交叠,个人和家庭将主动拥抱科技,持续释放需求和供给。随着未来数字化、智能化技术的不断发展,机器人的运用将会越来越普遍。一些传统的人工低效工作将逐步被机器替代,人们会从繁重的体力劳动中解脱出来,转向脑力劳动。这为人们延长工作年龄,释放生产力创造了很好的条件。长寿时代,更长的工作生涯很可能成为人生的必然,届时人们的工作方式、工作内容会与工业社会大相径庭。未来的工作方式将更加数字化、智能化,年龄增加并不会成为阻挡人们参与劳动的障碍,老年人可以更加灵活地进入劳动市场,传授知识、经验、技能,乃至参与服务工作。老年人不再是固有的、传统的纯消费者角色,他们将更多地参与生产,扮演起生产者、创新者的角色,在需求端和消费端共同推进经济增长和社会进步。

再次,教育回报率上升会刺激更多的教育资本积累,"活到老,学到老"会成为越来越多人们的选择。长寿时代,随着寿命的延长,教育所带来的收益期限将拉长。脑力劳动带来的单位时间回报率更高,人们会不断增加人力资本的积累,形成终身学习的新常态。在工业时代"学习、工作和退休"人生三段论的模式下,教育的投资主要集中在人生的最初阶段。在长寿时代,人们迎来多阶段人生,学习策略会发生重大变革,或许会有越来越多的人选择在工作多年之后重新回归学业生涯,或者会在学习的间隙继续丰富自身的社会经历,打磨职业技能。"间隔年"[1]这一原本属于青年学生的

---

[1] 间隔年(gap year),意为一年的空档,一般指西方青年在升学或者毕业之后工作之前开始的一段空闲时间,时间是3个月到12个月不等,他们往往在进入下一人生阶段之前体验不同的生活方式。

名词将可能在长寿时代的各个年龄段有所展现,也将在长寿时代被赋予新的内涵。教育资本的积累过程将贯穿于整个人生阶段,学习型人生将收获最大的红利。终身学习在积累人力资本的同时,也使得人们保持了长期的学习能力。随着科技的不断进步,未来老年人将会是新科技领域的移民,他们所掌握的学习能力让他们能更好地适应科技进步,提高社会适应能力,减轻因不能适应科技进步而产生的家庭和社会负担。终身学习也会让人们获得同时拥有多项技能的可能性,未来每个人都可以拥有属于自己的"斜杠人生"[①]。

政府:培育长寿经济,发展适老、公平的社会

在长寿时代,面对社会养老医疗资源和公共财政的压力,政府将不仅仅是传统市场经济的"守夜人",而需要有所作为。当经济进行产业升级、结构调整时,政府可以发挥积极的作用。长寿时代带来长寿经济,长寿经济的形成不是一蹴而就的,它需要从现有的经济模式不断升级蜕变而成。这其中政府对于企业创新的推动和鼓励就显得尤为重要。

首先,为应对产业升级,政府可以通过与产业紧密互动,为行业制定促进创新的政策,并依托企业实现科技与商业模式的迭代升级。企业创新是经济增长的原动力,是促进产业升级、发展壮大长寿经济的助推器。在长寿时代,企业需要根据新的市场需求和要素结构进行调整,政府不妨为这一类调整添加润滑剂,提升产业结构转型与长寿时代的适配性。比如政府可以推动企业为老年人提供就

---

① 斜杠人生指的是一种不再满足于"专一职业",而选择拥有多重职业和身份的多元生活方法。"斜杠"来源于英文 slash,这些人在自我介绍中会用斜杠来区分,例如:张三,记者/演员/摄影师。"斜杠"便成了他们的代名词。

业岗位，为老年人参加经济活动、创造社会价值提供条件。日本很早就意识到这个问题，在2001年通过修改《雇用对策法》，构建了禁止就业年龄歧视的法律制度，许多欧洲国家也是如此。当人们选择开启新的职业生涯时，政府也可以提供更多的保障，为他们提供教育机会和基本的福利。与此同时，在医疗、养老和金融等重点行业，政府可以平衡好监管和创新的关系，从而提高个人、家庭和企业适应长寿时代新挑战和机遇的能力。

养老、医疗的供给侧政策也能成为政府的发力点，以降低社会成本，提高供给效率。以日本为例，早在1986年就颁布了《长寿社会对策大纲》，随即于1989年和1994年分别制定黄金计划（即《老年人保健福祉推进十年规划》）和新黄金计划（即《新老年人保健福祉推进十年规划》），还有1995年的《高龄社会对策大纲》等。由于政府的规划战略先行，在日本2000年开始实施介护保险制度之前，日本的养老产业发展就已经具备了一定规模。我国目前的养老、医疗体系公立和私立并存，通过政策和制度，若能保障有相同的发展空间，这将大大激活市场，带动相关产业发展。

其次，长寿社会一定是适老化社会。政府需要大力推动适应长寿时代的基础设施建设，适老化不等同于老年专用，而是更多本着用户友好的原则。许多发达国家的适老化设施是在数十年的城市建设历程中逐步铺设的，我们走在欧美城市的街头，随处可见升降梯便于轮椅上下。但是中国经历的是世界历史上规模最大、速度最快的城市化进程，我们过去的基础设施建设不可避免地留下了很多不方便老人居住、出行的缺陷与隐患。我们既要做好"增量"，设计适老化的新基建，也要做好"存量"，改造旧基建的适老化。值得庆幸的是，今天的适老化已经可以被互联网和数字化赋能。在数字时代，老年人会遇到所谓数字鸿沟的问题，当大多数人可以享受科技创新带来的智慧生活便利之时，相当一部分老年人却为"网"所困。我们认为数字鸿沟的本质不是技术带来的,技术的不断迭代可以使得人机交互变得更为便利,对用户更为友好。数字鸿沟的本质是对老年人需求的漠不关心乃至歧视。因此政府在创建适老化社会时,也需要引导社会观念的转变。

最后,政府通过再分配可以在很大程度上促进长寿社会的公平性,但福利过高所带来的弊端也同样值得警惕。人口年龄结构老化的长期趋势决定了相关的公共政策并不是一种应急策略,而是要考虑能否有效协调经济社会长期可持续发展。对老年人口的经济与服务支持没必要也不应该以增加年轻人口的负担或剥夺未来几代人的利益为代价,整个社会应当公平地分享发展的成果。现如今社会上热议的"躺平"一词,早已经在日本社会中得以体现,而日本年轻人"躺平"背后的因素之一是日本的社保政策更加关注老年群体的需求,而对全生命周期的其他阶段关注较少,比如对年轻人中有需求的个体缺少针对性的支持,这种思路长此以往不利于年轻人积累健康、财富和教育资本,形成恶性循环,进一步降低社会活力。

纵观世界各国,面对长寿时代中存在的"灰犀牛",政府都在行动。但是我们也看到部分西方政府的决策容易陷入僵局,陷入工业时代的路径依赖,导致公共财政债台高筑。我们更憧憬在长寿时代的一个有为政府,能在鼓励产业的同时,促进社会公平,让所有长寿社会的参与者共同缔造长寿时代的美好未来。

企业:以新商业模式推动社会问题的解决

企业既是长寿时代创造社会财富的生产者,又是商业模式创新的源泉。长寿时代挑战重重,主流企业必将能为人类提供应对时代挑战的解决方案。同时,在长寿时代,包括大健康在内的多种产业将会迎来重大机遇,谁能够把握好核心产业赛道,为人们提供全生命周期的长寿时代解决方案，解决经济社会矛盾，满足人们对美好生活的向往，谁就能成为长寿时代的主流企业，能成为最具核心竞争力和社会价值的企业。

面对长寿时代，企业要重新审视未来的战略规划。对于企业来讲，战略高于一切，企业成功的第一步，关键是要定好位——"做什么生意"和"做什么人的生意"。这也是企业制定长期战略的起点，基本原则可以归纳为"长期看人口，中期看结构，短期看宏观"。

长期看人口，一方面是要关注人口结构的变化，另一方面是要关注人口需求的变化。长寿时代，老龄人口占比长期保持在25%以上，老年人消费会带动整个社会的消费模式发生重大转变。随着社会经济和产业结构的转变，人们的刚需从衣食住行转向了娱教医养。在长寿时代，养老、医疗、终身教育这三个个人最核心的需求全都对应其中。中期看结构，主要是在社会经济和产业结构的变化中寻找机会。短期看宏观，宏观经济的变化原则上不影响企业的定位与长期战略，但是企业要根据宏观经济的变化来调整短期发展的目标。

对于企业来说，最核心的是要抓住未来最具消费能力的群体，根据他们需求的变化来制定战略、布局产业、调整产品。企业应该在长寿时代来临之际抓住机遇，进入健康、医疗、养老和终身教育等领域。当进入一个产业的企业越多，激烈的竞争会有利于降低整体成本，从而更好地促进社会整体福利的提升。

其次，企业需要积极构建生态。只有建立生态化的产业体系，才能够满足长寿时代客户多样化的需求。长寿时代的个人需求特征和产业结构的变迁必将影响每个企业。柱状人口年龄结构意味着各年龄段的人口是均匀分布的，这会带来市场集中度的下降和市场需求的多样化。对此，构建生态模式成为企业发展的必然选择。所以长寿时代就是生态时代。

长寿时代企业的竞争是生态系统的竞争。我们看到，互联网时代改变了过去农业时代的层级权威组织体系和工业时代的专业化竞争模式。企业需要以构建生态体系的方式巩固自己的竞争优势。随着信息技术的发展和以此为基础的需求升级与创新尝试，传统的大型企业将有可能被更多在细分领域更专业、小而精的企业包围。大型企业需要越来越多的小企业组成生态系统，共同迎接未来挑战。

长寿时代也是共享时代。长寿时代可以通过共享机制激发企业家精神，从而提升社会整体效率。以股份有限公司和有限责任公司为主要形式的法人制度的出现，推动了社会创业与创新。互联网时代的创始人和期权制度的出现，进一步推动了经济繁荣。而比创始人制度和期权制度激励范围更广的合伙模式，其共享机制将更加有利于推进企业发展和社会创业创新，从而提升社会整体效率和财富。合伙模式有不同的表现形式，比如在第五章我们曾介绍过零工经济，那是一种以人为本的组织模式和工作方式，打造了"平台–个人"的合伙模式和共享机制。老年人可以作为平台的合伙人，将自己擅长的专业、充足的经验等发挥到极致，如借助于平台成为网红主播、自媒体大V等。此外，相比"平台–个人"这种松耦合模式，事业合伙人模式是紧耦合的，因为事业合伙人首先需要高度认同组织价值观，然后承诺并力行组织目标与原则。事业合伙人实际上是企业中的企业家群体，而在泰康，我们的健康财富规划师正是这样一支队伍，在适应长寿时代发展要求的同时，激发自我创造力，分享并发扬企业家精神。

此外，多段式人生的开启需要企业的支持，无论是企业为各个年龄段的人才敞开大门，形成弹性文化，还是企业为年长的员工配置适老化环境，打造包容的文化氛围，都能反映长寿时代企业的责任与担当。比如在2019年，麦当劳连锁餐厅与美国退休人员协会合作，不但为年长员工提供了25万个工作岗位，而且结合不同年龄段的生物钟节律，灵活安排上班时间，尤其尊重年长员工更愿意上早班的选择。我们在第五章也提到过德国宝马公司改造生产线、创造合适的工作环境以便让年长员工继续工作的例子。除了物理空间上的适老化环境，也有不少企业会在精神思维模式上倡导适老化的包容意识。在全球电力和自动化技术领域的领导厂商 ABB 里，员工年满 45 岁时就会受邀参加一个为期三天的研讨会，讨论他们的职业发展和可能出现的转折点。这让他们有机会早早审视自己的选择，也可以尽早开始考虑未来可能的道路，迈向新平台。

长寿时代的企业需要更加重视持续创新。创新是人类进步的源泉，人类历史上的每一次创新，包括制度创新、理论创新、科技创新、技术创新和商业模式创新，都影响着人类社会的进步，并且随着历史的发展，这种影响越来越显著，不断改变着人类社会的生产和生活方式。制度创新构建人类社会组织体系基本框架，理论创新探索人类认知的前沿，是科技创新的基础，技术创新是科技创新的延伸，最终商业模式创新将科技突破转化为商品和服务，让人们的生活更便利、更实惠，进而逐渐改变人类的生活方式。

泰康方案在长寿社会的链式反应

作为企业方面积极应对长寿时代挑战的代表之一，泰康在长期的实践探索和持续创新中形成了应对长寿时代的企业方案。我们认为泰康方案不仅仅是商业模式的创新，还是养老和健康筹资模式的创新，并将在实践过程中启发理论的创新，拓展知识的前沿。

泰康方案将虚拟的保险支付和实体的医养康宁服务结合，提供覆盖全生命周期的产品和服务，形成了一个新型产品、一个崭新客群、一个崭新职业、一个新的销售模式和一个新的居民群体，创造了专门应对长寿时代的养老与健康筹资方式。它不仅仅是泰康作为一家企业的自身战略，更能够代表企业层面解决长寿时代问题的一种完整思路。这套商业模式能够在长寿社会中帮助个人解决筹资问题、缓解家庭负担，扩大市场上的长期资金规模、降低政府财政压力，拓宽大健康领域的内涵与外延，与更多企业在同一个生态中互惠共赢，从而激发长寿时代个人、政府和企业的同频共振。

泰康方案为个人提供了面对长寿时代挑战的一种优化的筹资方式。一方面，这种筹资思路通过专业金融机构长周期的价值投资和财富管理，将复利效应发挥到极致，从而鼓励人们提前准备，为个人及家庭缓解了下一代的抚养压力，让更多资源能够被投入于人力资本的开发。另一方面，四位一体的全生命周期产品体系与全国化、网络化布局的医养康宁实体服务，守护了人们一生的健康与财富，引领个人与家庭的新生活观和生命观，让长寿人生更美好。尤其泰康之家作为长寿经济的试验田，不只为老年人提供了一个温馨的家，也为他们提供了终身学习与价值再创造的平台，可以说我们的企业方案真正融入了人们的长寿生活。

泰康方案面向长寿时代的探索也能够对政府政策和社会发展产生深远的影响。长寿时代是全球发展的长期性问题，中国作为后来者，在政府近年的大力推动下，基本完成了主要政策框架部署，包括积极应对人口老龄化、升级大健康产业等。在国家整体政策和体系的支持下，保险行业在中国社会经济中扮演的角色正在发生深刻的变化。2006年国务院发布的《国务院关于保险业改革发展的若干意见》重视保险业的经济补偿功能、资金融通功能、社会管理功能，2014年《关于加快发展现代保险服务业的若干意见》出台，鼓励保险资金进入养康产业，2020年银保监会等13个部委出台《关于促进社会服务领域商业保险发展的意见》，支持保险企业为社会服务领域提供长期股本融资，与政府共同引领医养领域改革与发展。泰康方案的实践与国家政策的制定颁布相互促进和印证，充分发挥了商业企业的优势，为政策的出台提供了实践依据。

泰康方案作为一种应对长寿风险的筹资方案，在公共财政面临巨大压力的背景下必将承担起更重要的角色。目前各国的社会保障体系普遍受到了人口老化现象的冲击，传统的养老金三支柱体系需要依靠政府持续的财政输血，第三支柱的产品也需要巨额的税收优惠为人们进行长期积累提供激励。我们的企业方案所倡导的个人筹资思路不依赖政府补贴，其激励来源于人们对长寿人生美好生活的追求，通过虚拟保险和实体服务结合，让人们设身处地做出最优选择，成为长期主义者，令整个社会的保障体系更加具有可持续性。

作为长寿时代的企业解决方案，泰康方案也正在企业层面推动行业变革，引领更多的企业参与到解决长寿时代共同挑战的大任当中。长寿社会的两大核心诉求是为长寿人生筹资和提供服务，而泰康方案就是整合这两大功能为一体的解决方案，因此其所处的赛道是长寿时代的主赛道，这一赛道无比广阔。同时，泰康方案也将创造一个大健康生态合作圈，将更多的企业方案汇聚成一体，为人们提供一站式的体验。

在泰康方案的示范作用下，国内越来越多的保险企业和其他企业也加入进来，进军养老和医疗健康产业。预计在未来10年中，中国的医养领域及保险领域将进入一个国家政策迅速细化、资本及产业结构迅速调整、主要企业迅速进入、政府与企业深度合作的快速发展阶段，这也将成为中国追赶并引领全球养老革命的黄金时期。泰康方案中保险与医养结合的思路丰富了长寿经济的内涵与外延，撑起了养老金产业与大健康产业宽广的发展空间。未来这必将成为长寿时代的主流经济，吸引更多企业加入这项最大的民生工程，打造自身的细分领域，启发更多商业创新与理论思考。

面对长寿时代，社会方方面面都在呼唤变革，这需要巨大的动力。这个动力的来源可能是一种个人、政府、企业间相互作用的链式反应，每一个角色行动的结果，都将引起其他角色的改变，最终迎来一个和谐的长寿社会。泰康方案已然成为这个链式反应中的一个发动机。从某种程度上说，处于泰康方案内核的筹资模式使得个人为家庭尽责，提升了公共财政的使用效率，也为其他大健康产业提供支付，同时长寿社区这一试验田也在逐渐改变人们的生活方式与生活态度。未来，泰康将进一步推动这场养老革命，不断丰富和完善大健康产业生态体系，用市场经济的方式方法和持续的创新来提升效率、降低成本，让更多的人享受到美好的长寿生活。泰康将秉持商业向善之道，成为长寿社会的正能量，让人们更健康，家庭更幸福，社会更和谐。

结 语

塑造未来

百万年前,当生活在非洲草原上的人类先祖手持着简陋的工具与野兽厮杀的时候,他们可能并不会想到,在漫长的人类历史进程中,人类能够一次次打破自然约束,不断步入新的发展阶段。经历了工业革命以来近 300 年的工业化、城市化、技术进步、人口持续增长,人类大概率会在 21 世纪迎来人口数量的巅峰。这是一个人类发展的十字路口。

我在绪论中谈到时代三大变局,全球化和世界格局的大变局,以碳达峰、碳中和作为发展目标带来的文明形式与生产生活方式的大变局,还有在本书提及的长寿时代带来的人类自身的大变局。这些变局从根本上讲,是人类社会即将脱离旧规则,向新的规则与秩序演进的过程。

三大变局中,长寿时代的影响是重中之重,人是一切经济供需和社会现象的主体,之所以很多人称人口的迅速老化为"灰犀牛",

就是因为其给人类社会发展造成了新的限制。人类的工业文明极少经受人口老化和人口负增长的挑战，目前真正进入长寿社会的主要经济体只有日本。虽然日本已经取得了许多成就，但其还未能找到让社会在人口负增长下维持经济发展的最佳办法。关于如何应对这个挑战，实际上各国到现在也没有达成共识。

纵观人类历史，一场社会变迁的最大推动力其实是人们认识观念的转变，当打破对固有观念的惯性思维之后，新时代的变革就会在人们的共同努力下很快到来。认识的改变是至关重要的，"长寿时代"是一个关于人的命题，因此探究长寿时代下的人口特征与这些特征背后的逻辑，是我们应对长寿时代挑战、给出解决方案的前提。我认为对长寿时代最主要的认识有以下几个方面。

首先，人口老化的根本原因是人类低死亡率与低生育率的共同作用，这两个因素并非外力，而是人类发展的必然趋势，因此长寿时代是一个无法回避、必将到来的阶段。这也是我使用"长寿时代"这个中性词的原因，人们需要用平和的心态去面对这个全新社会的各种新命题。

其次，人类寿命延长，百岁人生来临，"人人带病长期生存"将成为常态，这是长寿时代非常重要的图景。我之所以认为长寿时代也是健康与财富的时代，就是因为长寿需要健康与财富的支撑，但健康与财富并不是必然到来的，它需要全社会共同努力去创造，以适应人们在长寿时代最重要的诉求。

再次，预期寿命的延长将带来个体人生阶段的尺度变化与节奏变化。过去我们按照60岁来划分人生阶段，在长寿时代，相应的尺度也随之拉长，应当按照100岁的尺度对人生阶段进行划分。另一方面，过去我们将人生分为学习、工作和退休三个阶段，老年人退出经济活动，成为资源的消耗者，在长寿时代，这种节奏必然会瓦解重构，变得更加灵活，终身学习和终身工作也会成为常态，老年人可以重新创造价值,长寿经济的潜力无穷。

最后,长寿时代,整个社会的政治、经济、文化活动,尤其是经济中的生产与消费,都会根据长寿社会的特征重新构造。各方一定要预见到这种变革的来临,尽早调整、主动适应。长寿时代中最激烈的矛盾点是人们需要解决长寿与健康两方面的筹资问题和服务问题,因而为此提供解决方案的经济形态将成为长寿经济下的主流。

变革的来临不是一蹴而就的,它需要包括个人和家庭、政府与企业在内的社会各方达成共识,顺应发展趋势,积极主动地投入新时代的开创活动中。企业作为经济生产的核心,尤其需要预见变局,让企业在变局中规避风险、抓住机遇,走得更长远。我所创办的泰康是长寿时代理论最坚定的践行者,可以说泰康的发展历史也是企业为长寿时代创造解决方案的过程。本书详细讲解的泰康方案,是凝聚了我们数年思想与实践的结晶。希望这本《长寿时代》能够启迪人们携手与共、迈步向前,由此贡献于人类的未来。

站在人类即将转向长寿时代的关键转折点,我们回望过去,仿佛300年前马尔萨斯站在工业时代和农业时代相交的时点。人类总是在迎接新的变化,总是在让新的变化成为造福人类的积极力量,今天我们面对的人口结构变化也必然会是如此。展望长寿时代,我们对未来抱有充足的想象,而这些想象也将激发我们的智慧与潜能,让我们能够共同开启人类的新纪元。

那将是一个人人都能够安享长寿馈赠的美好社会。

参考文献

前言

［1］ 国家统计局. 第七次全国人口普查公报，2021.
［2］ 联合国经济和社会事务部. 世界人口展望 2019，2019.
［3］ 联合国经济和社会事务部. 人口老龄化及社会经济后果，1957.
［4］ 陆旸，蔡昉. 人口结构变化对潜在增长率的影响：中国和日本的比较. 世界经济，2014（1）：3-29.
［5］ 马学礼，陈志恒. 老龄社会对日本经济增长与刺激政策的影响分析. 现代日本经济，2016（4）：83-94.
［6］ 世界卫生组织. 积极老龄化：政策框架，2002.
［7］ Gregory Clark. *A Farewell to Alms: A Brief Economic History of the World*. Princeton University Press, 2008.

第一章 长寿时代 百岁人生

［1］ 安格斯·迪顿著，崔传刚译. 逃离不平等：健康、财富及不平等的起源. 中信出版社，2014.

［2］ 保罗·莫兰著，王智勇译. 人口浪潮：人口变迁如何塑造现代世界. 中信出版社，2019.

［3］ 陈东升. 长寿时代的理论与对策. 管理世界，2020，36（4）：80-100.

［4］ 陈佳鞠，翟振武. 20世纪以来国际生育水平变迁历程及影响机制分析. 中国人口科学，2016，36（2）：12-25.

［5］ 蔡昉. 未来的人口红利——中国经济增长源泉的开拓. 中国人口科学，2009（1）：4-12.

［6］ 达雷尔·布里克，约翰·伊比特森著，闾佳译. 空荡荡的地球：全球人口下降的冲击. 机械工业出版社，2019.

［7］ 琳达·格拉顿，安德鲁·斯科特著，吴奕俊译. 百岁人生：长寿时代的生活和工作. 中信出版社，2018.

［8］ 联合国经济和社会事务部. 世界人口展望2019.

［9］ 约翰·魏克斯著，侯苗苗译. 人口学概论（第11版）. 中国社会科学出版社，2016.

［10］ 於嘉，谢宇. 中国的第二次人口转变. 人口研究，2019，43（5）：3-16.

［11］ 中国发展研究基金会. 中国发展报告2020：中国人口老龄化的发展趋势和政策，2020.

［12］ Catillon, M., Cutler, D., Getzen T., Two Hundred Years of Health and Medical Care: The Importance of Medical Care for Life Expectancy Gains. *NBER Working Paper*, 2018, No. 25330.

［13］ Cutler, D., Miller, G., The Role of Public Health Improvements in Health Advances: the Twentieth-Century United States. *Demography*, 2005, 42(1): 1–22.

［14］ Foreman, K. J., Marquez, N., Dolgert, A., et al. Forecasting Life Expectancy, Years of Life Lost, and All-cause and Cause-specific Mortality for 250 Causes of Death: Reference and Alternative Scenarios for 2016–40 for 195 Countries and Territories. *The Lancet*, 2018, 392(10159): 2052–2090.

［15］ Soares, R. R., On the Determinants of Mortality Reductions in the Developing World. *Population and Development Review*, 2007, 33(2):

247-287.

[16] Vollset, S. E., Goren, E., Yuan, C. W., et al. Fertility, Mortality, Migration, and Population Scenarios for 195 Countries and Territories from 2017 to 2100: A Forecasting Analysis for the Global Burden of Disease Study. *The Lancet*, 2020, 396(10258): 1285-1306.

第二章　健康时代　更健康的长寿

[1] 党俊武，李晶主编. 老龄蓝皮书：中国老年人生活质量发展报告. 社会科学文献出版社，2019.

[2] 胡苏云. 新技术：拉升医疗费用的主力. 医药经济报，2013-06-14（3）.

[3] 世界卫生组织. 关于老龄化与健康的全球报告，2015.

[4] 宋靓珺，杨玲. 老年人口健康寿命的演变轨迹及其影响因素——一项基于CLHLS的实证研究. 人口与经济，2020（3）：57-74.

[5] 中国保险行业协会. 2018—2019中国长期护理调研报告，2020.

[6] 中国发展研究基金会. 中国发展报告2020：中国人口老龄化的发展趋势和政策，2020.

[7] 中国心血管健康与疾病报告编写组. 中国心血管健康与疾病报告2019概要，2019.

[8] Alzheimer's Association. 2020 Alzheimer's Disease Facts and Figures. *Alzheimer's & Dementia*, 2020,16:391-460.

[9] American Cancer Society. Cancer Facts & Figures 2019. Atlanta: American Cancer Society, 2019.

[10] Costa, D. L., Health and the Economy in the United States from 1750 to the Present. *Journal of economic literature*, 2015, 53(3): 503-70.

[11] Edwin Choi, Juhan Sonin. Determinants of Health, 2018, https://www.goinvo.com/vision/determinants-of-health/.

[12] Holt-Lunstad, J., Smith, T. B., Layton, J. B., Social relationships and mortality risk: a meta-analytic review. *PLoS medicine*, 2010,7(7).

［13］ Keisler-Starkey, K., Bunch, L. N., hEALTH iNSURANCE cOVERAGE IN THE uNITED sTATES: 2019. Washington, DC: US Census Bureau, 2020.

［14］ MEPS. Medical Expenditure Panel Survey, 2006.

［15］ Murray, C. J., Barber, R. M., Foreman, K. J., et al. Global, Regional, and National Disability-adjusted Life Years (DALYs) for 306 Diseases and Injuries and Healthy Life Expectancy (HALE) for 188 Countries, 1990–2013: Quantifying the Epidemiological Transition. *The Lancet*, 2015,386(10009):2145-2191.

［16］ Roth, G. A., Abate, D., Abate, K. H., et al. Global, regional, and national age-sex-specific mortality for 282 causes of death in 195 countries and territories, 1980–2017: a systematic analysis for the Global Burden of Disease Study 2017. *The Lancet*, 2018, 392 (10159): 1736-1788.

［17］ Smith S. D., Heffler S. K., Freeland MS. The Impact of Technological Change on Health Care Cost Spending: an Evaluation of the Literature. Washington, DC: Health Care Financing Administration, 2000.

［18］ Sung H., Ferlay J., Siegel R. L., et al. Global Cancer Statistics 2020: GLOBOCAN Estimates of Incidence and Mortality Worldwide for 36 Cancers in 185 Countries. *CA Cancer J Clin*, 2021, 71 (3): 209-249.

［19］ 世界卫生组织. 2017—2025年公共卫生领域应对痴呆症全球行动计划草案，2017.

［20］ Yang, Y. C., Boen, C., Gerken, K., et al. Social Relationships and Physiological Determinants of Longevity Across the Human Life Span. *Proceedings of the National Academy of Sciences*, 2016, 113(3): 578-583.

第三章　财富时代　富足一生

［1］ 安娜·萨根，萨拉·汤姆森著，王国军译. 欧洲自愿健康保险. 中国金

融出版社，2018.
- ［2］ 彼得·德鲁克著，沈国华译．养老金革命．机械工业出版社，2019．
- ［3］ 郭金龙，周小燕．长寿风险及其管理的理论和实证分析．经济管理出版社，2017．
- ［4］ 广发银行，西南财经大学．2018中国城市家庭财富健康报告，2018．
- ［5］ 清家笃著，殷雨涵译．老年金融学．中信出版社，2020．
- ［6］ 日本内阁府．高龄社会白皮书，2016．
- ［7］ 泰康保险集团，尼尔森．2020年中国中高净值人群医养白皮书，2020．
- ［8］ 郑秉文．税务部门征费的冲击及其连锁改革的政策分析（之三）．证券时报，2018，https://www.sohu.com/a/255121481_115433.
- ［9］ 中国养老金融50人论坛．中国养老金融发展报告（2018），2018．
- ［10］ 中国证券投资基金业协会．个人养老金：理论基础、国际经验与中国探索．中国金融出版社，2018．
- ［11］ 世界银行．防止老龄危机：保护老年人及促进增长的政策，1994．
- ［12］ Blümel, M., Busse, R., The German Health Care System, 2015. *International profiles of health care systems*, 2015: 69-76.
- ［13］ CESifo. Bismarck versus Beveridge: A Comparison of Social Insurance Systems in Europe, 2008.
- ［14］ Congressional Budget Office. The Outlook for Major Federal Trust Funds: 2020 to 2030, 2020.
- ［15］ Joel White, Elizabeth Fowler. What Would It Take to Restore Medicare's Financial Solvency?, 2021, https://www.commonwealthfund.org/blog/2021/what-would-it-take-restore-medicares-financial-solvency.
- ［16］ Lee, R., Mason, A., What is the demographic dividend?. *Finance and development*, 2006,43(3):16.
- ［17］ Lee, R. D., Mason, A., Population aging and the generational economy: A global perspective. Edward Elgar Publishing, 2011.
- ［18］ Linda J. Blumberg, John Holahan, Matthew Buettgens, et al. A Path to Incremental Health Care Reform: Improving Affordability, Expanding Coverage, and Containing Costs. Urban Institute, 2018.

第四章 长寿时代的先行者——日本

[1] 池田信夫著,胡文静译.失去的二十年:日本经济长期停滞的真正原因.机械工业出版社,2012.

[2] 大前研一著,刘锦绣、江裕真译.M型社会:中产阶级消失的危机与商机.中信出版社,2015.

[3] 大前研一著,郭超敏译,低欲望社会:人口老龄化的经济危机与破解之道.机械工业出版社,2018.

[4] 岛崎谦治著,何慈毅,等译.日本的医疗:制度与政策.南京大学出版社,2016

[5] 戴维·皮林著,张岩译.日本:生存的艺术.中信出版社,2019.

[6] 丁英顺.日本人口老龄化问题研究.社会科学文献出版社,2018.

[7] 哈瑞·丹特著,萧潇译.人口峭壁:2014—2019年,当人口红利终结,经济萧条来临.中信出版社,2014.

[8] 吉川洋著,殷国梁,陈伊人,王贝贝译.日本人口与经济.九州出版社,2020.

[9] 梁建章,黄文政著,李君伟译.人口创新力——大国崛起的机会与陷阱.机械工业出版社,2018.

[10] 清家笃著,殷雨涵译.老年金融学.中信出版社,2020.

[11] 张季风,胡澎,丁英顺.少子老龄化社会:中国日本共同应对的路径与未来.社会科学文献出版社,2019.

[12] Asian Productivity Organization. APO Productivity Databook 2019, 2019.

[13] Statistics Bureau of Japan. Statistical Handbook of Japan 2020, 2021.

第五章 长寿经济 海阔天高

[1] 大前研一著,郭超敏译,低欲望社会:人口老龄化的经济危机与破解之道.机械工业出版社,2018.

[2] 哈瑞·丹特著,萧潇译.人口峭壁:2014—2019年,当人口红利终结,经济萧条来临.中信出版社,2014.

[3] 琳达·格拉顿,安德鲁·斯科特著,吴奕俊译.百岁人生:长寿时代的生活和工作.中信出版社,2018.

[4] 刘军国.日本:高龄司机交通事故超七成老龄化导致社会问题层出不穷.中青在线,2019,http://news.cyol.com/content/2019-10/31/content_18218281.htm.

[5] 柳牧宗."银发经济"崛起,那些行业亟待深层掘金?.钛媒体,2019,https://www.tmtpost.com/4188436.html.

[6] 马丹萌,黄蕙昭,邓依云.直面高龄少子化.财新周刊,2021,https://weekly.caixin.com/2021-05-14/101712600.html?p0#page2.

[7] 泰康保险集团,尼尔森.2020年中国中高净值人群医养白皮书,2020.

[8] 蔚迈.重新"遇见"中国的老龄化群体.中国老龄化社会的潜藏价值,2019,https://wavemakerglobal.com/wp-content/uploads/2020/10/Seniors-in-China-the-Hidden-Treasure_Chapter-1-Revisiting-Seniors-in-China_2019-Oct.pdf.

[9] 王盈.2020年4月移动办公榜单——新冠疫情助力移动办公领域飞速发展,后疫情时代密切关注互联网企业入局移动办公领域新动向,易观分析,2020,https://www.analysys.cn/article/detail/20019789.

[10] 新华社.我国老年大学和老年学校达6万多所,2018,http://www.gov.cn/xinwen/2018-12/26/content_5352362.htm.

[11] 铱星云商.论"征服"老年消费者,只服日本G.G Mall.网易,2019,https://www.163.com/dy/article/EBM4PAE605387NZ8.html.

[12] AARP. The Longevity Economy Outlook. 2019.

[13] Acemoglu, D., Restrepo, P., Robots and Jobs: Evidence from US Labor Markets. *NBER Working Paper*, 2017, 23285.

[14] Trolander A., From Sun Cities to The Villages: A History of Active Adult, Age-Restricted Communities, University Press of Florida, 2012.

[15] Cause IQ 数据库.

［17］ CBRE. U.S., Seniors Housing & Care Investor Survey and Trends Report, 2018.

［18］ European Commission, Technopolis Group, Oxford Economics. The Silver Economy—Final Report, 2018.

［19］ Joseph F. Coughlin. The Longevity Economy: Unlocking the World's Fastest-Growing, Most Misunderstood Market, Hachette Book Group, 2017.

［20］ Maslow, A. H., A Theory of Human Motivation. *Psychological review*, 1943,50(4):370.

［21］ MetLife Mature Market Institute & NAHB. Housing Trends Update for the 55+ Market: New Insights from the American Housing Survey, 2011.

［22］ Nahal, S., Ma, B., The Silver Dollar–Longevity Revolution Primer. Bank of America Merrill Lynch, 2014.

［23］ NIC. NIC Investment Guide, sixth edition, 2020.

［24］ Oxford Economics，AARP. The Longevity Economy: How People Over 50 Are Driving Economic and Social Value in the US，2016.

［25］ Tom Metcalf, Jonathan Levin. This Florida Retirement Empire Just Minted Three Billionaires, Bloomberg, 2018, https://www.bloomberg.com/news/articles/2018-03-07/three-more-billionaires-emerge-from-fastest-growing-area-in-u-s.

第六章　面向长寿时代的企业创新之路

［1］ 陈东升. 战略思维. 中国财政经济出版社，2013.

［2］ 查尔斯·汉迪著，苗青译. 第二曲线：跨越"S 型曲线"的二次增长. 机械工业出版社，2017.

［3］ 亨利·福特. 亨利·福特自传. 中国城市出版社，2005.

第七章　泰康方案让长寿时代更美好

[1]　American Council of Life Insurers. Life Insurers Fact Book 2020, 2020.

第八章　构建和谐的长寿社会

[1]　盘古智库. 老龄社会30人论坛. 大转折：从民生、经济到社会——老龄社会研究报告（No.1），2019.

[2]　盘古智库. 龄社会30人论坛. 洞察2050：老龄社会大势、转型与对策——老龄社会研究报告（No.2），2019.

[3]　盘古智库. 老龄社会30人论坛. 适老化：后疫情时代"新基建""旧改造"的方向与机遇——老龄社会研究报告（No.3），2020.

[4]　Cutler, D. M., Adriana Lleras-Muney., Understanding Differences in Health Behavior by Education. *Journal of Health Economics*, 2010,29(1):1–28.

[5]　DATALAB 数据库. https://datalab.usaspending.gov/.

[6]　Grossman, M., On the Concept of Health Capital and the Demand for Health. *Journal of Political Economy*, 1972, 80(2): 223–255.

[7]　Hoyt Bleakley. Disease and Development: Evidence from Hookworm Eradication in the American South. *Quarterly Journal of Economics*, 2007, 122(1):73–117.

致　谢

　　《长寿时代》这本书是我数年来从认知到实践，再从实践到认知，反复锤炼而得。不管是商业模式的创新，还是理论体系的创新，都不是一蹴而就的事，它一定是来自一点一滴的学习、思考与实践。我在此要特别感谢泰康的伙伴，20多年来他们与我一起经历这个过程，这本书在一定程度上，是因他们而生。

　　《长寿时代》全书跨越了多个学科与行业，许多事实及结论都是站在多专业融合的视角上才能提出，因此完成这部作品需要的智力支持是巨大的。泰康的"超级大脑"战略发展部有十几人，他们在我的带领下深度参与了本书的研究与编纂工作。他们的专业背景跨经济学、人口学、公共卫生、临床医学、公共政策等多个学科。在本书的撰写过程中，他们与我深入协作、细心求证，付出了大量的时间精力，为本书提供必要的数据、案例和参考文献，他们的专业能力与勤勉精神令我感动。这个团队由部门负责人李明强博士牵头，包括王珊、朱若华、曹知立博士、陈翀、马小星、马图南、马瑛、李于于、刘泽宇博士、梅婧博士、王梦真、王若冰、席子尧、印童、闫欢、孙旋旋博士。感谢这些重要的贡献者！

　　本书的后半部分集中讲述了泰康25年的成长之路，这是泰康探索长寿时代最优解的实践历程。在讲述泰康的创业历史、阐述泰康的商业模式和逻辑时，我的脑海中时常浮现出一幕幕往事，那是我与泰康的创业团队在 20 多年中共同奋斗的岁月。我这里所说的创业团队，既包括与我共赴海外考察养老社区的团队，也包括当时泰康的主要高管和相关筹备组的同僚们，但远远不止于此。泰康是一家极具创新基因的企业，从传统的寿险公司发展到今天，深耕寿险产业链，每次进军新的领域，都是一次全新的创业，都是一个团队共同发挥智慧、艰苦拼搏的成果。我要深深地感谢他们。在这里我无法一一列举他们的名字，但如果没有他们每个人的努力，泰康就不可能走上这条道路，也不可能总结出长寿时代的理论与泰康方案。此外，我也要感谢泰康的历任董事会成员，他们用自己的专业为泰康的发展方向把关，确保了泰康在快速发展、持续创新的同时保持稳健经营。

本书在第五章到第七章介绍了一个特殊的群体——泰康居民。泰康之家与泰康居民的关系远比一般企业与客户的关系更加深厚，可以说如果没有泰康居民，就不会有泰康之家的品牌，就不会有泰康探索养老革命取得的成绩。感谢所有泰康居民数年间给予的理解与信任，他们用最"潮"的生活方式表达了对生命的态度，他们是泰康之家长寿社区和长寿经济试验田的真正主人。感谢他们，也特别感谢在本书中分享了社区经历的主人公们。另外，本书在撰写过程中，参考了泰康居民所著的《长寿时代大家说》《申园长者话人生》《申园印象》《蜀园故事》等书，其中的深刻洞见令我很受启发。

在本书成稿后，为保证学术内容的专业性和严谨性，我们特别邀请匿名专家对本书的学术部分进行审核，他们提出的意见专业而中肯，对本书的最终定稿起到了极大作用。另外也要感谢内部审稿人周立生、赵力文、田鑫。其他参与编辑、审校、图片和资料收集工作的同僚还有刘挺军、邱建伟、刘淑琴、陈平、陈奕伦、陈莉、葛明、肖欣慧、陶俊卿、陈默、何睿、王超等，同时也要感谢苗力、吴忠纲、谷昂晟、吕佳泰及泰康相关部门在本书出版过程中给予的支持。再次对他们表示诚挚的谢意。

最后，谨借此机会对中信出版集团致谢，特别感谢本书的总策划沈家乐女士，以及徐丽娜、付颖玥编辑。这是我与中信出版集团的第二次合作，感谢出版社各业务部门同人在审校、排版、设计上所付出的辛劳。书中的一些词语和表达都是经过反复商讨和斟酌才确定下来的，向你们展现出的精益求精的工作态度，表达深深的敬意。

再次对所有参与过本书撰写和出版工作的同人表示感谢！